질문 빈곤 사회

질문 빈곤 사회

Questionless Society

나는 질문한다, 고로 존재한다
I Ask, Therefore I Am

강남순 지음

행성B

질문하는 존재로서의 인간:
나는 질문한다, 고로 존재한다

"성찰하지 않는 삶은 살 가치가 없다." 소크라테스의 말이다. 그런데 자신의 삶을 조명하고, 음미하고, 검증하는 의미에서의 '성찰하는 삶'이란 무엇인가. 우리 모두에게는 오직 한 번의 삶이 주어진다. 그 누구도 나의 삶을 대신할 수 없다. 너무나 당연한 사실이지만, 무수한 이가 이러한 사실을 잊곤 한다. 하나뿐인 나의 삶을 소중하게 여기고, 가꾸고, 보다 의미롭게 만들어가기 위해 노력하고, 성찰하지 않는 삶은 '살 가치가 없다'고 소크라테스는 강조한다. 자기 삶에 의미물음을 하고 그 물음에 대하여 성찰하는 삶이란, 철학을 공부하는 사람들만의 일이 아니라 '모든' 사람이 모색해야 하는 삶이기 때문이다.

인간은 그 누구도 고립된 섬에 살지 않는다. 그렇기에 살아감이란 언제나 '함께-살아감(living-with)'이다. 성찰하는 것이란 나의 삶만이 아니라 타자들, 그리고 우리가 몸담은 사회와 세계에 대하여 성찰해야 함을 의미한다. '나-타자-세계'는 각기 구분된다. 그럼에도 불구하고 완전히 분리하는 것은 불가능하다. 얽히고설킨 관계망이기 때문이다. 성찰하는 삶은 나와 나의 관계, 나와 타자의 관계 그리고 '세계-내-존재(being in the world)'로서의 의미를 보게 한다. 이러한 '성찰하는 삶'의 출발점은 '질문하기'다. 왜냐하면 질문이 없으면, 답도 있을 수 없기 때문이다.

질문은 관심과 호기심으로부터 출발한다. 그래서 무엇인가에 대하여 또는 누군가에 대하여 알고자 할 때, 우리는 질문을 하게 된다. 자신의 삶에 관심한다면 지속적으로 다양한, 크고 작은 질문을 하게 되는 것이다. 인간으로서 나는 어떠한 삶을 살고 싶은가, 무엇이 나를 행복하게 하는가, 내가 사는 사회의 문제점은 무엇인가, 교육제도에 어떤 문제가 있는가 등 일상세계를 살아가면서 우리는 무수한 질문을 하고 그 질문의 답을 찾기 위해 고민하고, 대화하고, 읽고, 쓰기도 한다. 그렇기에 질문이 없는 사람 그리고 질문이 부재한 사회는 특정한 정치인·종교인과 같은 소위 '전문가'라는 사람들에 의하여 '선동'될 뿐이다. 이마누엘 칸트가 계몽주의(Enlightenment)의 모토를 "감히 스스로 생각하라"라고 강조한 것은 중요하다. 나 아닌 외부 사람들에 의해 선동되는 삶이 아니라, 자신이 '사유하는 주체'가

되어 스스로 생각하고, 고민하고, 질문하는 삶을 모색해야 한다는 의미에서이다. 누군가가 지시하거나 선동하는 대로 사는 삶은 '암흑의 삶'일 뿐 '빛의 삶(enlightened)', 즉 계몽된 삶이 될 수 없다고 본 것이다.

나치 전범인 아돌프 아이히만의 재판과정을 지켜보면서 쓴 《아이히만 보고서》에서 한나 아렌트는 '악(evil)'에 대한 전통적인 이해와 전적으로 다른 새로운 정의를 내린다. 아렌트에 의하면 "악이란 비판적 사유의 부재"다. 아렌트의 이러한 악의 개념 규정은 한국 사회에 이미 대중적으로 많이 알려져 있다. 그렇지만 정작 그 의미가 나 개인의 삶이나 우리가 몸담은 한국 사회의 다양한 영역에서 구체적으로 어떻게 적용할 수 있는가에 대한 인식은 대중화되지 않았다. 소위 '선량한 사람'이 비판적 사유를 하지 않을 때, 왜곡된 정치적 이데올로기 또는 왜곡된 종교적 가치에 의해 '선동'됨으로써 자신도 모르게 '인류에 대한 범죄'에 가담할 수 있다는 것은 우리가 늘 상기해야 하는 중요한 점이다.

동물이든 인간이든 누군가가 자신을 해치려고 할 때는 본능적으로 방어하고자 한다. 자신의 생명을 위협하는 위험으로부터 도망치거나 대항해서 싸우는 것이다. 이러한 과정에서 소위 '사유'가 작동할 시간이나 정황의 여유는 없다. 자신을 보호하고자 하는 것은 우리의 DNA에 있는 본능적 욕구다. 이러한 본능 욕구가 제대로 작동하지 않는다면, 위급상황에서 살아남기 힘들다. 동물이든 인간이든 자신의 생명을 보호하려는 본능은 유사하게 작동한다. 그런데 인간이 동물로부터 구분되는 지점이 있다. 동물과는 달리 인간은 '질문하는 존재'라는 점이다. 질문하기를 통해서 인류의 문명이 형성되고 다양하게 발전되어 왔다고도 할 수 있다.

인간은 왜 질문을 하는가. 질문하기는 인간의 삶을 다양한 측면에서 개선하고 발전시킨다. 인간은 질문을 통해서 불을 만들기도 했고, 농경 기구도 만들어냈다. 새로운 질문하기를 통해서 열거할 수 없을 정도의 무수한 테크놀로지 발전은 물론, 정신 세계에서의 발전도 이루어냈다. 인류 문명의 모든 것은 바로 인간이 호기심을 가지고, 그 호기심의 불꽃을 지속적으로 지피면서 질문하기를 멈추지 않은 결과다.

내가 특히 중요하게 생각하는 "질문하기를 통한 정신 세계에서의 발전"이 있다. '질문하기'를 통해서 인간은 자신의 인식 세계를 넓힘은 물론 타자와 세계를 보는 시각 또한 확장했다. 그 결과 다양한 의미의 '포용의 원(circle of inclusion)'을 확대할 수 있었고 이는 질문하기를 통한 중요한 정신 세계의 발전이다. 이러한 발전은 사회정치적이고 제도적인 발전과 맞닿아 있다. 예를 들어 '모든 인간의 자유와 평등'이라는 프랑스 혁명의 모토를 보았을 때, 그 당시 혁명가들은 남성 인간만이 그 '모든 인간'의 범주에 들어간다는 것을 당연하게 생각했다. 그런데 일부 여성들이 그 '모든' 인간의 범주에 '여성'도 들어가야 하는 것 아닌가, 라는 질문을 하기 시작했다. 결국 이러한 질문이 불씨가 되어 남성만을 '규범적 인간'의 범주에 넣는 것을 당연하게 생각했던 그 당시 제도와 가치관이 서서히 바뀌게 되었다. 노예제도의 폐지, 인종에 대한 제도적 차별의 폐지, 여성에 대한 제도적 성차별의 인식과 개선, 성소수자 차별을 넘어서는 제도적 평등의 모색 등 다차원적 변화가 일어난 것은, 새로운 질문을 묻기 시작하는 이들에 의해서 가능하게 되었다.

기존의 구조와 현상을 있는 그대로 받아들이고, 그것을 당연하고 자연스러운 것으로 생각하는 이들은 결코 질문하지 않는다. 질문하지 않는 사회의 특징이 있다. 학교에서 학생들은 선생에게, 가정에서 아이들은 부모에게, 종교 공동체에서 구성원들은 지도자에게, 직장에서 직원은 상사에게, 국민은 정치가들에게 '예'를 하는 것이 미덕으로 간주된다. '왜'라는 물음표를 허용하지 않는 사회는 정신 세계의 진보와 변화를 이루어내기가 참으로 어렵다. 물음표를 지닌 사람은 평화를 깨는 사람, 공동체의 조화를 어지럽히는 사람, 회사의 질서를 문란하게 만드는 사람, 신앙이 없는 사람, 버릇없는 아이 등 갖가지 부정적 표지가 붙여진다.

소크라테스는 자신을 '산파'라고 했다. 자신은 누군가가 '정신적 출산'을 하도록 돕는 사람이지, 대신 아이를 낳아줄 수는 없다는 것이다. 소크라테스는 굉장히 새로운 사상을 설파한 것이 아니다. '나쁜 질문'이 아닌 '좋은 질문'을 던지는 사람이다. 소크라테스로부터 질문을 받은 사람은 자신이 '알고 있다'고 확신했던 것에 비판적 성찰을 하면서 새로운 질문과 마주해 서서히 스스로의 정신적 아이를 품게 되고 언젠가 그 아이를 출산하게 된다. 물론 '정신적 아이의 출산'이란 소크라테스가 사용한 '산파'라는 메타포를 확장한 메타포적 표현이다. 질문하기를 통해서 새로운 앎을 스스로 깨우치도록 도와주는 '산파' 역할을 하던 소크라테스는 결국 '불경함(impiety)' 그리고 '청년들을 타락시킴(corrupting the young)'이라는 두 가지 '죄목'으로 사형선고를 받고 죽음을 맞는다.

한국은 가정교육은 물론 공교육에서도 질문을 자유롭게 하지 못하게 하는 문화다. 주입식 교육방식 그리고 그에 따른 입시제도는 질문을 봉쇄하는 문화를 지속시키고 강화한다. 더 나아가서 가족, 친척, 직장, 군대 등 도처에서 작동되는 '장유유서'의 변형된 관계관과 가치관은 가정, 학교, 직장은 물론 사람 간의 위계주의적 관계를 지배하고 있다. 어른-아이, 상사-부하,

선배-후배 등의 위계적 관계 설정에서 질문하기는 덕목이 아닌 지양해야 할 파괴적 행위다. 위계주의가 기본적 관계구조인 한국 사회는 결국 '질문 빈곤 사회'가 될 수밖에 없다. 질문하기를 억누르는 문화에서는 질문하는 행위 자체가 어렵고 무엇보다도 올바른 질문, '좋은 질문'이 무엇인지를 습득하고, 배우고, 실천하기 어렵게 된다. 질문을 해도 헛된 질문, 무의미한 질문, 왜곡된 전제로부터 출발하는 '나쁜 질문'이 지배함으로써, 개인이나 사회정치적 에너지를 낭비하게 된다.

경제적으로 또는 테크놀로지에 있어서 한국이 선진국 반열에 올랐다고 하지만, '질문하기'로 시작되는 인문학적 측면이나 인간으로서의 권리 확장이라는 사회정치적 제도 측면에서, 한국은 여전히 그 후진성을 벗어나지 못하고 있다. 즉 '질문 후진국'이다. 질문 후진국의 모습을 직접 경험하고 싶다면 국회 청문회장, 국정 감사장, 기자회견장의 기자들, 선정적 표제를 지닌 신문기사들, 갖가지 종교 단체의 총회장 등에서 오가는 질문의 내용과 방식을 관찰해보면 된다.

질문 후진국인 한국 사회가 질문 빈곤 사회의 상태를 지속할 때, 가장 심각한 문제가 있다. 다양한 인간의 권리가 확대되는 것이 근원적으로 어렵다는 사실이다. 이 21세기에 〈포괄적 차별금지법〉과 같이 다양한 배경을 지닌 사람들의 기본적인 권리 보호법이 여전히 통과되지 못하고 있는 이유다. 비판적 사유 없이 주어진 대로 현상 유지적 삶을 살아가는 것은 자신의 삶을 방치하는 것이다. 자신의 삶만이 아니라, 타자의 삶까지 파괴하는 위험성에 노출된다. 종교적 선동에 의해서 타자를 혐오하고 차별하는 이들은 소위 '착하고 선량한 사람'의 얼굴을 하고서 사랑의 이름으로, 신의 이름으로 혐오와 차별을 정당화하고 확산하고 있다. 난민 혐오, 성소수자 혐오, 여성 혐오, 가난한 사람 혐오뿐만이 아니라 저학력자, 택배 노동자, 비정규직, 장애인, 지방대 등 갖가지 근거로 사람을 차별하고 혐오하는 한국 문화는 결국 비판적 사유의 부재, 질문의 부재, 그리고 질문의 빈곤이 가져온 '질병'이다.

이 책은 한국 사회와 우리가 접하는 이 세계에서 일어나는 많은 사건에 다양한 방식으로 질문을 던진다. 나는 해답을 제시하고자 하지 않는다. 모든 정황에 알맞은 해답이란 존재하지 않기 때문이다. 해답의 제시보다는 사유 세계로 초대하는 '좋은 질문'하기가 훨씬 중요하다고 생각한다. '질문하는 존재로서의 인간'이란 철학적 사유를 하는 존재라는 의미다. 철학적 사유란 질문하기로부터 시작되며, 좋은 질문은 우리의 호기심을 흔들어 깨우면서 보다 나은 나의 삶, 보다 나은 세계를 향한 방식을 모색하고 판단하고 행동하게 한다. 이 점에서 '올바른 질문'을 묻는 법을 학습하고, 연습하고, 실천하는 것은 참으로 중요한 살아있음의 과제라고 할 수 있다.

"성찰하지 않는 삶은 살 가치가 없다"는 소크라테스의 말은 다른 말로 하면 "질문하지 않는 삶은 생물학적 생명을 유지하기 위해 생존하는 것일 뿐(surviving), 사는 것(living)은 아니라고 하는 것"과 같다. 이 책이 담고 있는 글들은 우리 모두가 함께 살아가고 있는 일상 세계에서 마주하는 사건들, 개별인들, 무수한 얼굴들을 바라보는 다층적 시선으로 던지는 나의 질문들이라고 할 수 있다. 나의 질문들이 하나의 '초대장'이 되어서, 이 글을 읽는 분들에게 각기 다른 또 다른 질문으로 탄생되기를 바란다. 또한 글을 읽으며 만나는 질문들에 대한 답은, 각자의 정황 속에서 지속적으로 찾아야 하는 우리 각자의 과제이기도 하다.

마르틴 하이데거에 따르면 "인간만이 죽는다. 동물과 식물은 소멸할 뿐이다." 여기에서 '인간만이 죽는다(die)'는 것은 인간만이 자신의 과거, 현재 그리고 미래에 대한 시간 개념을 지닌 존재라는 의미다. 시간 개념을 지니지 않은 동물과는 달리, 인간은 자신의 미래에 다가올 죽음을 예견하면서 보다 행복하고 의미로운 삶을 추구하고자 한다. 인간은 미래의 죽음을 인식하면서 두려움과 자신의 유한성을 넘어서는 삶을 살고 싶은 욕구와 열정을 가지게 되었다. 죽음에 대한 인식이 주는 두려움을 넘어설 수 있는 행복의 추구, 또한 의미로운 삶의 추구는 인간에게 철학과 종교의 등장을 가능하게 했다. 그리고 철학과 종교의 커다란 주제인 '삶의 의미란 무엇인가' 또는 '무엇이 행복한 삶인가'라는 근원적인 물음과 마주하게 되었다. 이런 의미에서 보자면 동물적 '생존'을 넘어 인간으로 '존재'한다는 것은, 결국 '질문한다'는 것이라고 할 수 있다.

"나는 질문한다, 고로 존재한다."

이 책은 무의미한 질문, 왜곡된 전제로부터 출발하는 '나쁜 질문'의 위험성을 인식하면서, 풍성한 사유 세계로 이끄는 질문, 또한 비판적 성찰로부터 구성되는 질문으로서의 '좋은 질문'하기를 함께 그리고 따로따로 배우고 연습하고자 하는 초대장이다.

차례

2부

타자의 얼굴에 물음 묻기:
당신은 그에게 어떤 사람인가

3부

관행과 대안에 물음 묻기:
한국 사회에 필요한 불편한 배움

4부

존재와 혐오에 물음 묻기: 우리는 이웃을 환대하는가

5부
희망과 생명에 물음 묻기 : 함께-잘-살아감에 대하여

1부

권력과 언론에 물음 묻기
: 비판적 질문을 찾아서

Questionless Society

일기장과 권력의 야만성

"왜 일기장을 선생님께 검사받아야 해요?"

독일에서 유아원을 그리고 미국에서 유치원과 초등학교에 다니다가 한국에 와서 초등학교 5학년에 들어간 나의 아이가 묻던 질문이다. 학교에 제출해야 하는 일기 숙제를 할 때마다 아이는 이 질문을 했다. 한국어보다는 영어로 자기 생각을 잘 표현할 수 있었던 시기였다. 그래서 아이가 영어로 먼저 일기를 쓰면 내가 한국어로 번역하고, 아이는 그것을 제출할 일기장에 옮겨 쓰곤 했다. 매일 저녁 해야 했던 이 숙제는 아이에게 지독하게 '부당한 것'이었다. 일기란 다른 사람이 보면 안 되는 것이라고 알고 있던 아이에게, 일기가 선생님께 제출하고 도장 받는 숙제라는 것이 납득되지 않았던 모양이다. 나는 이런저런 설명을 억지로 하려고 시도했지만, 결국 아이를 이해시키는 데 성공하지 못했다. 두 살 때 한국을 떠나 독일과 미국에서 공교육을 받고 돌아온 아이에게 '일기 제출 숙제'는 자신이 한국에서 경험하는 '부당한 것'들 중 하나였다.

왜 일기장을 제출해야 하는지 아이가 학교에서 질문했다고 한다. 그런데 선생님은 '숙제'라고만 했고, 반 아이들도 "바보같이 그것도 몰라? 그게 숙제니까 내야지" 하며 놀렸다고 한다. 그동안 '왜'로 시작하는 무수한 질문을 해 오던 아이는, 점점 한국 학교는 질문하는 곳이 아니라는 것을 숙지한 듯했다. 항의성 질문은 집에서만 하기 시작했다.

'왜' 일기를 숙제로 내야 하는가, '왜' 운동장에서 한 학년 높다고 학년이 낮은 아이의 공을 마구 빼앗는가, '왜' 다른 아이가 잘못했는데 반 전체가 벌을 받아야 하는가.

대부분의 아이에게는 당연하고 익숙해서 '아무것도 아닌 일'이 내 아이에게는 도무지 이해가 안 되는 '폭력적인 일'이었다. 아이의 입에서 "여기는 나를 사람 취급 안 해"라는 말이 나오는 횟수가 점점 많아졌다. 학교는 '교육 권력'을 가지고, 운동장의 아이들은 '학년 권력'을 가지고, 도처의 어른들은 '나이 권력'으로 한 아이 사람이 고유한 '인격적 존재'임을 부정한다. 초등학교 5학년 아이 사람은 스스로 표현은 못 했지만, '나는 개체성을 지닌 한 인간이다'라고 항의하는 것이다. 최근 한국에서 일어나고 있는 일련의 사건들을 보면서, 나는 "나를 사람 취급 안 해" 하던 한 아이 사람의 경험과 일기 숙제에 항의하던 장면을 떠올린다.

일기장 압수, 그 권력의 야만성

2019년 8월 9일 이후, 지금도 여전히 진행 중인 소위 '조국 사태'와 관련해 무수히 쏟아진 기사 중에서 유독 나의 눈길을 끄는 대목이 있었다. 그것은 '일기장 압수'이다. 검찰은 조국 전 법무부 장관의 집을 11시간 동안 수색하면서 조 전 장관 딸의 일기장을 압수했다. 중학교 2학년 때 쓰던 일기장까지 압수하려 했지만, 결국 고등학교 1학년 때의 일기만을 압수해갔다고 한다. 나는 이 기사를 읽으며 '법 집행 권력'의 이름으로 자행되는 지독한 야만의 모습을 보았다. 혹자는 '그까짓 일기장'이라고 생각하는 이도 있을 것이다. 그러나 '일기장 압수'가 내게는 '사람 취급하지 않는' 법 집행 권력의 야만성과 폭력성을 드러낸 단면으로 보였다.

일기란 무엇인가. 동물과 달리 인간만이 일기를 쓴다. 한 인간이 스스로 '개체성을 지닌 존재'임을 드러내는 행위이다. 일기란 자기 자신과 나누는 가장 사적인 대화이다. 일기의 유일한 독자는 자기 자신이어야 한다. 자신의 일상사를 기록하기도 하고, 복잡한 상념을 정리하기도 한다. 또한 새로운 각오를 다지기도 하고, 자신만의 고민과 딜레마를 적기도 하는 공간이다. 일기에는 사실적 표현, 상징적 표현 또는 특정한 정황을 알아야만 그 맥락을 이해할 수 있는 표현도 있다. 객관적 정보만을 기록한 '일지'와는 근원적으로 다르다. 일기란 개별인으로서 한 인간의 고유한 존재방식이다.

무슨 엄청난 국가적 반역죄라도 저지른 사람인가. 법 집행 권력을 행사하는 사람들은 고등학교 1학년 때의 지극히 사적인 일기까지 압수한 후, 그 일기를 어떻게 소비했을까. 일기장에 나오는 글귀에서 혹시나 자신들이 이미 구성한 틀에 들어맞는 단서라도 있을까 하여 여러 사람이 번갈아 돌려보았을 것이다. 마치 조립된 장난감을 뜯어내듯, 한 사람의 내적 세계를 담은 글들을 조각내 분해했을 것이다. 법 집행 권력의 야만성을 단적으로 보여준다.

법 집행 권력이 그 정당성을 확보하려면, 모든 사건에 대하여 공평하게 행사되어야 한다. '선별적 법 집행'이어서는 안 된다. 또한 법을 집행하는 사람들은 집행 과정에서 사람을 사람으로 대하는 인간 존중 정신을 기본 출발점으로 삼아야 한다. 그러나 조국 전 장관 딸의 고등학교 일기장까지 압수하는 그 법 집행은 공평하지 않고 인간 존중 정신이 없는 폭력적 권력 남용이다. 문제는 이러한 폭력이 우리의 일상 곳곳에서 다양한 형태로 자행되고 있다는 점이다.

권력의 올바른 사용은 인간 존중을 위해

2006년 국가인권위원회가 정부에 입법을 권고한 〈포괄적차별금지법〉*은 지금까지 7차례나 추진되었지만, 이제껏 통과되지 못하고 있다. 가장 커다란 걸림돌은 기독교 단체들이다. 2020년 6월 29일 이 법이 다시 발의되자마자, 예상대로 수백 개가 넘는 기독교 단체들이 결사적으로 반대 운동을 벌이고 있다. 이들은 포괄적차별금지법을 '동성애 옹호법'이라고 왜곡하고 있다. 기독교 주류 교단에 속한 교회들조차도 성소수자와 연대하는 목회자들이나 신학대학생들을 '이단' 또는 '범죄자' 취급하면서, 포괄적차별금지법 제정에 반대 목소리를 높이고 있다. 종교의 이름으로 행사되는 '종교 권력'이 어떻게 그 야만성을 드러내면서, 성소수자는 물론 그들과 연대하는 사람들에 대한 폭력을 정당화하는지 보여준다.

1938년 나치 독일이 세운 첫 '죽음의 강제수용소'라고 알려진 오스트리아 린츠의 '마우트하우젠 강제수용소'를 방문한 적이 있다. 수용소 박물관에 전시된 나치의 유대인 학살에 관

---

* 성별, 장애, 나이, 언어, 출신 국가, 출신 민족, 인종, 국적, 피부색, 출신 지역, 용모 등 신체조건, 혼인 여부, 임신 또는 출산, 가족 및 가구의 형태와 상황, 종교, 사상 또는 정치적 의견, 형의 효력이 실효된 전과, 성적 지향, 성별 정체성, 학력, 고용 형태, 병력 또는 건강 상태, 사회적 신분 등을 이유로 한 정치적·경제적·사회적·문화적 생활의 모든 영역에서 합리적 이유 없는 차별을 금지·예방하려는 법안이다.

한 자료들을 살펴보다가 내 시선을 멈추게 한 사진이 있었다. 수용소에서 해방된 유대인들이 독일군을 죽여 발가벗긴 주검에 나치 문양을 새기고, 온몸에 상처를 내어 수용소 철조망에 X자로 시체를 걸어 놓은 사진이었다. 철조망 위 독일군의 시체 사진은 그가 어떤 끔찍한 죽임을 당했는지 적나라하게 보여주었다. 연합군의 승리 후 수용소에서 해방을 맞이한 '과거 피해자'들이었던 유대인들이 어떻게 '현재 가해자'로 변모할 수 있는지를 보여주는 사진이었다. 나치 시대의 피해자였던 유대인 집단이 '이스라엘'이라는 국가 권력을 가지게 되면서, 팔레스타인에 무자비한 공격을 가하는 것과 같다. '과거 피해자'들이 권력 집단을 구성하게 될 때, 그 '과거 피해자 집단'이 '현재 가해자 집단'으로 전락하곤 한다. '과거 피해자성'을 현재 타자들에 대한 폭력과 야만성을 정당화하는 담보로 삼는 경우이다.

베르나르-앙리 레비Bernard Henri Levy는 그의 책 《인간의 얼굴을 한 야만》에서 인간이 추구하는 '권력의 야만성'에 대하여 예리한 분석을 한다. 그의 분석은 권력을 가지게 된 이들이 어떻게 권력의 유지와 확장 그리고 절대화를 위하여 폭력적 '야만성'을 드러내는가를 보여준다. "권력 없는 사회는 없고, 남용 없는 권력은 없다"는 레비의 말은 우리의 일상 속에 자리 잡고 있는 다층적 권력구조에 대한 비판적 성찰을 촉구한다.

'권력' 자체는 좋거나 나쁜 것이 아니다. 다만 그 권력을 어떻게, 무엇을 위하여, 누구의 이득을 위해 사용하는가에 따라서 권력의 기능은 천차만별이다.

우리의 일상 세계에서 법 집행 권력, 교육 권력, 종교 권력, 과거 피해자 권력, 젠더 권력, 재벌 권력, 언론 권력 등 모두 열거하기 어려울 정도로 다양한 양태의 권력이 마치 공기처럼 자연스럽게 그리고 강력하게 작동하고 있다. 권력의 야만성은 한 사람의 삶을, 가족의 삶을 그리고 모두의 인간됨을 파괴하고 짓밟는다. 그렇다면 '인간의 얼굴을 한 권력의 야만성'을 어떻게 넘어설 수 있는가.

여타의 권력이 궁극적으로 추구해야 하는 것이 있다. '추상적 인간 존중'이 아니라, '얼굴'을 가진 개별인으로서 '인간 존중'이다. '얼굴이야말로 윤리가 시작되는 자리'라는 프랑스 철학자 에마뉘엘 레비나스Emmanuel Levinas의 말은 시사하는 바가 크다. '일기장'이 상징하는 것은 사회를 구성하는 개별인들의 '개체성'이며, 고유한 '얼굴'이다. 그 개체성을 존중하지 않고 함부로 취급하는 권력은 어떤 양태의 권력이라 해도 야만화된 집단 권력으로 전락한다. 모든 권력이 무엇보다도 한 개인인 사람을 사람으로 대하고 존중하는 권력이 되어야 하는 이유이다.

정치·기독교·미디어, 그 파괴적 삼각 동맹

정치·기독교·미디어의 기생적 동맹

"드디어 문재인은 이미 벌써 하나님이 폐기처분했어요. 지금 대한민국은 누구 중심으로 돌아가냐. ○○○ 목사 중심으로 돌아가게 돼 있어. (중략) 하나님 꼼짝 마, 하나님. 하나님, 까불면 나한테 죽어." (뉴시스, 2019.12.09.)

A목사의 발언이다. 그는 후에 "'하나님 까불지 마. 나한테 죽어'라는 말의 본심은 '문재인 저 ○○ 빨리 죽여 달라는 것'이다"라고 설명했다. A목사는 '증오의 레토릭'을 애국 행동으로 포장한다. '세계 기독청'이 완성되어 세계 각처에서 온 사람들의 회비와 면세점 수입까지 계산하면 한 달에 '1조 원'이 생긴다고 하는 A목사는 능란하고 기만적인 기독교 사업가다. 8.15

광복절 집회에 오지 않으면 "인간으로 살 필요가 없다"며 "주민 등록증을 회수"하겠다고 엄포를 놓는다. 혐오와 공포, 이 두 가지가 바로 A목사 레토릭을 구성하는 핵심이다.

그런데 'A목사'는 단지 예외적 존재인가. 유감스럽게도 나는 도처에서 무수한 'A목사들'을 본다. 예수를 내세우면서 자본주의적 욕망을 펼치는 사업을 하는 그들이 추구하는 것은 두가지, 즉 권력과 물질적 이득이다. 'A목사들'과 같이 대중을 선동하는 기독교 사업가는 스스로 생명력을 지니고 자생할 수 없다. 기생해야 하는 다른 권력은 바로 극우 정치와 미디어이다.

극우 정치·기독교·미디어의 기생적 동맹을 드러내는 장면을 보자. 김문수 전 경기도지사는 A목사가 주도하는 집회에 등장해서 "A목사님과 한국기독교총연합회 만세!"라고 외쳤다. 이어 법무부 장관, 국무총리 그리고 대통령 권한 대행이라는 막강한 정치 권력을 행사해 온 황교안이 연단에 등장해서 악수한다. 환호하는 청중 앞에서 세 사람은 미소를 띠며 사진을 찍는다. 극우 기독교 사업가와 정치인이 각자의 권력 확장을 위해 서로에게 기생하는 모습을 단적으로 드러내는 이 장면은, 극우 미디어를 통해서 사진과 함께 선동적 제목을 붙인 기사로 확산된다. 이렇게 해서 각각의 이익을 극대화하고자 진실을 왜곡시키고 혐오와 공포의 정치를 확산시키는, 극우 정치·기독교·미디어의 그 '파괴적 삼각 동맹'은 비로소 완성된다.

2005년 교황 베네딕토 16세는 나치가 파괴했던 한 유대인 회당을 방문했다. 교황은 그 자리에서 "독일과 유럽의 역사에서 가장 어두운 시기였던 20세기에, 신이교주의(neo-paganism)에서 태동한 광기적 인종 차별주의 이데올로기가 일어나서 유럽의 유대인들을 몰살하는 정권을 탄생시켰다"는 말을 했다. 그런데 이렇게 나치 치하에서 벌어진 '인류에 대한 범죄'를 '신이교주의' 탓으로 돌려버리는 교황의 말은 당시 히틀러 치하의 정치와 기독교(가톨릭과 개신교)가 맺은 파괴적 동맹 관계를 보지 못하게 한다. 마치 A목사를 '이단'으로 치부하면 한국 기독교의 복합적 문제들이 가려지는 것으로 생각하는 것과 같다.

히틀러는 자신의 권력 확장을 위해 '적극적 기독교'라는 이름의 새로운 기독교 운동을 전개하고, 1936년 독일의 국가 교회를 탄생시켰다. 성서의 자리에 《나의 투쟁》*이, 십자가의 자리에 꺾어진 십자가(하켄크로이츠)인 '나치 문양'이 대체되었다. 기독교 지도자들은 "나는 독일 민족과 국가의 지도자인 아돌프 히틀러에게 충성하고 복종할 것을 맹세합니다. 신이여, 도와주소서"라는 선서를 했다. 독일의 기독교인들은 히틀러를 지지하는 다수의 '적극적 기독교'의 교인들, 그리고 히틀러에 저항하면서 본회퍼를 중심으로 구성된 소수의 '고백교회' 교인들로

---

* 아돌프 히틀러, 《나의 투쟁》(Mein Kampf), 황성모 옮김, (동서문화사, 2014).

이분화되었다. 히틀러는 다수 기독교인의 협조와 미디어를 통한 이미지 메이킹을 통해서 권력 욕망을 성취했다. 끔찍한 '인류에 대한 범죄'가 히틀러라는 한 개인에 의해서만 저질러진 것이라고 보면 안 되는 이유이다.

"기독교인들은 나를 사랑한다." 도널드 트럼프의 말이다. 트럼프는 "복음주의 기독교인들이 아니었다면, 나는 공화당 대통령 후보조차 되기 어려웠을 것"이라고 했다. 트럼프는 시시때때로 신과 성서를 들먹이고, 교회 앞에서 성서를 손에 들고서 기자들이 사진을 찍게 하는 연기를 한다. 자신에게 표를 주었던 극우 기독교인들에게 자신이 성서를 중요하게 생각하며, 자신의 권력은 신으로부터 온 것이라는 이미지를 확인시키는 것이다. 다양한 미디어 장치가 없었다면 트럼프의 이러한 가식적 이미지 메이킹은 확산되지 못했을 것이다.

히틀러와 트럼프가 사용한 미디어와의 기생적 동맹은 매우 유사하다. 한편으로는 자신들에게 불리한 것을 통제하기 위해서 '거짓말하는 언론(lying press)'이라는 개념을 시시때때로 차용한다. 그리고 또 다른 한편으로는 그 언론을 장악하기 위한 다양한 시도를 한다. 히틀러는 '국가 대중계몽선전부'를 만들어서 요셉 괴벨스를 장관으로 임명했다. 괴벨스는 이 부처를 통해서 신문, 잡지, 책, 공공 집회, 예술, 음악, 영화, 라디오 등을 통제하고 나치 정권을 공고히 하는 기능을 하도록 했다. 모든 미디어를 나치 정권의 권력 확장을 위한 도구로 만드는 다양한 전략을 사용한 것이다. 트럼프도 트위터와 페이스북 미디어를 통해서 자신에게 불리한 언론을 불신하도록 선동하고, 유리한 것만을 부각하는 방침을 쓰고 있다.

권력 욕망에 찬 정치인과
종교인의 파괴적 연합

포괄적차별금지법 제정 반대에 앞장선 한국의 보수 기독교인들은 여성 혐오, 난민 혐오, 성소수자 혐오, 타 종교 혐오, 빨갱이 혐오 등의 혐오정치를 기반으로 극우 보수 정치인들과 공동 전선에 선다. 이러한 기독교인들은 이명박 '장로'를 대통령으로 만들기에 힘을 모았고, 지금은 문 대통령을 '종북 빨갱이'라고 하며 탄핵을 외쳐댄다. 히틀러는 유대인, 외국인, 성소수자, 공산주의자에 대한 혐오를 무기로 삼았다. 트럼프도 난민 혐오, 흑인 혐오, 외국인 혐오, 여성 혐오, 이슬람 혐오, 성소수자 혐오 등 다양한 혐오의 가치를 무기로 삼는다. 혐오의 대상을 '위협적 존재'로 부각하는 전략은 매우 유사하다. 위협적 존재를 '공동의 적'으로 삼은 보수적 기독교 지도자들은 히틀러에게 그리고 트럼프에게 지지를 모아준다. 지지세력을 결집하기 위해서 혐오 가치를 극대화하고, 그 혐오의 대상을 '공동의적'으로 만드는 과정에서, 기독교의 신과 성서를 소환하는 것은 필수적이다.

'A목사'로 상징되는 한국의 보수 기독교 역시 신과 성서의 이름으로 다양한 혐오를 먹고 산다. "중국이 기독교를 박해해서 하나님이 화가 나서 전염병으로 중국을 심판한다" 또는 "차별금지법 때문에 하나님이 한국에 세균으로 벌을 내린다"라고 설교하는 목회자들이 도처에 있다. 이들은 A목사와 크게 다르지 않다. 인류의 역사에서 야욕에 찬 정치인들은 언제나 기독교를 이용한다. 그리고 비판적 성찰이 부재한 반지성주의에 빠진 기독교인들은 그러한 정치인들과 동맹을 맺은 기독교 지도자의 선동에 넘어가서 이용당한다.

'A목사'라는 이름은 한국 보수 기독교인들의 문제만을 드러내는 것이 아니다. 한국 사회 전반의 뿌리 깊은 질병을 드러내는 표면적 예일 뿐이다. A목사를 '이단'이라고 규정하고, A목사와 함께했던 정치인들이나 정당은 선 긋기를 하고, '문제가 있는 개인'으로 돌린다.

A목사가 소속한 대한예수교장로회 총회(백석대신)는 2019년 8월 30일, A목사의 "면직 및 제명 공고"를 냈다. A목사의 신학적 견해와 사상이 정통 기독교에서 벗어나서 교단으로부터 면직하고 제명한다는 것이다. 또한 '개혁주의포럼'이라는 집단 역시 여러 가지 '이단 사례'들을 들면서 A목사를 이단으로 규정

했다. 코로나19 확산에 A목사의 교회가 시발점이 되자 국민의 힘의 전신인 '미래통합당'은 선 긋기를 했다. 그러나 이러한 방식은 A목사식의 기독교, 그와 동맹적 관계를 맺는 정치인들 그리고 미디어의 파괴적 삼각 동맹이 왜 등장하는가에 대한 근원적인 원인을 보지 못하게 한다.

모든 개혁은 상호의존적

도대체 한국 사회 전반에 어떠한 문제들이 도사리고 있는가. 비판적 '물음 묻기'가 부재한 공교육을 받은 사람들이 사회 구성원이 될 때, 종교·정치 영역에서 비판적 사유를 작동시키는 것은 불가능하다. 비판적 사유의 부재, 물음 묻기를 억누르는 사회에서 사회 구성원의 사유 기능은 정지된다. 그들은 다만 '선동'될 뿐이다.

'자유'라는 동전의 이면은 '책임'이다. 종교적 자유란 이름으로 공공세계에서 무책임하게 행동하며 구체적인 사회적 해를 끼칠 때, 그 종교는 개인과 사회에 파괴적이다. 개인의 종교적· 정치적 자유는 공동선(common good)을 해치거나 타인에게 해를 가하지 않는 최소한의 책임성이 수반될 때, 비로소 존중받을 수 있다. 기독교 사업가의 선동에 '아멘'을 부르짖는 대중들은 자신의 행위를 성찰하지 못한다. 이미 사유 기능을 마비시키는 종교적 마약을 흡입했기 때문이다.

교육·정치·종교·미디어 등 특정한 한 부문의 개혁은 사회 전체 개혁의 필요조건이다. 그러나 결코 충분조건이 아니다. 각 영역이 총체적으로 변화되어야 비로소 진정한 변화가 가능하다. 각각의 권력 확장과 이득의 극대화를 위해 뭉친 파괴적 삼각 동맹을 끊어야 하는 이유이다. 그 동맹 관계가 지속될 때 종교는 마약이 되고 미신이 되며, 그 종교가 위치한 사회에 성숙한 민주정치와 미디어가 뿌리내리는 것은 불가능하다. '모든 개혁은 상호의존적'임을 기억하자.

'거짓과 증오 중독'이라는
이름의 병

민주사회의 토대, 진실과 사실의 추구

현 미국 대통령 조 바이든이 상원의원으로 활동하고 있었던 1975년 5월 28일, 그는 독일 정치철학자 한나 아렌트Hannah Arendt에게 다음과 같은 편지를 보냈다.

"미스 아렌트, 당신이 '보스턴 바이센테니얼 포럼(Boston Bicentennial Forum)'에서 발표한 강연을 소개한 톰 위커의 기고문을 읽었습니다. 나는 국제관계위원회의 위원으로서 당신의 발제에 깊은 관심이 있습니다. 발제의 복사본을 받아보고 싶습니다."

바이든은 이때 만 서른두 살의 젊은 정치인이었다. 아렌트에게 보낸 이 짧은 편지는 내게 강한 인상을 남겼다. 바이든이 아렌트로부터 회신이나 발제문을 받았는지의 여부는 알려지지 않았다. 아렌트는 바이든이 편지를 보냈던 해인 1975년 12월 4일 사망했다.

바이든의 편지를 접하고서 내가 흥미롭게 느낀 점은 두 가지다. 첫째는 상원의원으로서 분주한 일정을 보냈을 바이든이 새로운 정치적 관점을 배우기 위해 보인 그 적극성이다. 둘째는 바이든이 아렌트 발제문에서 주목한 내용이 무엇이었을까, 하는 점이다. 바이든이 언급한 톰 위커의 글은 1975년 5월 25일 자 〈뉴욕 타임스〉에 게재된 "거짓말과 이미지"라는 제목의 기고문이다. 위커는 이 글에서 아렌트가 포럼에서 발표한 "보금자리로 되돌아오기(Home to Roost)"라는 제목의 발제 내용을 상세하게 다뤘다. 아렌트의 발제문은 후에 1975년 6월 26일 자 〈뉴욕 북리뷰(New York Review of Books)〉에 실렸다. 이 발제문은 또한 아렌트의 미출판 글을 모은 《책임과 판단(Responsibility and judgment)》에 포함되어 2003년 출판되었다.

민주사회의 가장 중요한 토대가 되는 것은 진실과 사실의 추구이다. 아렌트의 발제는 거짓과 이미지가 정치를 지배하고 있는 현상에 대한 비판적 문제 제기다. 소위 지식인들과 전문가들이 진실과 사실을 거짓으로 대체해 특정한 인물에 대중의 증오심을 부추기는 현상은 심각한 정치적 위기를 가져온다. 아렌트는 "지속적인 거짓"에 의해서 "진실과 거짓의 차이가 부식

되어 버린다"라고 지적한다. 그리고 거짓이 진실과 사실을 덮어버리는 것이야말로 민주주의에 가장 심각한 위기를 가져오는 것이라고 경고한다.

1975년 아렌트의 분석과 문제 제기는, 2020년 한국에서도 정확하게 적용된다. 뉴욕 타임스의 "거짓말과 이미지"라는 기고문에서 톰 위커는, 아렌트의 발제는 전체주의 사회의 정치에서 어떻게 '거짓말'이 진실과 사실을 대체하고 정치와 사회를 왜곡시키고 타락시키는가에 관한 것이라고 분석한다.

민주사회의 위협, 가짜뉴스와 선동정치

지식인과 정치·언론·교육·종교·의료 등 여러 분야에서 전문가라는 사람들이 권력에 욕망을 가지게 될 때, 그들은 거짓에 기반하여 진실을 왜곡시킨다. 거짓은 쉽게 대중을 선동해서 공공의 적을 만드는 데 효과적이다. 거짓을 통해 공공의 적을 향한 증오를 부추김으로써 결과적으로 민주사회의 정치적 위기를 생산하고 있다. 거짓은 현실을 왜곡시키고, 사람들을 현실로부터 분리시킨다. 반복적인 거짓에 의해 선동되고 거짓과 허위보도가 삶의 중심으로 자리 잡으면, 사람들은 나중에 사실과 진실이 드러나도 관심을 가지지 않게 된다. 정치적 권력 확장에의 욕망을 충족하고자 하는 이들은, 치열한 토론이 아니라

'아니면 말고' 식의 거짓과 허위사실 유포를 통해서 대중들을 선동하면서 특정 대상에 대한 증오를 강화시킨다.

문제는 거짓과 증오에 중독성이 있다는 점이다. 진실과 사실을 거짓과 선동적 이미지로 대체하여 대중을 선동하는 지식인과 전문가들은 이러한 거짓에 중독이 된다. 그 중독증은 추종자들에게도 전염병처럼 확산되는 악순환이 되풀이된다. 거짓과 가짜뉴스가 중심이 되는 삶을 반복할 때, 사람들은 자신이 몸담고 사는 현실 세계로부터 도피하여 '허위의식' 속에서 뿌리 없는 삶의 늪으로 빠지게 된다. 결국 자신의 삶은 물론 타자의 삶도 파괴하게 되는 것이다.

현대는 디지털 미디어 시대다. 아렌트가 1975년, 거짓과 선동적 이미지의 지배가 민주사회에 심각한 위기를 가져온다고 경고하던 시기보다 더 위험한 시대를 우리는 살아가고 있다. 특정한 문제에 대한 거짓과 가짜뉴스는 디지털 미디어 시대에 사는 우리의 일상이 되었다. 거짓과 허위보도는 디지털 미디어를 통해서 더욱 자극적으로 과장되어서 걷잡을 수 없는 불길처럼 확산된다. 거짓에 중독이 된 이들은 후에 사실과 진실이 밝혀져도, 특정한 인물이나 문제에 대한 자신들의 오류를 결코 수정하지 않는다. 오류를 바로 잡을 경우 증오의 토대가 무너지기 때문이다. 후에 진실과 사실이 밝혀지면, 그 사실을 뒤틀면서 또 다른 거짓과 허위 정보의 릴레이를 이어간다.

아렌트의 표현대로 하면 거짓과 가짜뉴스가 '삶의 방식'이 되어가고 있다. 진실이나 사실을 밝혀내는 것은 고도의 인내심과 복합적인 접근이 요청된다. 반면 거짓말이나 가짜뉴스는 아무런 인내심을 작동시킬 필요도, 사유할 필요도 없다. 많은 사람이 사실과 진실보다 거짓과 가짜뉴스에 더 환호하는 이유이다.

치열한 읽기는 정치적 책임성

거짓과 가짜뉴스는 삶과 죽음의 문제다. 2020년 출판된《거짓말 기계들》*에서 저자인 필립 하워드가 강력하게 경고하는 점이다. 최근 한국 사회에서 거짓과 허위보도에 의해 스스로 목숨을 끊은 사건이 무수히 일어나고 있다. 또 생물학적 죽음이 아닌 사회적 죽음을 경험한다. 사실과 진실을 밝혀내는 것이 간혹 너무나 복잡하고 어려운 과정을 거쳐야 한다고 해도, 민주사회는 사실과 진실에 굳건히 뿌리를 내려야만 비로소 제 기능을 한다. 거짓과 허위보도가 아니라, 사실과 진실에 접근하고자 치열하게 노력하는 사회만이 민주주의를 성숙시킬 수

* Philip N. Howard,《Lie Machines: How to Save Democracy from Troll Armies, Deceitful Robots, Junk News Operations, and Political Operatives》(New Haven and London: Yale University Press, 2020).

있다. 사실과 진실에 기반한 사회가 되는 것이란, 단지 추상적인 이슈가 아니다. 구체적으로 사회 구성원의 삶과 죽음에 관한 것이다.

우리는 이러한 사실을 코로나19의 세계적인 확산을 통해서 절실하게 경험한다. 트럼프 미국 전 대통령 같은 정치인들은 자신의 권력 확장을 위해서 코로나 팬데믹의 심각성을 부인하고, 거짓말과 가짜뉴스를 확산함으로써 초기대응을 제대로 하지 않았다. 결국 수많은 사람이 병에 걸리고 죽게 되는 결과를 낳았다. 외국으로까지 갈 필요도 없다. 비근한 예로 기독교 지도자라고 하는 종교인들이 코로나 팬데믹에 대한 거짓말과 가짜뉴스로 사람들의 생명을 위협하고 있다. 거짓말과 가짜뉴스를 만들어내고 확산시키는 정치인들, 지식인들 또는 종교인, 언론인, 의료인이라고 하는 전문가들은 자신들이 '법 위에' 있다고 생각한다. 사람들에게 지속적으로 거짓을 뿌리고 증오로 무장되도록 선동한다. 거짓에 선동된 이들은 증오로 뭉쳐진다.

사랑제일교회 관련 코로나 확진자가 1천 명을 훌쩍 넘었는데도, 이것을 교회를 제거하기 위한 정부의 사기극이라고 하는 선동에 추종자들은 중독이 된다. 문재인 대통령을 '악당', '독재자', '파시스트'라고 소리치는 추종자들을 부추기는 정치인과 지식인들은, 아렌트에 따르면 '거짓말에 중독'된 이들이다. 조국 전 장관의 딸이 세브란스 병원 피부과 교수를 찾아갔고 그

병원에서 인턴을 하고 싶다고 했다는 가짜뉴스가 C신문에 버젓이 실렸다. 실제로는 가지도 않았는데 말이다. 거짓이 들통나자 이 매체는 "바로잡습니다" 하나로, 마치 무책임하고 파괴적인 행위를 무마하듯 슬그머니 거짓 기사를 내렸다. 그러나 문제는 이렇게 거짓말과 허위사실의 정체가 밝혀져도, 이미 그 거짓에 중독된 사람들은 그와 연관되어 퍼붓던 갖가지 증오의 언설을 수정하지 않는다는 것이다.

다양한 위기 시대에 한 국가를 이끌어가고 있는 정치인들의 역할이 그 어느 때보다도 중요하다. 한국 정치인들은 21세기에 한국과 세계에서 일어나고 있는 위기들의 복합성을 치열하게 읽고, 공부하고, 토론하면서 정책을 세우고 국민에 대한 책임을 다해야 한다. '이미지 정치'가 아니라, 한국과 세계를 보다 나은 곳으로 만들고자 하는 '책임의 정치'를 구상하고 모색하고 실천해야 한다. 이러한 과정에서 '치열한 읽기와 독학'은 필연 조건이며, 막중한 정치적 책임이다. 여유시간이 있어도 거의 독서를 하지 않고 주로 TV만을 본다고 알려진 트럼프와, 아렌트에게 직접 편지까지 보내서 발제문을 읽고자 한 조 바이든의 '공부'에의 열정은 참으로 대조적이다. 정치인만이 아니라, 한 사회의 구성원 모두에게 읽기란 이 현실 세계를 읽어내고 이해하기 위한 정치적 책임이다.

바이든이 아렌트에게 발제문을 보내 달라고 부탁한 편지는 정치인이 실천해야 하는 치열한 읽기와 독학의 정치적 책임성을 상기시킨다.

아렌트는 그의 발제를 다음과 같이 매듭짓는다.

"사실들이 되돌아왔을 때, 적어도 그 사실들을 환영합시다."

진실과 사실이 우리에게 되돌아왔을 때, 또 다른 선동적 이미지와 거짓의 세계로 도피하지 말고 그 진실과 사실을 진정으로 받아들이면서 거짓의 오류를 수정해야 한다는 것이다. 모든 이를 위한 민주주의 사회를 위해서.

탈진실의 시대,
내면적 전체주의의 덫

고립된 대중과 전체주의 운동

한 사회에서 스스로 사유하지 않고 고립감에 빠진 개인들, 또한 이유를 알 수 없는 분노에 사로잡힌 개인들은 어디로 가는가. 사유하기를 포기한 고립된 대중은 전체주의적 운동이 뿌리내리게 하는 자양분이 된다. 고립된, 사유하지 않는 개인들이 폭도로 전이되면서 전체주의라는 절대 악의 덫으로 빠져들게 되는 배경이다.

한나 아렌트의 분석이다. 2016년 도널드 트럼프가 미국 대통령으로 당선된 이후, 많은 이가 한나 아렌트의 사상에 더욱 관심을 가지기 시작했다. 선거 한 달 후, 아렌트의 《전체주의의 기원》*은 보통 때보다 6배가 더 팔리기 시작했다고 한다. 1975

년에 죽은 한 정치철학자의 책에 왜 이렇게 많은 이가 관심을 가지기 시작했을까. 더구나 아렌트는 대중적으로 널리 알려진 소위 인기 작가도 아니다. 여러 가지 이유가 있겠지만, 간략하게 보자면 그의 분석이 지금 현대 사회에 우리가 직면하고 있는 문제들의 핵심을 잘 보여주고 있기 때문이다. 아렌트는 전체주의 사회의 특성에 대하여 이론화한다. 전체주의적 사회가 어떻게 작동하는지, 무엇이 전체주의 사회를 가능하게 하는지, 왜 전체주의적 구조가 등장하는지를 분석한다.

물론 현대 미국이나 한국이 전통적인 의미에서의 전체주의 사회는 아니다. 그러나 세계 곳곳에서 전체주의적 분위기가 태동하는 전제조건들이 감지되고 있다는 점에서, 아렌트의 분석은 시사하는 바가 크다. 새로운 현상을 이해하기 위해서는 새로운 접근 방식이 필요하다. 《전체주의의 기원》은 제목에서 예상되는 것과는 달리 전체주의에 대한 역사적 거시 접근을 하지 않는다. 다만 새로운 양상으로 나타나는 새로운 형태의 전체주의적 움직임에 대하여 분석한다.

인터넷 시대에 가짜뉴스와 허위 정보는 트럼프와 같은 정치가를 비롯하여 세계 곳곳의 언론과 미디어를 지배하고 있다. 트럼프는 역사에서 가장 거짓말을 많이 한 정치가로 남았다.

---

* 한나 아렌트, 《전체주의의 기원》(The Origins of Totalitarianism), 박미애, 이진우 옮김, (한길사, 2006).

2020년에 출시된 트럼프의 심리를 다룬 다큐멘터리 필름인 〈부적합함: 트럼프의 심리(Unfit: The Psychology of Donald Trump)〉에 따르면, 트럼프는 취임 이후 19,127개의 잘못된 정보나 주장을 했다고 한다.

많은 사람이 진실과 사실이 무엇인지 관심을 두지 않으며 중요하게 생각하지도 않는다. 소위 '탈진실(post-truth)의 시대'를 사는 것이다. 진실과 사실이 아니라 오직 자기편의 주장만이 중요한 사람들이 다수로 자리 잡게 될 때, 한 사회는 표면적으로 민주주의 사회지만 내면적으로는 전체주의의 덫이 곳곳에 드리우게 된다. 개인은 사라지고 누군가의 선동에 의해서만 움직이는 집단만이 남게 되는 것이다.

아렌트에 따르면 전체주의적 운동의 자양분이 되는 것은 소속감을 느끼지 못하고 고립감과 분노에 빠진 사람들의 존재다. 사유 부재의 고립감은 이 세계에 자신이 뿌리를 내리지 못하고 있다는 생각에 빠뜨리고, 그 고립된 삶을 구원해줄 것 같은 정치적·종교적 서사에 의존하게 만든다. 트럼프의 큐아논(QAnon)*, 태극기 부대 또는 A목사식의 종교 집단은 고립된 사람들을 끄집어내 공동체적 소속감을 경험하게 해준다. 고립되

---

* 미국의 신흥 극우주의 음모론 단체로 2016년에 만들어졌다. 도널드 트럼프를 지지하는 것으로 알려져 있으며 주로 온라인에서 활동한다. 이들은 민주당 고위 인사와 엘리트 집단이 아동 성 학대 등을 하고 있으며 도널드 트럼프만이 이를 해결할 수 있다고 주장한다.

었던 개인들은 정치적·종교적 선동에 따라 집단행동을 하면서 비로소 소속감을 느끼며, 존재이유를 찾게 되는 것이다. 그리고 어떤 진실도 받아들이려 하지 않는 '탈진실'과 의도적 거짓 정보의 혼돈세계에 발을 내디딤으로써, 내면적 전체주의 사회로 이양하게 된다.

내면적 전체주의 그룹의 공통점

큐아논과 같은 트럼프의 열광적 지지그룹이나, 태극기 부대 또는 A목사식의 종교 집단이 지닌 공통점이 있다. 각종 음모론과 가짜뉴스 그리고 거짓 정보를 퍼 나르며 자신들과 다른 생각을 가진 사람들에 대한 분노와 악마화로 집결된다는 것이다.

2021년 1월 6일 미국 국회의사당에 난입한 트럼프 열광주의자들은 바로 이러한 탈진실과 의도적 거짓에 의하여 선동되는 내면적 전체주의 사회의 구성원들이다. '선거가 도둑맞았다'는 가짜뉴스와 거짓 정보로 선동된 이들 폭도는 현실 세계에 대한 감각을 상실하고 있다. 큐아논 그룹에서 보여지듯 이들의 정치적 행동은 종교적 신념으로 무장된다.

거짓 정보와 혐오의 레토릭을 서슴지 않는 트럼프는 미국을 구하는 대통령일 뿐만 아니라, 자신들을 구원해주는 메시아적 인물로 표상된다. A목사의 말이라면 무조건 '아멘'을 외치는 이들과 트럼프의 말이라면 그 어떤 음모론이나 거짓 정보라도 '예스'를 외치는 이들은 닮아있다. 정치적·종교적 프로파간다에 의하여 이들은 개별인이 아닌 집단으로만 존재, 스스로 사유하지 않고 오직 선동될 뿐이다.

전체주의적 사유방식의 강한 특징은 강력한 혐오와 차별의 서사다. 이러한 혐오와 차별의 서사는 '우리(선)-그들(악)'이라는 대립적 이원론의 파괴성에 의해 작동된다. '우리'에 속하지 않은 이들을 모두 파괴해야 할 '적'으로 간주하면서, 혐오와 독설의 서사를 서슴지 않고 표현한다. 이러한 내면적 전체주의 세계 속에 발을 디딘 이들은 선동가들에 의해 재현된 현실만을 맹신하게 되며, 결국 전체주의의 감옥에 자신을 집어넣는 악순환에서 헤어나지 못하게 된다.

진실과 사실이 아니라 '탈진실'과 거짓 정보 그리고 가짜뉴스가 범람하고, 이것들을 소셜 미디어로 확산시키고 있는 이들이 곳곳에 도사리고 있는 한국의 현실은, 내면적 전체주의 덫에 빠진 이들의 양상을 고스란히 드러내고 있다. 정치 체제로서의 전체주의가 아니라, 스스로 사유하지 않고 외적 선동에 의해 조종됨으로써 비로소 소속감을 느끼는 고립된 이들이 스스로 인간됨을 파괴하고 있다. 그들을 선동하는 이들에게 사유를 포기한 고립된 개인은 목적을 이루기 위한 잉여 존재이며, 단지 정치적·종교적 도구일 뿐이다. 정치·종교·미디어 등이 제기능을 하지 못할 때, 이러한 내면적 전체주의는 언제나 등장하게 된다.

악을 '비판적 사유의 부재'라고 규정한 아렌트의 통찰은 지금 한국 사회에도 절실하게 필요하다. 사유의 부재를 통해 작동되는 의식 속에서 전체주의는, 혐오와 음모의 정치학을 확산시키면서 우리가 살아가는 세계를 위험에 빠뜨리고 있기 때문이다.

사유하기는 외로움과 고립감을 넘어서서 한 개인을 사유 주체(thinking subject)로, 판단 주체(judging subject)로 그리고 행동 주체(acting subject)로 자리 잡게 한다. 또한 정치적·종교적 선동에 의해서 집단화돼 움직이는 전체주의의 덫에 빠지지 않게 한다. 민주사회에 있으면서도 전체주의적 사고를 하는 이들이 곳곳에 존재하는 이 '탈진실의 시대'에 우리가 더욱 치열하게 추구해야 하는 것은, 바로 비판적 사유하기를 포기하지 않고 '진실과 정의'를 모색하는 것이다. 아렌트가 2021년에 살아있다면 무엇이라고 할까. 나는 다음과 같이 말할 것이라고 본다.

"사유하라, 사유하라, 사유하라."

제2의 신 미디어,
도구인가 무기인가

지식 권력의 중심, 미디어

"아무것도 자명한 것은 없다."

내가 가르치는 대학원 세미나에서 학기 초 개강 강의를 할 때마다 칠판에 쓰는 몇 개의 명제 중 하나이다. 이 명제는 자명한 것이 있는가 없는가가 주요 질문이 아니라, '누가' 그 자명성을 제시하는가의 문제이기도 하다. 한국어로는 "아는 것은 힘이다"로 알려진 프랜시스 베이컨Francis Bacon의 명제는 "지식은 권력이다(knowledge is power)"로 번역해야 보다 분명한 의미를 전한다. 미셀 푸코Michel Foucault는 베이컨의 명제를 "권력은 지식이다(power is knowledge)"로 뒤집는다. 권력의 중심과 지식의 중심은 분리불가하다는 푸코의 통찰은 언론의 역할과 사회적 책임

성찰에 중요한 통찰을 준다.

전통적으로 사람들의 사유방식, 가치관 또는 세계관 형성에 가장 큰 영향을 미쳐온 것은 종교였다. 그런데 이제 그 종교의 자리에 미디어가 자리 잡았다. 미디어 이론가이자 광고 제작자 토니 슈바르츠T. Schwartz는 《미디어:제2의 신(Media: The Second God)》에서 미디어를 '제2의 신'으로 명명한다.

이제 미디어가 이 세계에서 '신'과 같은 강력한 역할을 하고 있다는 것을 누구도 부인하기 어렵다. 미디어는 사람들이 특정한 정치인, 정당, 단체, 사회적 이슈 또는 이 세계에서 벌어지고 있는 다양한 사건들에 대하여 갖게 되는 지식을 생산하고 있다. 다양한 양태의 미디어는 '지식 권력'의 중심을 이루고 있다. 미셸 푸코의 분석에 따르면, 권력이 지식을 만든다. 이 점에서 베이컨의 "지식은 권력이다"는 이제 설득력을 갖지 못한다. 권력과 지식은 분리불가하며 권력의 중심과 지식의 중심은 일치한다고 본 푸코의 분석은, 베이컨의 모토가 짚어내지 못하는 깊이와 복합성을 예리하게 드러낸다.

여기서 우리가 기억해야 할 것은 권력 자체가 좋거나 또는 나쁜 것이 아니라는 점이다. 특정한 권력을 누구의 이득과 어떠한 가치를 확산하기 위해 사용하는가가 관심을 둘 지점이다. '제2의 신'이라고 명명될 만큼 막강한 영향력을 행사하는 미디어 권력은 두 가지 상충적인 기능을 품고 있다. 공동선을 파괴하는 무기로 기능할 수 있고 다른 한편으로는 지금의 사회를 보다 나은 사회로 만드는 데 기여하는 민주적이고 창의적인 도구로 사용될 수 있다. 특정 미디어가 '파괴적 무기'가되는가, 아니면 '창의적 도구'가 되는가는 그 미디어 권력을 지닌 이들이 지향하는 가치가 무엇인지에 따라 정해지게 된다.

'정확한 사실'이란 자명한가

미디어의 중심을 이루고 있는 언론의 역할은 '정확한 사실을 전달하는 것'이라고 한다. 그런데 '정확한 사실'이란 자명하지 않다.

첫째, 그 사실을 규정하는 과정 자체에 이미 언론의 주관적 해석과 정치적 입장이 개입된다. 동일한 사건에 대하여 상충하는 평가가 등장하는 이유이다.

둘째, 어떤 사실을 '중요한 것'으로 또는 '사소한 것'으로 구분하는가 역시 주관적 해석이 개입된다. TV 뉴스의 맨 처음에 긴 시간을 할애하여 보도하는가, 가장 마지막에 짧게 보도하는가, 아니면 아예 보도하지 않는가. 또는 신문 상단에 톱 기사로 긴 지면을 할애하는가, 아니면 지면 하단에 짧게 언급하는가역시 다층적 해석이 개입되는 것이다.

셋째, 그 사실을 담은 보도나 기사의 제목을 설정하는 것 역시 시청자나 독자에게 특정한 사회정치적 입장과 메시지를 담아내는 해석이 작동된다. 동일한 사건에 대한 '사실 전달'이라 해도 방송사나 신문사의 정치적 입장에 따라 상이한 제목과 상이한 평가가 담겨져 전달된다.

미디어가 씨름해야 할 세 가지 질문

"현장의 진실을 중앙에 두다." 언론매체들은 이것이 자신들의 역할이라고 주장하곤 한다. 그런데 이 주장이 살아있는 의미를 지니려면, 세 가지 뿌리 질문을 통과해야 한다.

첫째, 현장이란 무엇인가, 무엇이 현장으로 성립하는가. 우리의 현실 세계는 무수한 현장이 있다. 청와대나 국회도 현장이고, 국회 밖에서 투쟁하는 이들이 있는 곳도 현장이다. 장애인 이동권을 위해 장애인들이 힘겹게 투쟁하는 곳도 현장이다. 무수한 현장에서 '어떤 현장'이 중요한가, 또는 중요하지 않은가를 매번 결정해야 한다. 그래서 현장의 의미를 해석하는 방식에 그 언론의 수준과 사회적 기여도가 드러난다. 언론은 '다중적 보기 방식'으로 이 현실 세계의 현장들을 찾아내야 한다. 중심부만이 아니라 주변부도 보아야 한다는 것이다.

둘째, '누구의 진실'인가, 주장이 상충할 때 '누구의 진실'을 진정한 것으로 택할 것인가. 예를 들어 제주도 난민을 한국 사람들을 위협하는 존재라고 보는 주장을 진실로 받아들일 것인가, 아니면 그들을 동료 인간으로 보고 인간으로서의 권리를 지켜주자는 주장을 진실로 택할 것인가. 어느 주장이 '진실'인가는 미디어 권력을 지닌 사람들의 가치관에 따라서 달라진다.

셋째, '중앙에 두다'란 어떤 의미인가. 특정한 현장에 대한 특정한 해석을 중앙에 배치할 것인지, 혹은 주변에 배치할 것인지를 누가 결정하는가. 권력을 가진 사람들이다. 맨 처음 보도되는 뉴스, 맨 위에 올라오는 기사가 독자의 시선을 사로잡는다. 즉 '중앙에 두다'란 그 언론이 지닌 관점에 따라서 동일한 사건이라도 중앙에 또는 주변에 둘 수 있다는 것이다. 이것이 중앙과 주변을 결정하는 기준이 무엇인가에 대한 비판적 성찰을 멈추지 말아야 하는 이유이다. 어떤 것을 중앙에 둔다는 것이 특정 개인과 집단의 이득과 권력을 확대하기 위함인가, 아니면 공동선을 확대하는 기준인가.

지속적인 비판적 성찰은 미디어 권력이 파괴적인 무기로 사용되는 위험을 방지해준다. 제2의 신으로서의 미디어 권력을 지닌 이들은 미디어가 공동선을 파괴하고 특정 개인과 집단의 이득과 권력만을 확대하고자 하는 파괴적인 무기가 아니라, 보다 정의롭고 민주적인 사회의 확장을 위한 창의적 도구가 될 수 있도록 치열하게 고민하고 성찰해야 한다.

세 차원의 생명,
보호 책임을 지닌 이들

　미국에는 대학을 졸업한 후에 들어가서 공부할 수 있는 세 분야의 전문대학원이 있다. 의학대학원, 신학대학원 그리고 법학대학원이다. 이들의 공통점은 인간의 생명을 다루는 분야라는 것이다. 의학은 육체적 생명, 신학은 정신적 생명, 법학은 사회정치적 생명을 다룬다. 인간은 누구나 이 세 차원의 생명보호가 필요하다. 생명을 다루는 분야이기에 이들 분야에서 일하고자 하는 사람은 대학에서 훈련을 받고 최소한의 성숙한 의식과 지식을 갖춘 사람이 되어 공부해야 한다. 한 사회에서 살아가는 인간은 누구나 최소한 이 세 가지 존재방식에서 보호를 필요로 한다.

　이러한 세 가지 차원에서의 생명보호 역할을 누가 할 것인가. 성숙성을 지닌 사람이다. 그런데 오랫동안 사회는 이러한 성숙성을 지닌 사람은 남성만이라고 간주해왔다. 여성들은 생물학적 나이와 상관없이 '영원한 미성년자'이기 때문이다. 오랫동안 여성들에게 참정권과 교육권을 부여하지 않은 이유다. 예를 들어서 미국에서 남성들은 1789년에 첫 투표를 한 반면, 여성들은 1920년에 비로소 참정권을 획득했다. 참정권을 획득하고 나서도 남성과 동등한 교육권을 지니게 된 것은 한참 후다. 특히 인간의 생명을 다루는 분야, 즉 '성숙한 사람'이 다루어야 하는 세 분야인 전문대학원은 대학보다 한참 후에 여성에게 문이 열렸다. 하버드대학교는 1636년에 설립되었으나, 여성에게 입학의 문이 열린 것은 설립 후 243년이 지난 1879년이다. 인간의 생명을 다루는 전문대학원은 어떤가. 하버드 의학대학원은 1782년, 신학대학원은 1816년 그리고 법학대학원은 1817년에 설립되었다. 이 세 대학원에서 여성에게 문을 연것은 의학대학원이 1945년, 법학대학원은 1950년 그리고 신학대학원은 1955년이다. 여성이 남성보다 열등한 존재이고 미성숙한 존재라는 사회 인식 때문에, '성숙한' 남성들이 주도해야 한다는 남성중심적 가치가 지배한 결과였다.

한국 사회의 생명보호 책임자들

한국 사회에 가장 심각한 문제를 일으키고 있는 분야가 있다. 바로 의학, 법학, 신학 세 분야의 종사자들이다. '성숙한 사람'들이 수행해야 할, 인간의 생명보호를 책임질 세 분야의 종사자들이 오히려 생명 파괴의 행위를 하고 있는 것이다. 대표적으로 의사, 판·검사, 목사 등으로 불리는 이 분야 관련자들이 한국 사회에 끼친 파괴적 영향은 객관적 수치로 드러내기 어렵다.

2020년 전공의들은 의사 수 증원 및 공공 의대 설립정책을 반대한다며 집단 휴진(파업)을 했다. 국가시험 거부까지 하던 의대생은 물론 전임의와 의대 교수까지 파업했고, 전공의 파업 참여율은 80%에 달했다.

2021년 3월 4일 "이 사회가 어렵게 쌓아 올린 정의와 상식이 무너지는 것을 더는 두고 볼 수 없다"면서 사퇴한 검찰총장이 지휘하던 검찰은, 정작 '정의와 상식'의 개념을 근원적으로 왜곡시키고 있다. 조국 전 법무부 장관 가족의 일기장까지 파헤쳐 한 달에 백만 건이 넘는 기사를 언론에 흘리며 한 가족의 사회정치적 생명을 파괴하면서까지 '정의와 상식'을 실천하고자 한 검찰은, 그보다 비교할 수 없을 만큼의 심각한 사건들에는 눈을 감고 있다. 위증을 연습시키며 증인을 매수, 전 국무총리의 사회정치적 생명을 파괴하는 일도 정의의 이름으로 자행되었다. 검사들이 룸살롱에서 받은 접대를 '96만 원 접대'로 만들고, 전 검찰총장의 가족이 수십억 원의 허위 증명서를 발급하고, 땅 투기를 해서 수백억 원의 이익을 챙겨도 '자기 식구'들 사건에는 한없이 관대하다. 한국이라는 사회의 구성원으로서 사회정치적 생명보호의 책임을 맡고 있는 판검사 그룹에 "제 식구 감싸기" 또는 "언론플레이" 등의 표지가 쉽사리 붙여지는 이유다. 그런데 기억할 것이 있다. 정의는 '누구에게나' 그리고 '어느 사건에나' 공평하고 동일한 방식으로 적용되어야 비로소 그 진정성이 확보된다는 것이다. 선택적 정의는 정의의 이름을 빌린 '불의'일 뿐이다.

신학 분야는 어떤가. 2007년의 입법 시도 이후 포괄적차별 금지법을 가장 격렬하게 반대하는 집단이 기독교다. 한국 기독교는 성소수자 혐오, 난민 혐오, 타 종교 혐오에 앞장서고 있다. 목회자 그룹은 청와대 앞에서 혈서까지 쓰며 포괄적차별금지 법을 '악법'이라고 반대했다. 또한 성소수자와 연대하는 신학 생과 목회자들을 정죄하는 데 앞장서고 있다. 제주 난민에 대한 혐오가 마치 기독교적인 것인 양 왜곡하는 이들, 이러한 기독교인들을 양산하는 목회자들, 이런 목회자에게 교육받은 교인들은 성소수자와 연대하는 학생과 목회자들을 학교와 교회에서 쫓아내며 정죄하는 데 앞장서고 있다.

기독교가 성소수자들의 정신적 생명은 물론, 육체적 생명과 사회정치적 생명까지 파괴하고 있다. 생명 사랑이 아닌, 생명 혐오 바이러스를 퍼뜨리고 있는 것이다. '모든' 생명을 보호하

고, 존중하고, 소중하게 다루어야 함을 가르쳐야 할 종교 지도
자들이 생명 혐오의 교리를 가르친 결과다.

희망의 씨앗은 책무를 수행하는 소수들로부터

그렇다면 희망은 어디 있는가. 육체적 생명, 정신적 생명 그
리고 사회정치적 생명 등을 보호해야 하는 이들이 오히려 사회
구성원의 생명을 피폐하게 만들고 있는 한국 사회에서, 묵묵히
책임을 수행하는 이들이 희망이다.

다수의 물결에 합류하지 않고 "동료들의 미움과 저주를 감
수할 용기"를 내면서 자신의 이득이나 권력의 확장이 아닌 '진
정한 정의' 실천을 위해 소신을 가지고 일하는 법조인들이 있
다. 환자를 수익 환산의 도구가 아닌 소중한 생명으로 여기며
자신들의 이득이 아니라 인도주의적 실천을 우선으로 생각하
며 일하는 의료인들이 있다. 이러한 의료인들은 자신들의 이득
과 집단 권력을 확보하기 위해 환자의 생명을 담보로 위협하지
않는다. 또한 거대한 종교 권력의 제도적 폭력에도 불구하고,
차별과 혐오에 대항하면서 평등과 정의를 확산하고자 헌신하
는 종교인들이 있다.

이들은 지극히 소수다. 수적으로는 비록 소수지만, 한국 사
회의 희망은 이렇게 자신에게 주어진 생명보호의 사회적 책무

를 실현하고자 애쓰는 이들 속에 있다. 인류 역사의 변화는 주류에 매몰되지 않고 생명보호를 우선적 책무로 생각하는 소수의 사람에 의해서 가능했다. 이 소수들이야말로 보다 정의롭고 민주적인 한국을 만들기 위한 희망의 씨앗을 뿌리는 이들이다. 그들과 연대하고 더 나아가서 그들과 같은 '소수'가 되는 연습을 하는 것, 이것이 암담한 한국 사회에 희망의 씨앗을 뿌리는 몸짓이리라.

질문의 예술, '좋은' 질문하기는 왜 중요한가

호기심과 질문하기, 변화의 출발점

"나는 특별한 재능을 가지고 있지 않다. 다만 열정적으로 궁금해할 뿐이다(I have no special talents. I am only passionately curious)."
알베르트 아인슈타인의 말이다. 자신이 보는 것들이나 만나는 사람들에 대해 궁금해하는 것, 열정적으로 호기심이 많다는 것은 무엇인가. 호기심이 많은 사람은 질문을 많이 하는 이들이다. 다층적 질문을 통해서 그 호기심을 구체화하기 때문이다.

아인슈타인의 놀라운 창의성은 특별한 재능이 아니라, 바로 열정적으로 궁금해하는 것에서 나온다. 이런 의미에서 보자면 질문은 그 사람이 누구인가를 가장 잘 드러내는 정체성의 결 중 하나다. 주변의 사물과 사람에게 그 어떤 호기심도 없는 사람은 아무런 질문이 없다. 그저 주어지는 정황에서 수동적으로 존재할 뿐이다. 호기심 없는 이들, 그래서 질문 자체가 없는 이들은 사람 간의 관계를 심화시키는 데 아무런 기여를 하지 못한다. 그저 자신이 속한 집단이나 사회에서 현상 유지가 지속되도록 묵인할 뿐이다.

결국 호기심이 없어 질문 자체를 구성하지 않는 이들은 자기 자신이나 사회의 새로운 변화에 아무런 기여를 하지 못하는 무관심한 사람이다. 이탈리아 정치 사상가 안토니오 그람시 Antonio Gramsci가 "나는 무관심한 사람들을 증오한다"라고 한 이유다. 그람시에 따르면 무관심한 이들은 '기생하는 존재'들이며 진정으로 살아있는 것이 아니다.

새 학기가 되어 수업이 시작되는 첫날, 자기소개를 하는 시간이 있다. 내가 가르치는 대학원생들의 자기소개는 대부분 이름과 전공 분야 등이다. 그런데 이러한 방식으로는 정작 그 사람이 어떤 사람인지 알 길이 없다. 그래서 자기소개에 새로운 항목을 넣는 것을 제안했다. '지금 자신이 씨름하고 있는 질문은 무엇인가.' 이 항목을 넣자 학생들의 자기소개가 풍성해지고 각자 독특한 개성이 드러나는 예식이 되었다. 한 사람이 지닌 질문은 그 사람의 내면 세계의 결을 잘 드러낸다는 것을 나는 확인하곤 한다.

배움이란 해답을 찾는 것이 아니라 '좋은' 질문하기를 배우는 것이다. 현실 세계의 변화는 단순한 해답을 가져오는 사람에 의해서가 아니라, 좋은 질문을 던지기 시작한 사람에 의해서 만들어져 왔다. 좋은 질문은 보다 풍성한 사유의 세계로 초대하는 초대장이다. 좋은 질문을 통해서 사람들은 생각하지 않았던 문제들에 대해 각자의 정황을 새로운 눈으로 들여다보게 된다. 좋은 질문은 사건의 진실에 접근하게 하고, 개별인의 독특한 측면을 드러내게도 하고, 보통 사람들이 생각하지 못했던 것들을 생각하게도 이끄는 강력하고 효과적인 장치가 되어준다.

기자의 책무와 권리, 올바른 질문권 행사

그렇다면 공적 영역에서 질문할 기회는 누가 지니는가. 질문 기회란 누구에게나 공평하게 주어지지 않는다. 공적 영역에서 질문이 허용된 사람은, 수동적 객체가 아닌 '발화 주체(speaking subject)'로서의 자리로 호명된다. 이 점에서 질문할 수 있다는 것은 '질문 권력'의 의미를 가지게 된다. 특히 질문하기가 삶의 방식인 사람이 있다. 저널리스트들이다. 저널리스트의 수준과 실력을 판가름하는 기준 중의 하나가 그가 던지는 질문의 성격이다. 질문하기와 연결된 저널리스트의 에피소드가 많은 이유다. 몇 가지 질문 에피소드를 보자.

2010년 9월 G20 서울정상회의 폐막식에서 오바마 미국 전 대통령은 연설 직후 한국 기자들에게 질문권을 주었다. 아무도 질문을 하지 않자, 통역이 있다는 것을 부언하며 질문자를 기다렸다. 아무도 없었다. 결국 중국 기자가 질문권을 행사했다. 왜 한국 기자들은 질문할 중요한 권리가 주어졌는데도 그 질문권을 행사하지 못했을까.

2014년 12월 19일 연말 기자회견장에서 오바마 미국 전 대통령은 8명의 기자를 지목해서 질문을 받았다. 미리 질문자를 정한 것이 아니라, 즉석에서 손드는 사람들을 지목했다. 그런데 8번 모두 여성 기자들만 질문하게 했다. 백악관 출입 기자들로 이루어지는 〈백악관 기자협회〉의 만찬은 1962년까지 남성들만 참석할 수 있었다. 여성 기자들이 백악관에 등장한 이후로도 여성 기자들은 '보이지 않는 존재'들이었다. '질문권'을 부여받지 못했기 때문이다. 조지 부시 전 대통령은 임기 중 43번의 기자회견을 했다. 그런데 여성 기자들에게 질문권을 한 번도 주지 않았다. 질문권을 받지 못함으로써, 백악관에서 여성 기자들은 존재하지만 보이지 않는 존재였다. 오바마 대통령은 오랜 젠더 차별의 전통에 균열을 내는 미러링의 제스처로써, 질문권을 모두 여성 기자에게만 주었던 것이다.

2018년 5월 26일 제2차 남북정상회담 후 기자회견장에서, 문 대통령은 4명의 기자를 지목해 질문을 받았다. 3명의 국내

기자, 1명의 외신 기자다. 그런데 첫 질문자로 지목된 기자가 여성이었고, 유일한 외신 기자 중에서 질문권을 준 1명도 여성이었다. 결국 2명의 여성, 2명의 남성 기자가 질문권을 부여받았다. 이것은 우연한 일일까.

최근 다시 저널리스트의 질문과 관련된 사건이 있었다. 2021년 5월 21일 한미 정상회담 공동 기자회견장에서 문재인 대통령이 질문받는 시간에 남성 기자가 첫 질문을 했다. 두 번째 질문에 미국 여성 기자 2명이 질문하려고 하자 문 대통령은 "우리 여성 기자들은 손들지 않습니까?"라고 물었다. 그런데 아무도 질문하지 않자 "아니, 우리 한국은 여성 기자 없나요?"라고 묻고 재차 한국 여성 기자에게 질문권을 주려고 했다. 두 번에 걸친 '초대' 후에 비로소 한 한국 여성 기자가 질문했다.

2010년 오바마 전 대통령이 세계가 집중하고 있는 기자회견에서 한국 기자들에게 질문권을 주려고 한 것, 또한 2021년 문 대통령이 한국 여성 기자에게 질문권을 주려고 한 이 장면은 우리에게 시사하는 바가 많다. 왜 우리는 질문을 하지 않는 것인가. 질문하기가 삶의 방식이어야 하는 저널리스트조차도, 왜 제대로 질문권을 행사하려고 하지 않는가. '누가 질문권을 행사하는가'는 단순한 문제가 아니다. 질문권을 가지고 행사하는 것은 공적 영역에서 '발화의 주체'로서 등장하는 사건이기 때문이다. 기자들의 질문과 관련된 여러 가지 에피소드가 있는 이유는 그 질문권을 부여받은 사람의 젠더 또는 국적의 공적 위상이 규정되기 때문이다.

올바른 답은 올바른 질문을 통해서 가능

《아름다운 질문들의 책(The Book of Beautiful Questions)》그리고 《더 아름다운 질문(A More Beautiful Question)》이라는 책을 출판한 저널리스트 워렌 버거W. Berger는 왜 '올바른' 질문이 중요한가에 대하여 다음과 같이 말한다. "우리는 올바른 답들에 굶주려 있다. 그러나 올바른 답을 얻기 위해서는 먼저 올바른 질문을 물어야만 한다."

버거에 따르면 발명가나 창의적인 사상가들은 '위대한 질문자들(master questioners)'이었다. 그렇기 때문에 그들은 최선의 답을 찾을 수 있었다는 것이다. 버거가 강조하듯 '올바른' 답을 찾기 위하여 먼저 필요한 것은 '올바른' 질문이다. 그런데 올바른 질문은 저절로 생기지 않는다. 훌륭한 지도자, 훌륭한 저널리스트, 훌륭한 사상가들은 모두 해답을 가진 사람들이 아니다. 올바른 질문을 던지는 이들이다. 좋은 질문·올바른 질문은 질문자의 폭넓은 리서치와 지속적인 성찰을 고스란히 담아낸다. 버거는 "왜 우리는 수많은 '나쁜' 질문들을 하는가?"라고 일갈

한다. 나쁜 질문을 던지는 이들이 많을 때, 불필요한 것에 우리의 개인적·사회적 에너지를 낭비하게 된다.

'올바른·좋은' 질문 또는 '나쁜' 질문을 판가름하는 기준은 무엇일까. 많은 경우 '나쁜' 질문은 단순한 '예'나 '아니오'만을 요구한다. 또한 질문 자체가 잘못된 전제를 기초로 구성된다. 예를 들어 선거 때가 되면 후보자들에게 종종 하는 질문이 있다. '당신은 동성애에 찬성하는가.' 이러한 질문은 두 가지 이유에서 '나쁜' 질문의 전형이다. 첫째, '예'나 '아니오'만을 요구하는 것이기에 질문을 받은 사람들에게 더 이상의 사유나 성찰을 하도록 초대하지 않는다. 둘째, 이 질문은 인간의 '성적 지향'이 마치 개인적 호불호의 문제라는 왜곡된 전제로부터 구성되었기에 나쁜 질문이다. 잘못된 질문·나쁜 질문에 시간과 에너지를 낭비하게 하는 것은 커다란 사회정치적 손실이다.

한국은 교육과 문화구조에서 물음표를 박탈하는 사회다. 비판적 물음을 묻는 것은 반항이나 불복종으로 간주되곤 한다. 우리가 넘어서야 할 벽이다. 물음 묻기가 삶의 방식인 저널리스트는 물론, 우리 모두 '좋은' 질문하기를 부단하게 연습해야 한다. '좋은' 질문이 부재한 개인이나 사회에서, 좋은 해답이나 새로운 변혁은 불가능하기 때문이다.

2부

타자의 얼굴에 물음 묻기
: 당신은 그에게 어떤 사람인가

Questionless Society

"우리는 기계가 아니다!"
수단의 나라에서 목적의 나라로

'빨리빨리 문화'의 위험성

미국에서 오랫동안 일하다가 한국의 한 연구소에서 일하기 시작한 친구가 있다. 최근 그가 문화충격을 받았다며, 다음의 이야기를 해주었다.

연구소에서 실험하면서 필요한 부품이 있어서, 부품 만드는 곳에 전화했다. 흔한 부품이 아니기에 빨라야 1주일, 아니면 10일에서 2주가 걸려야 필요한 부품을 받을 수 있을 거로 생각했다고 한다. 그런데 바로 그날 2시간 이내에 연구소로 부품을 전해주겠다고 했단다. 요청한 부품을 빠른 시간 내에 준비한 후, 퀵 서비스로 연구소에 보내는 것이다. 친구는 전화 주문한 바로 그날, 부품을 전해 받았다. 충격적이었다고 한다.

이렇게 짧은 시간에 일 처리가 되는 것이 한국에서 살아온 사람들에게는 별것 아닌 익숙한 이야기일 것이다. 회사 부품 담당자의 '총알 일 처리'뿐만 아니라, '총알 배송'이라는 두 조건이 맞아야 가능한 일이다. 다른 사회에서는 상상조차 할 수 없는 일이 한국에서는 어떻게 그렇게 정상적인 일상으로 자리 잡을 수 있을까. 고도의 편리로 인해 친구가 받은 문화 충격 뒤에는 바로 '사람'이 있다.

한국은 '빨리빨리의 사회'다. 한국어를 잘 모르는 외국인들도 '빨리빨리'라는 말은 배운다고 한다. 한국 사회를 가장 잘 표현하는 말이기 때문이다. 그런데 '빨리빨리'가 자랑스러운 것이기만 한가. '배달의 민족'이라며 일주일 7일, 24시간 동안 배달 가능한 사회가 되기 위해 치러야 하는 희생적 대가가 있다. 존재하지만 보이지 않고 사라지는 사람들, 기계처럼 계속 움직여야 하는 사람들이 바로 그 대가를 치르는 이들이다. 우리의 편리함은 바로 이들의 생명과 삶을 담보로 하는 것이다. 숨 가쁘게 돌아가는 것이 정상적 일상이 되어 버린 한국 사회가 상실하고 있는 것은 무엇인가. 익숙한 것으로부터 한 걸음 뒤로 물러서서, 마치 외부인처럼 낯선 것으로 돌리는 의도적인 '낯설게 하기'가 필요하다.

코로나19 사태를 겪으면서 학기 중에 주로 미국에서 지내고 있는 나의 일상도 많이 바뀌었다. 강의는 비대면으로 돌렸으며 필요한 일상품은 가능하면 배달시킨다. 여기까지는 한국에서 지내는 사람과 별로 다를 바 없다. 그런데 배달 주문을 할 때 나의 기대 지평은 한국에서와 완전히 다르다. 내가 주문한 물품을 급하게 받고 싶으면 그만큼 빠른 배달에 대해 추가 비용 지출을 감수해야 한다. 아니면 나가서 직접 사야 한다. 나의 일상에서는 주문 물품이 2주가 걸리든 3주가 걸리든 느긋하게 기다리는 것이 정상이다.

현재 대학에서 가르치기 시작한 첫해에, 엘리베이터가 없는 3층 아파트에 산 적이 있다. 그때 가구나 가전제품과 같은 무거운 제품들은 물론, 2리터 생수 6개 묶음과 같은 일상용품들도 3층까지가 아닌 아파트 입구까지만 배달해 준다는 것을 알았다. 그 뒤로 생수 배달을 중지하고 필터로 물을 정화해서 마시는 방식으로 바꾸었다. 플라스틱의 사용도 자제하고, 무거운 물건을 3층까지 운반해야 하는 힘겨움에서도 벗어날 수 있었다. 인터넷에 문제가 있거나, 사용하던 가전제품에 문제가 있다고 해서 전화를 걸면 하루 이틀 만에 달려와 해결해주는 것은 아예 상상조차 하지 않는다. 애초에 '빨리빨리'의 기대 지평이 존재하지 않기 때문이다.

그런데 한국에 있으면 나의 기대 지평은 완전히 바뀐다. 서비스 요청이나 물건 주문을 하면 빠르게 받는 것을 당연하게 생각하게 된다. 동일한 사람인 내가 어떤 기대 지평을 작동시키는가에 따라서 이렇게 태도가 달라진다. 한 택배 기사는 택배가 조금 늦는다고 아무 때나 독촉 문자들을 보내서 어떤 때는 하루에 50통 넘게 받는 날도 있다고 한다. 그는 "제발 여유를 갖고 기다려주세요"라고 호소한다.

"오늘 420(개를) 들고나와서 지금 집에 가고 있습니다. 저 집에 가면 5시, 밥 먹고 씻고 바로 터미널 가면 한숨 못 자고 나와서 또 물건 정리해야 해요. 저 너무 힘들어요." 새벽 5시에 귀가했던 이 택배 노동자는 그다음 날 사망했다. 집을 나서며 아버지에게 "아빠, 오늘은 어제보다 조금 더 늦을 거야"라고 말했던 아들은 그날 늦은 시간이 되어도 집에 돌아오지 못했다. "마부가 끊임없이 말에 채찍질하듯 겨우 하루 14시간을 감당해 내며 살아갑니다.", "컵라면으로 점심 먹습니다." 택배 노동자들이 나눈 대화들이다. 그런데 이들에게 붙여지는 '택배 노동자'라는 집단적 표지를 떼어보자. 그들 한 사람 한 사람은 고유한 이름과 얼굴을 가진 대체 불가능한 소중한 생명이다.

2020년 들어서 10월 24일까지, 13명의 택배 노동자가 사망했다. 2020년 3월 이후 코로나 사태가 본격적으로 시작되면서 택배 물량의 폭증에도 불구하고, 그 전과 똑같은 노동 구조를 통해 기업은 이윤을 확대했다. 그런데 그 이윤 확대를 위해 치른 대가가 바로 인간 생명이다. 택배 노동자들의 주당 평균 노동시간은 71.3시간이며, 80~90시간 일하는 이들도 많다고 한다. 엄청난 시간을 끊임없이 바쁘게 움직이며 적절한 휴식이나 식사할 시간도 없이 일해야 하는 이들에게, 과연 인간다운 삶이 무엇인가를 묻는 것 자체가 사치로 들린다. 그런데 이 빨리빨리 사회에서 인간됨을 포기해야 하는 것이 택배 노동자뿐인가.

'배달의 민족'이라는 개념은 한민족을 지칭하는 것이 아니라, 음식 배달 개념으로 대체된 지 오래다. 주7일 24시간, 어디에 있든 배달해서 먹을 수 있는 한국 사회는 진정 배달 사회이다. 도시를 질주하는 배달 노동자들의 오토바이는 밤낮이 없다. 도처에서 택배 기계, 배달 기계, 노동 기계로 살아가는 이들이 '빨리빨리 사회'의 희생자들이다. 채찍질을 받으며 줄기차게 달리기만 해야 하는 '경주마'에 비유하는 삶을 중지하기 위해, 또한 인간으로서 기본적인 휴식을 누리며 삶을 살아가기 위해 무엇을 해야 하는가. 두 가지 차원의 변화, 즉 객관적 변화와 주관적 변화가 있어야 한다.

노동자들은 기계가 아닌 동료 인간

객관적 차원의 변화는 제도와 법령의 변화 같은 보이는 차원의 변화다. 배송 전 분류 작업하는 분류 노동자들과 택배 노동자들을 따로 두는 '택배법', 또한 노동자 보호를 위한 '중대 재해기업처벌법*'과 같은 법안이 마련되어야 한다. 서비스 물가지수를 보면 2010년 이후 세차료는 2.4배, 이삿짐 운송료는 1.7배가 오른 반면 택배회사 간의 저가 경쟁 때문에 택배 이용료는 오히려 −0.1배로 낮아졌다. 그래서 2001년 택배 평균단가가 3,190원이었는데, 2018년의 단가는 2,229원이다. 물가는 엄청나게 오르고 택배량의 증가도 상상을 뛰어넘는데, 오히려 택배 평균 단가는 낮아졌다는 것은 무엇을 의미하는가. 소위 저가 경쟁과 총알 배송의 대가를 고스란히 택배 노동자들이 짊어진다는 것이다. 이러한 구조적 차원의 근원적 개선이 있어야, '기계'가 아닌 '사람'으로 사는 것이 가능한 사회가 된다. 그런데 이러한 객관적 차원의 변화는 총체적인 변화의 필요조건이지만, 충분조건은 아니다. 주관적 변화가 병행되어야 한다.

주관적 차원의 변화는 우리의 의식과 가치관의 변화를 말한다. 택배 노동자, 배달 노동자, 일용직 노동자 등 그 어떤 노동을 하는 이들이라도 '동료 인간'이며 평등한 존재라는 인간 평등 의식을 가져야 한다. 또한 '총알 배송'은 기대조차 하지 말

---

* 기업에서 사망 등 중대한 산업재해가 발생했을 때 사업주에 대한 형사처벌을 강화하는 내용을 핵심으로 한 법안이다. 노동자가 사망했을 시, 사업주 또는 경영책임자에게 1년 이상의 징역이나 10억 원 이하의 벌금을, 법인에는 50억 원 이하의 벌금을 부과할 수 있다. 또 노동자가 다치거나 질병에 걸릴 경우에는 7년 이하 징역 또는 1억 원 이하의 벌금에 처해진다. 단, 5인 미만 사업장 등은 적용 대상에서 제외한다. 2022년 1월 27일부터 시행한다.

고 음식 배달이든 택배든 '빨리빨리'의 일상적 기대를 이제 과감히 버려야 한다. 이러한 의식을 가지고 가치관을 변화시키는 주관적 차원의 변화는, 택배법이나 중대재해기업처벌법 등과 같은 객관적 차원의 변화와 더불어 매우 중요하다.

"우리는 기계가 아니다! 노동자들을 혹사하지 말라."

1970년 자신을 불태워 스물두 살의 짧은 삶을 마감한 전태일 열사의 절규다. 인간을 수단으로만 생각하는 극단적 이윤 추구와 편이성 추구는 택배 노동자나 배달 노동자 같은 사람들만을 죽음으로 내모는 것이 아니다. 자연 생명도 서서히 죽음으로 내몰며 결국은 우리 모두의 삶을 파괴하게 되는 것이다.

누군가의 편의를 위해 사용하다가 불필요하면 처분하는 도구나 수단으로 사람을 간주하는 사회는 죽음의 그림자가 깃든 '수단의 나라'다. 사람을 수단으로만 취급하는 나라에서 인간으로서의 권리와 삶의 조건을 기대하는 것은 불가능하다. 사회 어디에선가 기계처럼 살아가도록 몰리는 사람들이 있을 때, 그 사회는 깊은 병에 걸리게 된다. 우리 사회를 구성하는 한 사람 한 사람이 고유명사를 가진 대체 불가능한 인간이라는 인식이 확산할 때, 인간이 수단이 아닌 목적 자체가 되는 칸트의 '목적의 나라'를 향해 한 걸음씩 나아가게 될 것이다.

'트럼프 멘탈리티',
성숙성과 용기로 저항하기

    미국 전 대통령 도널드 트럼프는 1987년 《거래의 기술》*이라는 제목의 자서전을 출판했다. 트럼프는 2015년 공화당 대통령 후보로 나오는 선언을 하면서 "우리는 《거래의 기술》을 쓴 지도자가 필요하다"고 강조했다. 트럼프 스스로 굉장한 자부심을 가질 정도로 이 자서전은 '트럼프 신화'를 만드는 데 지대한 공헌을 했다. 그런데 이 자서전의 대필자 토니 슈바르츠 Tony Schwartz는 트럼프가 서른여덟 살이었을 때 돈 때문에 자서전을 대필한 것을 후회한다면서, 이제 트럼프의 가장 맹렬한 비판자 역할을 하고 있다.

    슈바르츠는 자서전을 비판하면서 그 책은 자서전이라기보

---

* 도널드 트럼프, 《거래의 기술》(The Art of the Deal), 이재호 옮김, (살림, 2016).

다는 '소설(fiction)'이며, 책의 제목을《소시오패스》라고 해야 더 적절할 것이라고 한다. 슈바르츠는 트럼프가 2016년 대통령 선거에서 실패할 경우, 결코 실패를 인정하지 않고 선거 자체가 틀렸다고 갖가지 주장을 할 것이라 예측했다. 그런데 2020년 말, 대통령 선거 결과에 불응하는 트럼프에 대한 이 2016년의 예측이 정확하게 맞았다. 슈바르츠는 자서전 작업을 하면서 수백 시간을 트럼프와 함께 보냈다. 그 누구보다도 가까운 곳에서 트럼프를 경험하고 관찰한 사람이다. 그렇기에 그의 트럼프 분석은 다른 사람들이 보지 못하는 여러 가지 중요한 관점을 제공하고 있다.

한국 사회 속의 트럼프-멘탈리티

슈바르츠는 2016년 옥스퍼드 대학교에서의 강연을 비롯한 여러 강연과 기고문 그리고 인터뷰에서, 트럼프 멘탈리티에 대하여 다음과 같이 분석한다.

첫째, 진실을 완전히 무시하고 양심이 전혀 없다. 둘째, 무엇을 하든 자기 이득을 가장 먼저 챙긴다. 셋째, 자신의 주장에 틀린 것이 밝혀져도 틀렸다는 것을 절대 인정하지 않는다. 넷째, 그는 거짓을 진짜처럼 믿게 하는 놀라운 기술이 있다. 뻔히 거짓인 줄 알면서도 진실처럼 주장하면서 사람들을 선동한다. 다섯째, 언제나 사람들로부터 관심을 받고 싶어 하고, 관심 있는 것은 오로지 돈이다. 여섯째, 그는 결코 독서를 하지 않는다.

그런데 트럼프에 대한 슈바르츠의 이러한 평가를 읽어보면, 최근 한국에서 흔히 볼 수 있는 상황이 그대로 재현되는 것 같다. 몇 가지 표현만을 조금 바꾸어보자. 첫째, 진실과 사실이 아닌 왜곡된 정보를 고의로 조작하고 확산한다. 둘째, 사회의 공적 이득이나 공동선이 아니라, 자신이나 자신이 속한 집단의 이기적 이득만을 생각한다. 셋째, 왜곡된 정보나 거짓의 정체가 밝혀져도 사과하거나 잘못을 절대 인정하지 않는다.

한국 사회에서 이들은 누구인가. 무엇인가.

"내 세금으로 산 백신, 주는 대로 맞으라고? 공산당이냐", "2,000만 명분 더 오는 화이자, 혈전 부작용 없지만 쇼크 가능성", "느닷없이 '모레 맞으러 오라…… 뿔난 고령층 '백신 협박하나'".

백신에 관한 신문 기사의 제목들이다. 코로나 사태가 불거지면서 언론은 초기부터 코로나 대응에 대한 부정적 평가와 왜곡된 정보들을 확산해왔다. 세계의 미디어와 언론이 소위 'K-방역'에 대한 찬사를 보내고, 한국이 '3T(Test, Trace, Treat)'를 성공적으로 수행하는 모범적인 국가라고 평가할 때도, 대부분의 한국 언론은 온갖 부정적인 제목으로 기사들을 쏟아냈다.

2021년 4월 26일 자 〈블룸버그(Bloomberg)〉는 세계 코로나 사태에 대한 대응 평가에서 한국을 세계 6위로 평가했다. 선진국이라고 하는 미국, 영국, 캐나다는 각각 17위, 18위 그리고 19위다. 한국 정부의 코로나 사태에 대한 대응은 가히 높이 평가할 만하다. 그런데 트럼프 멘탈리티를 그대로 복제하는 것 같은 한국 언론이나 개인들은 코로나19와 연결된 과학적 연구를 왜곡한 허위 정보를 확산하고 정부의 대응 정책에 대한 무조건적 불신을 조장해 오다가, 이제는 '백신 공포'를 확산하고 있다. 세계 곳곳의 사람들이 고통당하고 있는 극도의 위기 시대에 사회적 공익과 공동선은 안중에 없고, 집단의 이득이나 권력 확장만을 추구하는 것처럼 보인다.

슈바르츠가 분석하는 '트럼프 멘탈리티'에 의해서 움직이는 개인, 집단, 미디어 그리고 언론이 이 위기 시대에 한국 사회를 뒤덮고 있다.

나는 2021년 3월, 대학에서 두 번의 백신 접종을 마쳤다. 내가 맞은 백신은 '모더나'다. 백신을 맞은 동료나 학생들은 굳이 특정한 백신을 선택해야 한다는 생각도 안 한다. 백신을 맞기 위한 등록을 한 후 연락이 오면, 백신 센터에 가서 주는 대로 맞을 뿐이다. 그러나 이렇게 개인이 자신이 맞고 싶은 백신 종류를 선택하지 못한다고 해서, 미국 정부를 '공산당'이라고 비난하는 개인이나 신문 기사를 전혀 보지 못했다.

백신을 맞은 이들의 반응도 참으로 다르다. 나와 이번 봄학기 수업을 한 학생들에게 물으니 백신을 맞은 후에도 별로 큰 부작용이 없다. 나를 포함해서 나의 동료나 학생들은 대부분 큰 증상이 없거나, 미열과 함께 피로감을 느끼는 정도의 경미한 증상만을 경험했다. 나이 든 사람보다 젊은 사람이 더 심한 부작용을 경험한다는 등의 통계나, 다양한 부작용의 가능성이 있다는 경고는 참고사항일 뿐이다. 인간의 몸이란 각기 다르게 반응한다. 백신의 다양한 경고와 통계란 '만약의 가능성'을 예시하는 것일 뿐, 모든 이에게 기계적으로 적용되는 것은 아니다. 그 어떤 약도 부작용의 가능성 없이 완벽하지 않다. 그런 약은 지구상에 없다.

언론의 막중한 책임은 바로 공동선을 지향하는 판단기준에 따라, 포괄적인 사실을 확보하여 기사를 써야 한다는 것이다. 다양한 양태의 데이터와 정보 중에서 어떤 사실을 선택하여 사용할 것인가를 결정해야 한다. 이러한 결정 과정은 특정 언론이 지닌 각기 다른 가치관을 반영한다. 예를 들어서 '존슨앤드존슨' 백신의 혈전 부작용 사례는 0.00019%다. 그러나 코로나19에 걸렸을 경우 혈전이 생길 가능성은 16.5%다. 그런데 이토록 미미한 백신 부작용을 마치 전부인 것처럼 보도한다면, 그것은 공동선을 위해 포괄적 진실과 사실을 알려야 하는 언론이 막중한 책임을 방기하는 것이다.

백신 접종이 개인이나 사회 전체에 주는 효과와 그 장점은, 백신을 맞지 않아서 일어날 위험성과 비교할 수 없다는 수많은 연구자료가 있다. 트럼프가 독서를 전혀 안 했다고 하듯, 그러한 연구자료를 전혀 읽지 않으면서 '백신 공포'를 확산시키는 개인, 언론인, 정치인은 한국 사회를 위험에 빠뜨리는 파괴적 행위를 하는 것이다.

언론의 책임, 사실 보도를 통한 공동선의 확장

내가 일하는 대학교는 2021년 가을학기 지침을 내렸다. 가을학기에는 기본적으로 학교 강의실에서 수업을 진행한다는 원칙이다. 물론 강의실에서 마스크 쓰기와 사회적 거리두기의 원칙은 지켜야 한다. 대학은 이러한 원칙을 가지고 교직원과 학생들 모두 백신을 맞도록 강력히 권고하고 있다. 대학의 웹사이트는 코로나19 관련 사이트를 매일 업데이트하면서 백신 접종자들과 백신 예약 신청자들의 숫자를 갱신하고 있다. 또한, 백신 예약 신청 사이트가 여러 개 소개되어 있다. 특별한 의학적 사유가 있지 않은 한, 이제 가을학기가 시작되는 8월 중순 전에 대다수 학생과 교직원들은 백신을 맞고 학기를 준비하게 될 것이다. 백신이 완벽해서가 아니다. 다만 백신이 코로나19가 줄 수 있는 치명적 위험성으로부터 안전을 담보할 수 있기 때문에 수많은 의학자와 과학자의 연구결과를 참고하여, 대학들은 일상을 회복하는 길을 택한 것이다.

2021년 4월 28일 조 바이든 미국 대통령은 취임 100일 하루 전에 상·하원 합동 연설에서, 애리조나주에 있는 백신 센터에서 만난 한 간호사의 말을 전했다. 백신 주사를 놓을 때마다 그 백신이 "희망의 약(A Dose of Hope)"처럼 느껴진다고.

코로나19 사태는 우리의 일상에서 무엇이 중요한 것이며, 왜 '정상'이 되어야 하는가를 뼈저리게 경험하게 했다. 돈으로 살 수 없는 소중한 것이 바로 사람과 사람이 만나 서로의 존재를 확인하는 것임을 알게 했다. 우리는 모두 코로나 위기를 겪으면서 온라인으로 사람을 만나는 것과 직접 만나는 것의 엄청난 차이를 체감했다.

특정 개인이나 정치집단의 이득이 아니라, 사회 전체의 공동선을 위해서 확률도 지극히 낮은 부작용의 사례를 과대 포장하여 백신 공포를 확산할 것인가, 아니면 백신의 긍정적인 효과를 담은 과학적 데이터와 연구결과를 선택해 포괄적인 정보를 공유할 것인가. 개인이나 특정 미디어의 정치적 성향이나 취향에 따를 문제가 아니다. 사회 전체의 안녕에 관한 긴급한 책임의 문제다.

슈바르츠는 트럼프를 가장 잘 묘사하는 단어를 소개해 달라는 질문을 받자, 목적을 이루어내기 위해서 작동하는 '끈기'와

'공격성'이라고 한다. 그런데 이 특성이 덕스러운 목적을 이루는 데 적용한다면 매우 좋겠지만, 트럼프는 그 에너지를 파괴적인 것에 사용한다고 한다. 이러한 트럼프 멘탈리티가 부정적인 방식으로 한국 사회에서 작동하지 않게 되기를 바라게된다.

슈바르츠는 영국 신문 〈가디언(The Guardian)〉지와의 인터뷰에서 자신이 좀 더 성숙하고 용기가 있었다면, 트럼프를 신화화하는 데 크게 기여한 자서전을 결코 쓰지 않았을 것이라고한다. 그런데 성숙성과 용기는 저절로 오지 않는다. 옳고 그름에 대한 성숙한 판단력, 그리고 그 판단에 따라 행동하는 용기는 부단한 자기 학습과 비판적 성찰에 의해서 점차 확보된다. 트럼프 멘탈리티가 한국 사회의 공동선을 파괴하고 특정 집단의 사회정치적 권력을 확장하지 않도록 개인, 정치인 그리고언론 종사자들의 성숙성과 용기가 그 어느 때보다 절실하게 요청된다.

세 종류의 사람,
당신은 어떤 사람인가

직업이 무엇이든, 어떠한 정황에서 살아가든 사람은 대부분 세 종류의 역할을 하며 살아간다. 매니퓰레이터(manipulator), 매니저 그리고 리더다. 코로나19 사태가 불거지면서, 미디어에 많이 등장하기 시작한 두 영어 단어가 있다. 틀린 정보와 허위 정보다. 틀린 정보란 잘못된 정보다. 반면 허위 정보는 의도적으로 사실과 진실을 왜곡시킨 정보다. 이 둘은 별 차이가 없어 보인다. 그러나 그 의도와 결과에 있어서 매우 다르다.

매니퓰레이터, 권력에의 집착자

9시에 시작하는 중요한 회의가 있다고 하자. 그런데 내가 그 회의가 10시에 시작하는 줄 알고, 회의 시간을 묻는 A에게 10

시라고 한다. 내가 준 틀린 정보(misinformation) 때문에 A는 중요한 회의를 놓치게 되어 불이익을 당하고 만다. 이런 경우 A에게 틀린 정보를 준 나는 미안해하며 사과한다. 그런데 내가 만약 A를 곤경에 빠뜨리려고 고의로 10시라고 알려준다. 의도적으로 허위 정보(disinformation)를 줌으로써 A는 결국 책임감 없는 사람으로 낙인찍힌다. 친구 사이를 이간질하고, 공동체에서 왕따시키고, 불신감을 조장하고 급기야는 사회적 생명까지 파괴시킨다. 전형적인 매니퓰레이터의 모습이다.

매니퓰레이터는 '반쪽 사실'을 가지고 '전체 사실'로 왜곡하고, 후에 진실과 사실이 드러나도 결코 잘못을 인정하거나 사과하는 법이 없다. 매니퓰레이터를 움직이게 하는 것은 '권력에 대한 집착'과 '일그러진 인간성'이다. 매니퓰레이터의 역할을 하는 것은 개인만이 아니다. 특정한 사회, 종교, 정치집단, 또는 특정한 미디어도 매니퓰레이터의 역할을 한다.

오바마가 대통령 후보로 캠페인을 벌일 때, 이렇게 매니퓰레이터의 역할을 노골적으로 행사한 것이 〈폭스 뉴스〉와 티파티(Tea Party)*라는 정치집단이었다. 이들은 오바마를 '동물' 그리고 '히틀러'로까지 비유했다. 오바마를 악마화하는 것에 앞장섰을 뿐만 아니라, 오바마가 이슬람교도라든가 미국에서 태

---

* 미국의 신생 보수 단체다. 세금 감시 운동을 하고 있으며 오바마 전 대통령의 복지 정책에 비판적 시각을 가지고 있다.

어나지 않았기에 대통령 자격이 없다든가 하는 허위 정보를 확산시켰다. 그렇다고 해서 이들이 오바마가 기독교인이며, 또한 미국에서 태어난 사실을 모르는 것이 아니다. 이들 매니퓰레이터의 특징은 진실과 사실을 뻔히 알면서도 감추고 왜곡한다는 것이다. 매니퓰레이터 역할을 하는 사람이나 집단의 존재는 다양한 관계들을 파괴하는 사회적 바이러스와 같다.

매니저, 현상 유지자

'매니저'는 누구인가. 매니저의 역할을 하는 사람은 현재 현상에 대하여 아무런 비판적 물음을 묻지 않는다. 매니저의 주요 기능은 현상 유지다. 물론 한 공동체, 집단 또는 사회에서 이러한 매니저 같은 역할은 필요하다. 현상을 유지해야 하는 차원이 늘 존재하기 때문이다.

그러나 이렇게 매니저의 역할만 하는 이들만 있다면 문제가 심각하다. 현실에는 여러 가지 문제가 있기에 현상 유지만이 아닌 변혁이 필요하기 때문이다. 그렇기에 한 사회에 매니퓰레이터나 매니저만 존재한다면 여러 면에서 퇴보하게 된다. 현재 가장 심각한 문제 중의 하나는 비판적 성찰을 하지 않는 매니저만이 아니라, 매니퓰레이터의 역할을 하는 개인과 집단이 점점 늘어가고 있다는 것이다. 인터넷 시대에 이러한 매니퓰레이터 역할을 하는 이들은 더욱 기승을 부리고 있다. 리더가 필요한 이유다.

지도자, 보다 나은 세계를 위한 설득의 예술가

내가 생각하는 '진정한 리더'는 재개념화된 리더다. 흔히 생각하듯 다른 사람을 지배하고 통제하는 역할을 하는 이가 아니다. 리더란 학력의 고하 또는 권력의 유무에 따라 결정되지 않는다. 모든 관계에서 리더의 역할을 하는 사람은 다음과 같은 특징을 지닌다.

첫째, 이중적 보기 방식(double mode of seeing)을 지니고 있다. 권력의 중심부만이 아니라, 주변부에 있는 이들까지 동시적으로 본다. 권력이란 모든 곳에 존재한다. 하다못해 아이들 세계에서도 나이, 성별, 가정 배경 또는 육체적 힘 등에 따라서 권력 관계가 작동한다. 리더란 다양한 권력이 작동하는 곳에서 중심과 주변을 늘 함께 보면서 주변부까지 포용하는 사람이다.

둘째, 리더란 관계가 깨어지고 왜곡될 때, 사실과 진실을 토대로 그 관계를 올바르게 회복시키는 역할을 한다.

셋째, 리더의 가장 중요한 지표는 모든 인간이 평등하고 귀한 존재라는 것, 그리고 그 누구도 차별받아서는 안 된다는 정의에의 예민성이다.

넷째, 리더는 현재만이 아니라 늘 미래를 늘 기억하는 이다. '미래를 기억한다'는 것은 무엇인가. 지금보다 나은 관계, 지금보다 나은 공동체, 지금보다 나은 사회를 생각하면서 그 다가올 미래에 대한 기억을 실천하고자 하는 이들이다.

다섯째, 진정한 리더는 새로운 목표를 정하고 주변 사람들이 그 목표를 추구하고자 에너지를 가지도록 '설득의 예술'을 실행하는 사람이다. 진정한 리더로 이미 정해진 사람은 없다. 리더란 끊임없는 비판적 성찰, 자기 학습 그리고 타자들과 열린 대화를 하면서 리더로서 만들어지는(becoming) 존재다.

조작과 왜곡된 정보로 한 사람의 사회적 생명을 박탈하고, 관계를 깨지게 만드는 개인, 집단, 미디어, 정치인, 종교인 등이 점점 증가하는 사회에 희망은 사라진다. 한국 사회에 무엇보다도 절실하게 필요한 사람은 진정한 리더의 역할을 하는 이들이다. 사회 곳곳에 진정한 리더 역할을 하는 사람이 조금씩 늘어갈 때, 매니퓰레이터가 들어설 자리는 점점 좁아지게 된다. 진정한 리더가 되는 연습을 하는 것은 다양한 종류의 관계들을 더욱 풍성하고, 의미롭고, 민주적인 것으로 만들기 위한 우리의 개인적이고 사회적인 과제다.

'나이 집착 사회', 그 위험성과 후진성

한국은 '나이 집착 사회'다. 생물학적 나이가 모든 관계 설정에서 우선적 기준이 된다. 2030, 3040, 4050, 5060, 6070, 7080 세대는 물론 386, 486, 586세대 등 나이에 따른 세대 구분 표지가 도처에서 호출된다. 그뿐이 아니다. 88만 원 세대, 삼포 세대, 탈진 세대, 무민 세대(無-Mean) 등 세대를 나타내는 용어는 30여 개가 넘는다고 한다. 최근에는 '이대남(20대 남자)'과 '이대녀(20대 여자)'라는 신조어도 등장했다. 특정 공인을 지칭할 때 'ㅇㅇ살 XXX' 또는 'ㅇㅇ년생 XXX' 등과 같은 표현이 신문 기사 제목에 자주 등장하곤 한다.

최근 어느 당 대표에 관한 기사가 '85년생 민방위 ㅇㅇㅇ, 백신 맞고 휴식' 같은 제목으로 언론매체에 등장한다. 밀란 쿤데라의 표현을 빌리자면 '언론의 참을 수 없는 가벼움'이다. 최근

한 국회의원은 문 대통령을 가리켜 "큰 형님"이라고 호칭했다. '서른여섯 살'의 어느 당 대표는 대표직 수락 연설에서 '선배들'이라는 용어를 소환한다.

서열 문화의 폐단, 창의성의 파괴

법조인에 대해서도 '사법연수원 ○○기'라는 표현이 필수사항처럼 미디어에 표기된다. 이러한 표기가 반드시 필요한 것인지 근원적으로 재고해보아야 한다. 문제는 법조계만이 아니라, 모든 영역에서 이런 표지가 매우 당연하게 사용된다는 것이다. 학계에서도 나이에 따른 서열이나 선·후배 의식이 학자들 간의 관계 설정에 주요 요소로 작동한다. 치열한 토론과 비판적 문제 제기가 생명인 학계가 발전하기 어려운 이유 중 하나다.

한국의 나이 집착주의는 병적일 만큼 점점 강화되고 있다. 생물학적 나이, 학교 선후배, 직장 선후배 등의 의식은 공적 영역의 사유화가 언제든 작동되는 문화를 강화한다. 결국 비판적 문제 제기 또는 창의적 토론은 불가능하게 된다. 나이가 '낮은 위치'에 있는 사람이 비판적 문제 제기를 하면 '예의 없고 선후배 의식도 없는' 버릇없는 사람으로 낙인찍히기 십상이다. 관계의 위계주의를 자연적인 것으로 만든다는 점에서 나이 집착주의는 '반민주적'이다.

한국의 대학에서 다양한 학년의 학생들이 모여있을 때 자기소개도 거의 예외 없이 '○○학번'으로 시작하는 것 역시 이러한 맥락이다. 입학연도를 의미하는 학번은 그 사람의 생물학적 나이를 가늠하는 잣대가 된다. 미국 대학에서 2021년에 입학하는 학생이라면 '2025 클래스(Class of 2025)'와 같은 식으로 예상 졸업연도로 신입생을 표기한다. 따라서 중간에 휴학한 후 다시 들어오면 졸업연도가 바뀌기에, 졸업연도의 표지가 굳이 그 사람의 생물학적 나이를 증명하는 기준은 되지 않는다.

나이에 따른 평가도 매우 양가적으로 나타난다. 소위 청년층을 유리한 방식으로 평가할 때는 혁신적·진취적이라고 하지만, 불리하게 평가할 때는 철없다, 어려서 모른다 등으로 폄하한다. 나이가 많은 이들에게도 마찬가지다. 나이 들면 뒤로 물러나 있어야 한다고 했다가 그 나이를 경륜의 상징으로 추켜세우기도 한다.

'어르신'이라는 용어가 공적 용어로 등장한 지 오래다. 얼핏 들으면 이 용어는 '존중의 정치'를 표방하는 것 같지만 이 역시 양가적이다. 특정한 나이가 되어 '어르신'이라는 제도적 범주에 들어가는 이들에 대한 사회적 인식은 부정적이다. 그들은 '한물간 사람'이며, 이제는 현실 세계에 아무런 기여를 하지 못하는 '기생적 존재'라는 의식적·무의식적 폄하가 작동한다. 간혹 '어르신' 범주에서 예외적 취급을 받는 사람이 있다. 그들에게는 '시대의 어르신·스승' 또는 '원로 작가·정치인·종교인·학자' 등과 같은 미화·이상화가 적용된다. 그런데 한 개인에 대한 미화나 폄하는 그 기능에 있어서 동일하다. 각 개인이 지닌 실제의 모습이나 개별성(singularity)을 보지 않으며, 개인들 사이에 존재하는 이질성(heterogeneity)을 외면하고 부정적 기능을 하기 때문이다.

'어르신'은 개성 있는 '단수적 존재'로서의 고유성을 상실한 존재다. 나이집단에 따른 표지에 제한된 '복수(複數)적 존재'일 뿐이다. 한 인간을 개별적 존재로 보지 않게 하는 그 장치 자체가, 바로 한 존재에 대한 폄하의 정치다.

진취성이나 보수성은 나이와 전혀 상관없다. 현재 미국 정치계에서 가장 진취적인 정치인 중 한 사람인 버니 샌더스는 일흔아홉 살이다. 진보 입장에 선 하원의장인 낸시 펠로시는 여든한 살이다. 대법원 판사였던 루스 베이더 긴즈버그는 젠더 평등과 노동자 권리를 위해 진보적 소수의견을 치열하게 펼치며 여든일곱 살의 나이까지 일했다. 미국 대통령 조 바이든은 서른 살이었던 1973년 상원의원으로 정치에 입문했다. 트랜스젠더를 포함한 성소수자 인권 확장과 여성의 선택권을 지지하는 진보적 대통령인 그는 이제 일흔여덟 살이다. 그런가 하면서른 살 때 정치에 발을 들여놓기 시작한 히틀러는 그 '젊은' 나이에 이미 '정부의 목표는 유대인을 완전히 제거해야 하는 것'이라는 반인륜적 주장을 펼쳤다. 공정과 능력이라는 명제 하에서 실제로는 다층적 혐오를 정치적 기반으로 삼고, 여권운동이나 노동운동 등에 대한 백래시를 통해 대중을 피해의식과 분노로 선동하는 '젊은' 정치인은 곳곳에 있다.

다른 나라와는 달리 한국 사회에 빈번하게 등장하는 세대론과 관련된 신조어들은 문제가 심각하다. 무엇보다도 우리의 사유를 단선적으로 만드는 '동질성의 가치'를 강화하는 매우 부정적인 기능을 한다. 어떤 범주를 설정하고서 그 범주에 들어가는 사람들은 모두 비슷하게 경험하고, 사유하고, 행동한다는 그 동질성의 가치관은 나이 차별만이 아니라 성차별, 인종 차별, 계층 차별, 성소수자 차별 등 갖가지 차별의 인식론적 토대를 형성한다.

나이 집착주의의 세 가지 문제

나이 집착주의는 왜 문제인가.

첫째, 나이에 따른 관계의 서열화와 위계주의를 지속적으로 재생산한다.

둘째, 나이에 근거한 균질화(homogenization)를 고착시킨다.

특정한 나이라는 것이 마치 그 사람의 성향, 개성, 가치관 등과 상관없이 똑같이 생각하고 행동한다는 전제를 자연적인 것으로 만든다.

셋째, 공사 구분의 공정성과 나이 차별을 넘어서는 평등성의 가치를 실천하기 어렵게 한다. 이 점에서 지극히 반민주적이다. 5.18 광주민주화운동 또는 세월호 참사 등 특정한 사회 역사적 사건을 경험한 같은 세대라고 해서, 사람들이 그 사건에 대해 동일하게 생각하는 것은 결코 아니다. 자동적으로 구성되는 '동질적 세대 의식'이란 없다는 것이다. 의식이란 개인의 가치관·인간관·역사관·정치관 등 다층적 요소들에 의해서 형성된다. 나이나 세대가 그 사람의 혁신성 또는 보수성을 가늠할 수 있는 결정인자가 될 수 없다.

나이 집착주의는 우리의 사유를 단선적으로 만드는 '균질성의 가치'를 강화하는 부정적 기능을 한다. 한국 사회가 벗어나야 할 지독한 사회적 질병이다. 기술과 경제 영역에서는 선진국 반열에 들어섰을지 모르지만, 한국 사회가 나이 집착주의에 갇혀 있는 한 정치·법·문화·종교·학문 등 다양한 영역에서는 그 후진성을 결코 벗어나지 못할 것이다.

"나는 숨 쉴 수 없다"

"나는 숨 쉴 수 없다."

이 슬로건은 인종 갈등이 여전히 첨예한 미국이라는 특별한 사회적 정황에서 "흑인의 생명도 소중하다(Black Lives Matter)"라는 이름의 사회변혁 운동에서 사용되어 왔다.

"나는 숨 쉴 수 없다"는 2014년 7월 뉴욕시 경찰관들의 가혹한 폭력에 의해 죽임을 당한 흑인 남성 에릭 가르너Eric Garner가 한 말이다. 가르너는 백인 경찰이 목을 졸라서 의식을 잃기 전까지 "나는 숨 쉴 수 없다"라는 말을 11번이나 했다. 가르너의 목을 조른 백인 경찰이 구속되었다가 2014년 12월 석방되자, 이 말은 인종 차별에 저항하는 운동의 슬로건으로 사용되어 12월 한 달에만 해시태그가 130만 번이 넘게 트윗 되었다. 이 슬로건은 2014년 이후 다시 2020년의 미국 전역에 산불이 번지

듯 확산되고 있다.

2020년 5월 25일 미니애폴리스에서 흑인 남성 조지 플로이드George Floyd가 '8분 46초' 동안 백인 경찰에 의하여 목이 눌리면서 "나는 숨 쉴 수 없다"를 여러 차례 말했다. 이 경찰은 플로이드가 의식을 잃은 후에도 2분 53초나 더 목을 눌렀고, 결국 플로이드는 죽었다. 그의 죽음 후, "나는 숨 쉴 수 없다"라는 슬로건은 다시 엄청난 폭발력을 지니고 대대적인 인종 차별 저항 운동으로 확산되고 있다. 그런데 '나는 숨 쉴 수 없다'는 절규가 미국에서만 들리는 것인가.

절대적 피해자, 아이 사람의 죽음

2020년 6월 3일, 아홉 살 아이 사람이 몸이 겨우 들어갈 만한 여행가방 안에 7시간 동안 갇혀 있다가 죽었다. 이 아홉 살 사람은 부모로부터 계속 학대와 폭력을 당했지만, '안 맞았다'고 말하며 학대받아온 사실을 감추면서까지 생존하려고 애써왔다. 결국 몸을 종잇장처럼 구겨야만 들어갈 수 있는 44x60cm 가방 안에서, 짧디짧은 그러나 무한히 무섭고 길었을 삶을 마무리했다. 8분도 아니고, 80분도 아니다. 420분 동안, 아니 25,200초 동안 '숨 쉴 수 없다'는 소리조차 내지 못하고 결국 죽었다. 가방에 억지로 들어가 지퍼가 잠겨질 때, 그 무서움은 얼마나 컸을까. 어른 사람들의 품 안에서 보호받고 사랑받으며 살아가야 할 아홉 살 아이 사람을, 그 어른 보호자들은 학대하고, 질식시켜 심정지로 죽게 만들었다.

그러나 가르너와 플로이드의 죽음과는 달리, 한국 아홉 살 사람의 '숨 쉴 수 없다'는 죽음은 추모나 학대에 저항하는 연대운동으로 이어지지 않는다. 흑인이라는 집단적 범주들과는 달리, 아이는 스스로 집단을 구성하거나 연대하며 불의와 폭력에 저항할 수조차 없는 '절대적 피해자'들이기 때문이다.

절대적 피해자란 자신이 피해자라는 것도 알지 못하기에 스스로를 '피해자'라고 명명조차 하지 못하는 이들을 말한다. 설사 그들이 말한다 해도 사람들은 아이 사람의 말을 듣지 않는다. 소리는 듣겠지만(hearing), 정작 그 아픔과 피해의 경험을 진정으로 듣는 것(listening)은 아니라는 것이다. 2018년에 나온 통계를 보면 한국 전역에서 아동학대 상담 건수는 33,532건이라고 한다. 그러나 이러한 공식적 통계 속에 들어가지 않은 아동학대의 피해자들은 훨씬 더 많을 것이다. 여행가방 속에서 '숨 쉴 수 없다'라는 절규조차 하지 못한 아홉 살 사람처럼, 무수한 아이 사람들은 '무섭고 숨 쉴 수 없어요'라며 우리 주변에서 지금도 절규하고 있을 것이다.

돌봄 제공자들의 죽음

아홉 살 사람의 절규뿐인가. 2020년 3월 17일 제주도에서 고등학생인 한 발달장애 아들과 그의 어머니가 목숨을 끊었다. 2020년 6월 3일에는 광주에서 스물네 살의 발달장애 아들과 그의 어머니가 고통을 호소하며 이 삶을 마무리 지었다. 그런데 이 비극적 사건에서 '숨 쉴 수 없다'고 절규하는 이들은 누구인가. 발달장애인과 함께 삶을 매듭지은, 소위 극단적 선택을 하는 이들은 왜 유독 어머니들일까. 가족 안에서 돌봄이 필요한 이들이 있을 때, 돌봄을 전담하는 사람은 대부분 여성이다. 어머니, 딸, 며느리, 아내 등으로 다양하게 호명되는 여성들은, 가족과 사회의 우선적 돌봄 제공자(care-giver)의 역할을 하는 사람들로 자리매김되고 있다. 그러나 발달장애인들에 대한 돌봄을 매우 사적인 것으로 생각하고 사회나 국가가 아닌 개별인에게만 맡겨놓을 때, 무수한 사람들이 곳곳에서 '숨 쉴 수 없다'고 절규하는 사회가 된다.

아이 사람 또는 장애가 있는 사람을 돌보는 것은 사적이고 개인적인 문제만이 아니다. 사회적이고 국가적인 책임이며 과제이다. 2020년 3월 21일 광화문 광장에서 〈전국장애인 부모연대〉 회원들이 "발달장애 국가 책임제를 도입하라"는 농성을 한 이유이다.

백인 경찰이 흑인 남성 조지 플로이드의 목을 누르고 있던 그 현장에만 '숨 쉴 수 없다'는 절규가 있는 것이 아니다. 한국 사회 구석구석에서 또한 세계 곳곳에서, "나는·우리는 숨 쉴 수 없다"며 절규하는 이들이 있다. 가정폭력과 학대를 받는 아이 사람들의 절규, 장애인들의 절규, 발달장애인의 돌봄 전담자들의 절규, 비정규노동자들의 절규, 아무런 법적 보호를 받지 못하는 성소수자들의 절규, 학력 차별받는 이들의 절규가 쉼 없이 들리고 있다. 여기에서 '나는 숨 쉴 수 없다'는 두 가지 의미를 지닌다.

첫째, 실질적 의미이다. 사회적 주변부인들의 '목이 짓눌려져 숨을 쉴 수 없는' 극단적인 물리적 폭력의 현실을 드러내는 의미이다. 둘째, 상징적 의미이다. 다양한 형태의 혐오와 차별이 여전히 사회에 존재하고 있는 지금, 개인적 또는 제도적 폭력에 문제 제기를 하고 저항하고, 피해자와 연대해야 한다는 '변혁에의 요청'을 상징하는 의미를 지닌다.

'숨 쉴 수 없다'의 현장, 다섯 종류의 사람

'숨 쉴 수 없다'의 현장에는 다섯 종류의 사람들이 동시적으로 존재하고 있다.

첫째, '숨 쉴 수 없다'고 절규하는 직접적인 피해자다. 그렇다고 해서 '피해자 일반'이 있는 것은 아니다. '피해자'라는 표지를 붙이지만, 매번 그 피해 현장에서 일어나는 것은 대체 불가능한 생명들의 고유한 절규이다. 우리는 매 '피해' 정황을 언제나 '처음 피해'처럼 대해야 한다. '피해자 일반'이라는 범주를 만들자마자, 피해자가 지닌 개별성의 얼굴은 사라지게 된다. 표면적으로 유사한 폭력에 의하여 희생당한 피해자 중에는 '숨 쉴 수 없다'는 말조차 하지 못하는 '절대적 피해자'들도 있다.

둘째, 누군가가 숨 쉴 수 없도록 폭력을 주도하여 물리적 죽음 또는 사회적 죽음을 가하는 '직접적 가해자'이다. 직접적 가해자 중에는 타자에 대한 폭력과 차별을 당연한 것으로 생각하는 개인들도 있고, 제도적 권력의 보호 아래 지배적 힘을 행사하는 '탈개인화'된 이들도 있다.

셋째, 가해자들 곁에서 그 가해자가 가해를 행하도록 묵인하든가 조력하며 친구 또는 동료라는 이름으로 그 가해에 가세하는 '간접적 가해자'들이다. 이들은 우정 또는 동료애를 발휘함으로써 '간접적 가해자'가 된다.

넷째, 누군가의 절규를 보고 듣지만 자신과 상관없는 '남의 일'로 생각하는 '무관심한 방관자'들이다. 이러한 무관심한 방관자들에 의해서 '절규의 상황'은 유지되고 '자연스러운 것'이 된다. 안토니오 그람시가 "나는 무관심한 자들을 미워한다"라고 한 이유이다.

다섯째, 이러한 절규를 보고 들을 때, 가해자에게 그 폭력 행위에 문제를 제기하고 저항함은 물론, 피해자와 연대하면서 고통을 나누는 사람들이다.

나는, 이 다섯 종류의 사람 중에서 어떤 사람인가.

우리가 기억할 것이 있다. 현실 세계에서 이러한 다섯 종류의 사람들이 결코 고정되어 있지 않다는 점이다. 한 인간으로서의 나는 어떤 정황에서는 피해자가 되기도 하고, 가해자가 될 수도 있다. 예를 들어서 인종 차별의 피해자인 사람이 젠더 차별이나 성소수자 차별의 가해자가 되기도 한다. 의도적이고 의식적인 가해자가 있기도 하고, 다양한 차별 문제에 무지하여 가해자가 되는 이들도 있다. 가해자를 묵인하거나 조력하는 동조자가 되기도 하고, 이런 문제 자체에 무관심한 방관자가 되기도 한다. 동시에 그 피해의 정황에 문제를 제기하고, 저항하고, 피해자와 연대하는 사람이 될 수도 있다. 대부분의 인간은 다양한 정황에서 이러한 다섯 유형 사이를 오가며 살아간다.

그런데 자신의 인간됨을 지켜내고, 모두가 '함께 살아감'의 세계를 가꾸기 위해서는 '숨 쉴 수 없다'는 절규에 대한 예민성을 기르고, 피해자와 연대하며, 폭력과 불의에 저항하는 사람이 되는 연습을 지속적으로 해야 한다. 도처에서 '숨 쉴 수 없다'고 절규하는 이들이 있는 이 현실 세계에 '창의적인 개입'을 할 때, 비로소 '함께 살아감'이라는 과제를 조금씩이라도 수행해나갈 수 있을 것이다.

나 속의 인식론적 사각지대

대학원 세미나 시간에 한 흑인 학생과 백인 학생 사이에 논쟁이 붙었다. 흑인 학생은 반인종 차별을 위한 NGO에서 활동해 온 인권운동가이다. 그는 인종 차별적 의식이 어떻게 무수한 흑인을 애초에 열등한 존재로 각인시켜 왔는지, 너무나 잘 인지하고 있는 인권운동가다. 백인 학생은 성소수자 인권 문제를 위한 활동을 해 오던 사람이다.

발제 시간에 섹슈얼리티에 대한 주제가 나왔는데, 발제 후 흑인 학생의 코멘트가 논쟁의 발단이다. 흑인 학생은 자신이 이 대학에서 공부하기 시작한 지난 한 학기 동안 '섹슈얼리티'와 '성소수자'라는 단어를 들은 횟수가 평생 들은 것보다 더 많다는 말을 했다. 그러면서 발제자에게 "당신 같은 백인이 도대체 흑인들이 당해온 인종 차별에 대해 무엇을 아는가?"라며,

"성소수자 문제 같은 사소한 문제를 가지고 큰 문제인 양 과장하는 것을 듣는 게 힘들다"고 말했다. 그러자 한 백인 학생이 "당신은 얼마나 많은 성소수자가 혐오 때문에 자살을 시도하고 파괴되는 삶을 살아가고 있는지 도대체 아는가?"라며 대응했다. 급기야 이 두 사람은 언성을 높이며 상대방의 인식 한계를 지적했다.

우리 속 인식의 사각지대

누가 개입할 여지도 없이 격한 논쟁을 하게 되었고, 급기야 백인 학생이 "더 이상 이런 분위기를 참을 수 없다"며 일어나 책가방을 싸기 시작했다. 나는 그 학생의 이름을 부르고 얼굴을 바라보며 "나는 아직 안 끝났다"라고 단호한 어조로 말했다. 가방을 싸던 학생은 나의 얼굴을 바라보더니 다시 자리에 앉았고, 나는 예정에 없던 즉흥 강의를 해야 했다.

첫째, 각자가 가진 '인식의 사각지대'의 문제, 그리고 둘째, 다양한 종류의 억압과 차별들의 위계를 설정하는 것이 지닌 다층적 위험성에 관한 것이었다. 인종 차별과 같은 한 종류의 차별구조를 잘 안다고 해서, 다른 종류의 차별에 대한 인지가 자동으로 형성되진 않는다. 성차별, 장애 차별, 계층 차별, 인종 차별, 나이 차별, 종교 차별, 외모 차별 등 현실 세계에서 작동되고 있는 다양한 얼굴의 차별들은 각기 독특한 양상을 띠며 매우 복합적인 구조로 형성되고 유지된다. 상식적으로 알 수 있는 것은 지극히 표피적인 빙산의 일각일 뿐이다. 반드시 학습해야만 한다. 다층적 차별에 대한 복합적인 이해는 지속적인 학습 과정을 통해서 비로소 조금씩 형성되기 때문이다.

논쟁을 하던 두 학생은 격했던 감정을 가라앉히고, 세미나가 끝난 후 서로 악수하며 미안하다는 사과를 나눔으로써 상황은 매듭지어졌다. 그런데 이 두 학생의 경우가 강의실에서만 있는 것인가. 아니다. 곳곳에 있다. 우리는 각기 다른 인식의 사각지대를 지니고 있기 때문이다.

이마누엘 칸트Immanuel Kant는 코즈모폴리턴 사상을 사회정치 영역으로 확장하면서 모든 인간을 수단이 아닌 목적으로 대하는 '목적의 왕국(Kingdom of Ends)'을 설파한 철학자다. 칸트의 코즈모폴리터니즘은 세계화 시대에 국경을 넘어서는 세계 정의, 환대, 권리를 상기시킴으로써 세계평화를 이루기 위한 정치철학적 토대를 놓은 중요한 공헌을 한다. 그런데 그 위대한 사상을 확산시킨 칸트도 인식의 사각지대를 분명하게 지니고 있었다.

그는 인간됨을 구성하는 '합리적 존재'의 범주에 여성을 포함하지 않는다. 또한 그는 인간 지리학(human geography)을 가르치면서 열대지방에서 태어난 흑인의 인종적 열등성을 의심치 않는다. 칸트가 중요한 철학적 공헌을 했다고 해서, 그가 지닌 여성 혐오 사상과 인종 차별과 같은 인식의 사각지대의 문제들이 덮여서는 안 된다. 예술, 문학, 철학의 이름으로 또는 종교나 정치의 이름으로 타자에 대한 혐오와 경시를 정당화해서는 안 되기 때문이다. 인류의 역사가 이러한 인식의 사각지대에 대한 비판적 인식 확장의 역사이기도 한 이유이다.

정치적 행위로서의 말과 글

2018년 10월 L작가가 〈단풍〉이라는 제목의 글을 발표했다. 이 글에서 단풍은 '저년'이라는 비하된 '여자'로 호명된다. 더 나아가 그 '저년'은 남자를 유혹하는 '화냥기'를 지닌 여자로 재호명 된다. '화냥기' 있는 '저년'을 '절대로 거들떠보지 말라'고 경고한다. 여성 비하는 물론 노골적인 자연 비하까지 당당하게 모습을 드러낸다.

글이 전제하는 세계는 남자들의 세계이다. 단풍을 바라보는 주체가 여자이기도 하다는 상식조차 전적으로 배제된 서사이다. 이 글에서 남성은 이 세계의 '발화의 주체(speaking subject)'만이 아니라, '보기의 주체(seeing subject)'이며, '쓰기의 주체(writing subject)'로 자연스럽게 호명되고 각인된다. 남성이 모든 것의 중심이 되는 남성중심적 발화, 보기 그리고 쓰기 행위를 통해서,

단풍을 '화냥기'를 지닌 '저년'이라고 한 표현이 담고 있는 여성 혐오와 자연 비하는 마치 숨 쉴 때 들이마시는 공기처럼 자연화(naturalization)된다.

자연화의 예를 들어보자. 한국 사회에서 '유관순'은 '누나'로 호명된다. 유관순이 '유관순 누나'로 호명됨으로써, 한국 사회의 발화의 주체, 쓰기의 주체, 보기의 주체는 여성 또는 모든 사람이 아닌, 남성이라는 사실을 자연적인 것으로 만든다. 자연화의 예다. 또한 다른 남성 독립운동가를 '형'으로 호명하지 않으면서, 유독 유관순만 '누나'라는 사적 관계로 호명하는 것도 문제다. 유관순의 업적을 공적 영역에서 사적 영역으로 밀어넣는 기능을 하게 된다. 아이들의 동요 속에서 '유관순'이 '누나'로만 호명될 때, 남자아이와 여자아이들이 이 표현에서 느끼는 이 '세계 내 자리'는 각기 다르다. 남자아이들은 중심부에, 여자아이들은 주변부적 존재라는 가치를 내면화하게 된다.

공적 세계에 발표되는 여타의 글들은, 그 장르가 무엇이든 읽는 이에게 가치와 메시지를 다양한 방식으로 전달한다. 단풍을 '화냥기'를 드러내는 '저년'이라 묘사한 L작가는 자신이 "여성을 비하할 의도나 남성 우월을 표출한 의도는 추호도 없었"다고 강변한다. 그런데 우리가 분명하게 기억해야 할 것이 있다. 차별, 폭력, 혐오 행위는 행위 주체의 '의도성' 여부에 의해서, 그 정당성 또는 부당성이 결정되는 것이 아니다. 시적 언어 또는 은유라고 해서 여성, 인종, 장애, 나이, 성적 지향 (orientation), 특정 종교 등 어떤 특정한 사회적 소수자 그룹에 대한 비하와 혐오를 정당화해서도 안 된다. 공적 세계에 발표되는 글들은, 그 장르가 무엇이든 그 글이 담은 가치를 확산하는 정치적 공간이다. 이런 의미에서 공적 세계에서의 글과 말이란 이미 '정치적 행위'의 의미를 지닌다.

차별·혐오의 인지, 수정으로 이어져야

L작가의 비성찰적 변명과는 달리, 어느 시인은 자신의 시에 비판적 수정 작업을 한다. 시집《여수》로 2018년 20회 천상병 시문학상 수상자가 된 서효인 시인은,《여수》를 출간하면서 과거에 썼던 시에서 여성 혐오적 표현들을 수정하는 작업을 했다고 한다. 예를 들어서 '공장에 다니는 여공들'이 아니라, '공장에 다니는 젊은이들'로, '우리 모두 아줌마가 되면'을 '우리 모두 학부모가 되면'으로 바꾸었다. (이러한 표현들이 왜 '여성 혐오적'인가라는 의문이 든다면, 젠더 문제에 대한 학습이 필요하다는 신호이다.) 또한 여성 혐오적 표현이 있는 시들 몇 편은 시집에서 아예 빼기도 했다고 한다. 문학작품이라고 해서 차별과 혐오의 면책 특권 영역이 되는 것이 아님을, 또한 어떤 종류의 글이든 이러한 비판적 수정 작업의 대상임을 이 시인은 보여준다. "그때는 몰랐

던 여성 혐오가 지금은 보여"서 빼거나 수정하는 비판적 인식 확장 작업은 문학·종교·철학·정치 등 모든 영역에서 지속적으로 일어나야 한다.

그는 《여수》에서 "문학의 이름을 빌려 자행되는 모든 위계와 차별 그리고 폭력에 반대합니다"로 '시인의 말'을 매듭짓는다. 인류의 역사는 차별과 혐오에 관한 '인지 확장의 역사'임을 서효인 시인의 수정 시도를 통해 확인할 수 있다는 것은 희망적이다.

인류의 역사에서 분야를 막론하고 '발화의 주체'는 남성이었다. 여성은 오직 '발화의 객체'로만 존재해 왔다. 사회의 중심부에 있는 이들은 자신보다 열등하다고 간주하는 주변부인을 향한 언사가 비하적이든 혐오적인 것이든 매우 '자연스러운 것'이었다. 어떤 종류의 글이든, '좋은' 글이란 지금을 넘어서는 새로운 세계를 담고 있는 글이다. 그 글이 전하는 새로운 세계가 지금보다 나은 세계라는 것은 다층적 차별과 혐오, 불평등과 배제를 넘어서서 보다 평등하고 정의로운 세계, 모든 종류의 생명이 존중되는 세계, 그리고 나이·계층·생김새·성별·장애 여부·피부색·교육 배경 또는 종교 등에 상관없이 '모든' 사람이 고귀한 생명임을 의식 그리고 제도 속에 담아내는 세계이다.

인류 역사는 이러한 인식의 사각지대에 대한 인식 확장의 역사이다. 그대 인식의 사각지대는 무엇인가.

키스의 부재로 인한
휴머니티의 위기

의미물음을 묻는 존재로서의 인간

2020년은 우리에게 많은 상처를 남긴 해였다. 1918년 5,000만 명의 생명을 앗아간 소위 스페인 독감 유행병 이후, 인류가 경험하는 가장 치명적인 전염병이라고 하는 코로나 위기가 2019년 12월부터 서서히 온 세계를 위협하기 시작했기 때문이다. 또한 코로나19를 통해서 생명의 위기만이 아니라, 극심한 경제적 위기와 정신적 위기로 인해 자살이 증가한 해이기도 하다. 스스로 자신의 삶을 중단하겠다고 결정하고 행동에 옮기는 이들이 많아진 것이다.

인간은 유일하게 스스로 자신의 생명을 종결하는 '자살하는 존재'다. 개는 '견생의 의미'가 없다며 자살하지는 않는다. 자살을 결행하고자 하는 주된 이유가 무엇이든, 결국 '인생의 의미'를 찾지 못하는 깊고 아픈 절망감으로 인간은 자살한다. 인간은 의미물음을 하는 존재이기 때문이다. 사회적으로 이름이 알려진 사람의 죽음은 대대적으로 보도되지만, 그렇지 않은 사람의 죽음은 신문에 한 줄로도 등장하지 않고 파묻힌다. 죽음은 그 사람의 사회적 위치에 따라서 다른 취급을 받는다. 이렇듯 '생명의 위계주의'는 곳곳에서 작동하고 있다. 그러나 누구의 죽음이든, 매 죽음은 각기 다른 세계의 종국을 선언한다. 그런데 개인들이 경험하는 삶의 의미나 무의미, 또한 삶과 죽음의 경험은 전적으로 개인적이기만 한 것인가. 아니다. 개인적인 것은 사회정치적이기도 하다.

'함께 존재함의 예식'으로서의 키스

오래전 영국 케임브리지에서 일하던 시기, 그 당시 파리에 거주하고 있던 친구와 오랜만에 만나서 뤽상부르 공원을 산책하며 대화를 나눈 적이 있다. 한참을 걷다가 어느 벤치에 앉아서 그동안 못다 한 이야기를 나누고 있었다. 그러다가 친구가 "저 사람들 좀 봐"라고 한다. 우리가 앉아 있던 벤치 멀리 맞은편 벤치에서 두 사람이 오랜 시간 쉬지 않고 열정적인 키스를 나누고 있었다. 친구의 관찰에 따르면 우리보다 먼저 자리 잡고 있던 그들은 최소 30분 이상은 계속 키스를 하고 있었단다. 어떻게 저토록 절절하게, 쉼 없이 서로의 존재를 확인하는 몸짓으로 키스를 할 수 있는가.

프랑스 철학자 알랭 바디우Alain Badiou는 키스를 포함해서 인간이 몸과 몸으로 나누는 여타의 행위를 '몸의 예식(ritual of body)'이라고 명명한다. 한 존재가 다른 존재와 만나는 '함께함의 예식'이며 '존재의 예식'이다. 서로의 존재를 전부 받아들일 수 있는 사람들만이 키스를 나눌 수 있다. 이런 의미에서 연인 간의 키스만이 아니라 다양한 형태의 키스는 상대방과 나누는 삶의 의미 그리고 지순한 관계를 가리키는 심오한 메타포가 된다.

코로나 위기를 통해서 우리는 근원적인 물음과 마주하게 되었다. 우리 삶의 의미와 행복이란 무엇인가를 다시 조명해 보게 된 것이다. 물질적 풍요와 막강한 권력을 누리거나 또는 비싼 아파트를 소유했다고 해도, 그것이 우리에게 진정한 행복감이나 삶의 의미를 저절로 보장하는 것은 아니라는 평범한 진리를 상기시키는 해였다. 동시에 코로나와 같은 전염병에 걸렸어도 그 사람의 사회적 또는 경제적 위치에 따라서 그 경험은 참으로 다르다는 '코로나의 사회적 불평등' 역시 경험했다.

'인생의 의미가 무엇인가'라는 질문은 더 이상 그 힘을 발휘하지 못한다. 이 세상에 존재하는 70억 사람들에게 모두 적용할 수 있는 거대한 의미란 존재하지 않기 때문이다. 그래서 이러한 보편 양태를 지닌 질문은 구체적이고 특정한 질문으로 전환해야 한다: 무엇이 '나에게' 의미로운 삶인가. 무엇이 '나에게' 살아있는 생동감을 주고 있는가.

사랑, 인간됨을 지켜내는 진정한 관계

프랑스 교육부 장관을 지낸 철학자 뤼크 페리Luc Ferry는《사랑에 관하여: 21세기를 위한 철학》*이라는 책을 출판했다. 그는 지극히 평범하고 상투적인 것 같은 '사랑에 관하여'를 제목으로 정하게 된 이유를 설명한다.

시대와 문화를 막론하고 사랑이란 인류에게 삶의 의미를 부여하는 중요한 것이다. 과거와 현재에도 그렇지만 특히 앞으로의 세계는 국가나 종교보다도 사랑이 가장 중요한 중심에 자리잡게 될 것이라고 페리는 본다. 사랑은 분노·두려움·질투·증오 등과 같은 다양한 감정 중의 하나가 아니다. 인간의 삶에서 가장 핵심적인 감정이며 경험이다. 또한 사랑은 개인 간에 벌어지는 사적 관계이기도 하면서 동시에 사회정치적 관계이기도 하다.

* Luc Ferry, 《On Love: A Philosophy for the Twenty-First Century》 (John Wiley & Sons Inc, 2013).

여기에서 사랑은 '교환 경제(economy of exchange)'의 틀을 넘어서는 진정한 관계를 상징한다. 우리의 인간됨을 지켜내게 하는 것은 진정한 관계이며, 이러한 의미의 사랑은 개인적으로 또한 사회정치적으로 일구어내야만 하는 것이다. 키스로 상징될 수 있는 사랑, 즉 진정한 관계란 한 사람이 자신의 삶에서 평등과 자유 그리고 존엄성이 제도적으로 보장되고, 고유한 존재로서의 자신을 타자와 나눌 수 있는 가능성의 세계를 가리킨다.

현대 사회에서 우리가 맺는 많은 관계는 주는 만큼 받아내는 '기브-앤-테이크'의 교환경제의 틀 속에서 작동되곤 한다. 모든 관계가 이렇게 계산된 관계로 이해하는 사회에서, 존재와 존재의 만남으로서의 키스는 부재하다. 결국 휴머니티의 위기로 이어지는 것이다. 동시에 키스로 상징되는 의미로운 관계란, 너와 나의 평등과 존엄성이 제도적으로 인정받고 보장되는 사회에서 비로소 가능하다.

포괄적차별금지법, 중대재해기업처벌법, 또한 생활동반자법* 등은 다양한 자리에서 살아가는 이들의 인간됨을 실현하기 위한 중요한 법적 장치다. 뿐만 아니라 검찰개혁, 사법개혁, 언론 개혁을 통해서 보다 정의롭고 평등한 사회가 되어야 한다는

---

* 정확한 명칭은 생활동반자 관계에 관한 법률안. 특정인 1명과 동거하며 부양하고 협조하는 관계를 맺고 있는 성인을 '생활동반자'로 규정하고, 배우자에 준하는 대우를 받도록 하는 내용을 담고 있다. 2014년 진선미 의원이 발의했지만, 많은 반대가 있었고 임기 만료로 폐기되었다.

것은 개인의 삶에서 멀리 떨어져 있는 거창한 그것이 아니다. 사회 구성원들의 삶의 의미를 부여하는 제도적 틀이다. 평등과 정의가 일상적 삶에서 가능한 사회, 그래서 나와 너의 진정한 만남이 개인적 차원에서만이 아니라 사회정치적으로도 격려되는 사회는, 코로나와 같은 위기 한가운데서도 '키스'로 상징되는 진정한 관계를 가능하게 하는 사회다.

그대는 어디에서
삶의 지혜를 구하는가

2018년 11월 23일 서울 서대문구 홍제동의 한 아파트 주민이 층간 소음 문제를 해결해주지 않았다는 이유로 경비원을 폭행했고, 경비원은 결국 사망했다. 소위 하급직종에 속하는 직업군 사람들에게 비인간적 폭력을 가하는 이들, 그리고 아주 작은 권력만 있어도 그 권력을 타자를 비인간화하는 갑질에 쓰는 이들은 여남소노를 가리지 않는다.

C일보 사장의 열 살짜리 아이가 운전기사에게 "아저씨 죽으면 좋겠어" 등 극심한 폭언을 하는 충격적인 녹취록이 공개되었다. 어떤 사장은 3년간 운전기사를 12명이나 교체했다고 한다. 〈한국미래기술〉 회장의 엽기적인 폭력을 동반한 갑질 사건은 이제 언급하기조차 민망하다. 그런데 이와 같이 타자에게 다층적 폭력을 가하는 사람들이 타자를 '보는 방식'은 도대체

어떠한 것일까. 자신보다 낮은 위치에 있다고 생각하는 이들을 '사람-이하'로 보는 그 보기 방식은 가정에서, 학교에서 또는 다양한 사회적 공간에서 습득되고 반복된다.

삶의 지혜를 어디에서 찾는가

나는 대학원에서 일주일 동안 〈코즈모폴리턴 리더십(Cosmo-politan Leadership)〉이라는 집중 코스를 가르치곤 한다.

어느 학기 월요일 아침에 첫 강의를 시작하면서, 나는 학생들에게 오늘 학교에 와서 '무엇을 보았는가'라는 물음으로 강의의 문을 열었다. 학생들은 의아해하면서 대답하기 시작했다. 학생들, 교수들, 직원들, 복도에 전시해 놓은 교수들의 출판물들, 연구실들, 강의실들. 그러고 나서 학생들이 본 것의 리스트는 멈췄다. 잠시 후 나는 "학교 청소하는 이들은?"이라고 물었다. 몇 학생이 "아!" 하는 소리를 냈다. 화장실, 강의실, 복도 등 대학 곳곳에서 계속 청소하고 쓰레기통을 비우는 이들이 있는데, 그들을 '보았다'는 학생은 아무도 없었다.

다음 날 아침, 한 학생이 2명의 청소 노동자와 함께 강의실에 들어섰다. 그리고 그 두 사람에게 자신의 이름을 소개해달라고 부탁했다. '청소원'이나 '기능인'으로가 아니라 고유한 이름을 지닌 '인간'으로 인식하면서, 한 사람과의 만남이 비로소 시작된다. 강의실에 있던 학생들은 수업을 할 수 있도록 도와주어서 고맙다며 그들에게 박수와 미소로 감사를 전했다. 그리고 강의실 뒤편에 베이글과 커피 등 간단한 아침 식사가 있는데, 그들에게 함께 먹자고 초청했다. 학생들과 청소하는 이들은 강의 시작 전 짧은 시간이지만, 아침을 함께 먹으며 담소를 나누었다.

학생이든, 교수든, 청소 노동자든 우리 모두는 서로 동료 인간이다. 이 짧은 에피소드는 이러한 가장 기본적인 사실을 보여준다. 이제 나의 학생들은 학교에 오면서 그 청소 노동자들이 보이기 시작할 것이며, 그들과 미소를 교환하기도 하는 인간됨의 확인을 하게 될 것이다.

이 〈코즈모폴리턴 리더십〉 과목에서, 학생들과 함께 보고 토론하는 필름이 있다. 〈철학자 왕(Philosopher King)〉이라는 제목의 다큐멘터리 필름이다. "철학자 왕"은 플라톤이 사용한 개념이다. 철학자(philosopher)라는 영어의 라틴어 어원을 보면 '지혜를 사랑하는 자'이다. 철학자란 어떻게 삶을 의미 있게 행복하게 그리고 잘 살아가는가를 탐구하는 사람들이라고 할 수 있다. 그렇다면 그 삶의 지혜를 어디에서 찾을 것인가.

〈철학자 왕〉에는 미국의 7개 대학교가 등장한다. 필름의 서두에 웅장하고 화려한 대학 캠퍼스가 나오는 것을 보면서, 어디에서 지혜를 찾을 것인가가 자명한 것처럼 보인다. 필시 총장, 학장 또는 노벨상이라도 받은 유명한 교수들이 삶의 지혜를 말할 것 아닌가. 그런데 이 필름은 예상을 완전히 빗나간다. 카메라가 만나는 이들은 총장도, 학장도, 교수도 또는 학생도 아니다. 바로 대학교에서 일하는 8명의 청소 노동자가 바로 삶의 지혜를 주는 이들이다. 웅장하고 정리가 잘 된 멋진 대학교 캠퍼스를 늘 쾌적하게 유지하는 데 필요한 인력은, 가장 음지라고 할 수 있는 화장실 등을 관리하는 이들이다. 강의실 바닥을 쓸고 닦고, 쓰레기통을 비우고, 칠판을 지우는 등 갖가지 궂은일을 하는 이들이다. 이들은 대학에 '존재하지만 보이지 않는 존재'로 살아간다. 그런데 이 필름에서는 청소 노동자들이 바로 삶의 소중한 지혜를 전해주는 이들이다.

〈철학자 왕〉에는 일이 끝나면 밴드에서 기타를 치며 주변 사람들과 음악과 웃음이 있는 삶을 나누는 이가 등장한다. 한쪽 팔이 없어서 쓰레기통의 비닐봉지를 갈아 끼우는 것과 같은 단순한 일도, 자신만의 특별한 방식을 고안해서 비로소 해내는 청소 노동자도 있다. 매일 일이 끝난 후, 조형예술 작품을 꾸준히 만드는 이도 있다. 그는 바지 주머니에 늘 작은 노트를 가지고 다니면서 아이디어가 떠오를 때마다 그 노트에 적는다. 이렇게 매일 살아가는 그의 노트에는, 갖가지 아이디어 메모가 빼곡하게 꽉 차 있다.

어떤 이는 아프리카 고향에 있는 가족과 친척에게 매번 생활비를 보낸다. 직계 가족만이 아니라 친척에게까지 돈을 보내며 그들을 돕는 것을 가장 큰 보람으로 생각한다. 그는 휴가를 내어 가족이 사는 아프리카의 마을에 가서 자신이 틈틈이 모은 돈으로 산에서 물을 끌어오는 공사를 해 가족과 친척들이 멀리 물을 길으러 가지 않도록 돕기도 한다.

최선을 다해 그들을 돕지만 극심한 가난을 목격하면서 어찌할 수 없어 안타까워 그는 계속 흐르는 눈물을 훔치며 이야기한다. 대학의 청소부로 매일 열심히 일해서 번 돈을 그렇게 가족과 친척을 위해 쓰면서도 안타까워하는 그의 눈물은, 고도의 자본주의 사회에서 갖가지 소비문화에 빠져 사는 우리에게 '인간됨'과 '함께 살아감'이 무엇인지를 다시 되돌아보게 한다. 이 필름은 우리가 '청소 노동자'라는 표지로 집단화시키는 사람들이 실제로는 인간으로서의 고유한 개별성을 지닌 존재임을 보여준다.

중심과 주변을 동시에 보기

대학교는 다층적 위계주의가 존재하고 있다는 점에서 한 사회의 축소판이다. 그런데 그 존재의 위계구조에서 가장 밑바닥에 존재하고 있는 청소 노동자들이, 인간으로 살아가는 소중한 지혜를 각기 다른 방식으로 진솔하게 보여주고 있다. 그들이 척박한 삶의 정황에서도 '인간됨'을 지켜내며 자신만이 아니라 주변과 함께 살아가고 있다는 것, 이것이 바로 삶의 지혜이다. 삶의 지혜를 어디에서 찾을 것인가는 한 개인의 삶에서뿐만 아니라, 한 사회가 보다 나은 미래에 대한 희망을 구성하는 데도 중요하다.

'철학자'의 문자적 의미는 '삶의 지혜를 사랑하는 사람'이다. 이 "철학자 왕"이라는 은유는 개별인만이 아니라 한 사회와 국가에도 적용할 수 있다. 왜냐하면 우리 각자는 자기 삶의 주인으로 자신의 삶을 통치하고 인도해야 하는 사람들이며, 그 개인들이 모여서 한 사회와 국가를 이루기 때문이다.

삶의 올바른 지혜를 구하고 사랑하는 '철학자'로 살아가는 개별인이 모인 사회는 아주 작은 권력만 있어도 다른 사람들을 '인간 이하'로 취급하는 아이와 어른을 양산하지 않는다. 그들의 '보기 방식'은 중심부만이 아니라 주변부에도 닿아 있다. 이 점에서 이러한 지혜를 찾는 이들의 시선은 '이중적 보기 방식 (double mode of seeing)'을 지니게 된다. '이중적 보기 방식'을 배우는 아이들, 어른들은 하는 일이 다르다고 쉽사리 갑질을 하거나, 또는 중심이 아닌 주변부에 있는 이들에게 언어적 폭력, 감정적 폭력, 육체적 폭력을 가하지 않는다. 열 살짜리 아이가 자신이 타는 자가용 운전을 해주는 사람에게 그러한 비인간적 언어폭력을 쏟아낼 수 있는 것은 타자와 사물을 바라보는 '보기 방식'에 심각한 문제가 있기 때문이다.

오늘 내가 머무는 곳에서 나는 무엇을, 누구를 보는가. 존재하지만 보이지 않는 이들은 혹시 없는가. 우리 모두 대면해야 할 물음이다.

3부

관행과 대안에 물음 묻기
: 한국 사회에 필요한 불편한 배움

Questionless Society

'즉각적 대안'의 위험성, 여정으로서의 대안 찾기

보다 나은 세계를 향한 낮꿈

인간은 '지금'보다 나은 새로운 세계를 꿈꾼다. 무엇이 지금보다 나은 세계인가는 개인들이 지닌 가치관이나 세계관에 따라 물론 각기 다르다. 개인들이 살아가고 있는 구체적인 삶의 정황에 따라서 우리가 바라는 보다 나은 세계의 표상은 다양할 수밖에 없다.

그런데 한 가지 확실한 것이 있다. 개인의 삶에서든 사회적 삶에서든 기존의 세계는 늘 뭔가가 결여되어 있다는 점이다. 완전한 세계는 언제나 '아직-아닌-세계'로 남아있다. 그렇기에 각기 다른 방식으로 우리는 지금보다 나은 '아직-아닌-세계'를 꿈꾼다.

독일 철학자 에른스트 블로흐Ernst Bloch는 그의 책《희망의 원리(Das Prinzip Hoffnung)》에서, 이러한 새로운 세계를 향한 인간의 꿈을 '낮꿈(daydream)'이라고 명명한다. 낮꿈을 통해서 인류의 문명은 무수한 변화와 변혁을 거듭해왔다. 이러한 의미에서 보자면 우리 모두는 낮꿈을 꾸는 존재들이다. 그런데 막연히 꿈만 꾼다고 해서 그것이 구체적인 변화를 가져오는 것은 아니다. 막연한 꿈꾸기는 몽상에 머물면서 구체적 변화를 가져올 수 없기 때문이다.

진정한 낮꿈이란, 그 꿈을 통해서 현실을 변화시킬 수 있는 변혁적 실천이 동반되는 꿈이다. 많은 이가 찾고자 하는 '대안들'은 바로 이러한 변혁적인 '낮꿈'의 결과들이기도 하다. 그렇다면 사회정치적 차원에서 지금보다 나은 미래 세계를 위해, 지금의 문제구조보다 나은 대안을 찾기 위해 선행되어야 하는 것이 있는가. 대안을 찾는 과정에서 우선 선행되어야 할 것이 있다면, 그것은 '지금'에 대한 비판적 성찰이다. 그 비판적 성찰이 기존의 현실에서 무엇이 결여되어 있고, 무엇이 변화되어야 할 문제들인지 보여주기 때문이다. 그래서 어떤 특정한 사안들에 대해 비판적 문제 제기를 하는 것은 모든 변화의 중요한 출발점이다. 비판적 문제 제기가 결여된 '대안'이란 대부분, 권력을 갖고 있는 이들이 자신들의 권력과 이득 확장을 위한 현상유지적인 장치일 경우가 많다.

차별과 배제를 은밀하게 가리는 현실구조에 대한 심층적이고 다층적인 비판적 분석은 인류 문명사에서 정의, 평등, 권리의 원을 확장하기 위한 변화에 없어서는 안 될 필수적 요소이다. '모든 이의 정의, 평등, 권리의 확장'이라는 목표와 관점을 가진 비판적 성찰과 문제 제기를 통해서, 다양한 근거에서 사회의 주변인으로 살아온 사람들이 정의와 평등의 적용 범주에 들어가기 시작했다.

그런데 특정한 정황에 대한 비판적 문제 제기를 할 때, 냉소적 반응을 보이는 사람들이 있다. 그들이 묻는 것은, "그럼 대안은 무엇인가?"라는 것이다. 이렇게 일방적으로 타자에게 던져지는 질문은 그 내용의 중요성에도 불구하고 냉소적이다. 그 이유는 '대안 찾기'란 과연 무엇인가에 대하여 알려는 진지함이나 적극적 개입 의지 없이 물음을 던지기 때문이다. 이 질문은 오히려 스스로를 향해 진지하게 묻는 것일 때, 중요한 의미가 살아난다. 대안을 찾고자 하는 이들은 우선 현실의 복합적인 구조에서 무엇이 문제이며, 그 문제의 원인이 무엇인지를 복합적으로 조명하고 분석해 내는 비판적 성찰을 해야 한다. 이러한 맥락에서 보자면, 비판적 문제 제기는 새로운 대안 찾기의 출발점이라고 할 수 있다.

시공간을 초월하는
'보편적 대안'의 불가능성

개인적인 삶이든, 사회정치적 삶에서든 변화를 모색하는 이들이 기억해야 할 것이 있다. 그 누구도 모든 정황에 맞는 보편적 대안을 제시할 수는 없다는 것이다.

많은 이가 자신의 개인적 삶에서조차 타자가 제시하는 대안에 목말라 한다. 그래서 소위 유명 인사들이 쓴 자기계발서나 힐링서들이 서점가에서 베스트셀러 항목에 들어가곤 한다. 물론 이러한 책들을 통해서 자신에게 필요한 것들을 찾을 수도 있을 것이다. 그러나 분명한 것은 그 책의 저자들이 '나'를 대신해서 나의 삶을 살아 줄 수는 없다는 점이다. 그들이 나의 이 삶에서의 갈망, 희망, 이루고 싶어 하는 것들을 전혀 알지 못하기 때문이다. 이러한 의미에서 보자면, 우리가 직면하고 있는 문제들에 대하여 누구에게나 또는 모든 정황에서 작동하고 적용될 수 있는 '보편적 대안'이나 해답은 없다. 보편적 대안이 가능하다고 생각한 것이 바로 모더니즘 사유의 결정적 한계이다. 포스트모더니즘이 모더니즘에 대한 근원적인 문제 제기를 하는 지점이다.

시간과 공간을 초월하여 모든 곳에 들어맞는 보편적 대안이나 절대적 해답이 있다고 생각하거나, 또는 그러한 대안을 비판 없이 받아들이는 것은 오류이다. 그 보편적 대안이 있다고 하는 사람들이 만들어 낸 것이 바로 '거대서사(grand narratives)' 다. 보편적 대안으로서의 거대서사는 많은 경우 이미 이 세계의 중심부에 있는 사람들의 위치를 강화시키고, 그들의 권력과 권위를 공고히 하고 확장하는 데 기여해왔다. 아이, 여성, 장애인, 성소수자, 인종적 소수자, 경제적 빈곤층들이 사회의 주변부에서 살아오게 된 이유이다.

포스트모더니즘은 모더니즘이 추구하던 인간의 자유와 평등에의 비전이 이러한 거대 이론들이나 보편 대안 담론들에 의하여 진정한 의미의 자유나 평등을 실현하는 데 스스로 근원적인 오류를 만들었다고 비판한다. 유럽이 만든 이 세계를 위한 보편 대안으로서의 거대 담론들은 결국 유럽, 남성, 중상층, 기독교인들을 세계의 중심에 서게 했다. 더 나아가서 비서구 세계를 자신들이 만든 기준으로 개발하고 기독교로 개종시켜야 할 '미개인들'로 간주했다.

이러한 맥락에서 서구 모더니즘은 서구 식민주의와 분리할 수도, 분리해서도 안 된다. 모더니즘은 거대 이론들로 구성된 소위 '보편 대안'들에 의하여, 모더니즘이 지향하는 이상을 스스로 배반하는 모순을 만들어 낸 것이다. 더 나은 세계에 대한 거대서사로서의 '보편 대안'들이 약자에 대한 식민화와 그 지배를 정당화하는 기제로 작동했기 때문이다.

그런데 지금도 여전히 보편 대안에 목마른 사람들은 외부 세력이 자신을 지배하도록 허용한다. 현대 세계에서 식민화는 매우 은밀한 방식으로 진행되기에 스스로 인식하지 못한다. 주체적으로 사유하는 '고독의 시간과 공간' 가지기를 회피한다면, 외부 세력이(그것이 사람이든, 대중 매체이든, 사회나 국가든) 나를 대신해 내 삶의 방향과 대안을 결정하게 하는 '식민화'의 문을 열게 된다. 스스로 사유하고, 읽고, 고민하고, 대안을 찾으려고 씨름하는 과정에 들어서야 비로소, 자신의 정황과 연계된 대안의 실마리를 찾아갈 수 있게 된다.

정치, 사회, 종교 또는 윤리적 책임 등 현실 세계에서 일어나고 있는 일들에 대한 비판적 문제 제기는 많은 경우 거시적 차원에서 이루어진다. 이렇게 거시적 관점에서 제기되는 문제들을 면밀히 들여다보면서 우리 각자는, 자신이 관여하고 개입되어 있는 구체적인 정황들에서 그 대안을 스스로 찾고 만들어가야 한다.

대안 찾기란 매우 치열한 분석, 고민 그리고 씨름의 과정이다. 이 점에서 '이론은 연장 상자'와 같으며, '이론은 실천(theory is practice)'이라는 질 들뢰즈Gilles Deleuze의 통찰은 새로운 세계를 갈망하고 대안을 모색하는 이들이 늘 기억해야 할 중요한 모토가 된다. 이는 이론과 실천을 이분법적으로 보는 전통적인 이론이해를 근원적으로 뒤집는 중요한 의미를 지닌다. 우리의 구체적인 정황을 분석하는 '연장'으로서의 이론을 통해 현실 세계에 대한 다층적 문제 제기와 비판적 저항이 가능하기 때문이다. 비판적 문제 제기를 통한 비판적 저항은 복합적 이론들을 통해서 가능하며, 이 과정을 통해서 보다 분명하고 설득력 있는 대안들이 모색되어야 한다. 여성운동, 노동운동 등 다양한 사회운동을 하는 집단에서 종종 보게 되는 '반이론주의'는 오히려 그 변혁운동을 폭넓게 확산하고 성숙시키는 데 장애 요인이 되기도 한다.

대안의 세 가지 요소

'문제를 문제로 보는 것'은 저절로 가능하지 않다. 복합적이고 다층적인 분석적 도구가 필요하기 때문이다. 예를 들어 생물학적 여성이라고 해서 저절로 다층적 성차별이나 가부장제적 가치구조를 아는 것이 아니다. 가부장제 사회에서 페미니즘과 여성운동에 거부감을 느끼고 오히려 반대자의 역할을 하는 여성들이 많다. 그런 여성들은 가부장적 가치를 내면화함과 동시에 그 구조에서 살아남기 위한 '생존의 테크닉'을 체현했기 때문이다. 또 식민지하에서 억압을 경험했다고 해서 모두가 그 억압적 상황을 문제로 보고 새롭게 변혁된 세계를 갈망하는 것이 아니다. 착취당하는 노동자들이라고 해서 자동적으로 그 착

취구조의 문제를 보게 되는 것은 아니다.

성급한 대안 요구 이전에 비판적 문제 제기들을 진지하게 경청해야 하는 이유이다. 문제를 문제로 보게 되는 비판적 사유를 통해서 비판적 저항이 시작된다. 더 나아가서 '문제를 문제로 보기 시작하는 것'에서 보다 나은 세계를 위한 대안 찾기의 첫 발걸음이 시작된다. 비판적 저항과 문제 제기 이후의 대안 찾기는 세 가지 중요한 요소를 지닌다.

첫째, 대안은 언제나 '정황 특정적(context specific)'이다. 여타의 대안들은 구체적인 자신의 정황 속에서 구상되어야 한다. 그래서 그 특정한 정황을 변화시킬 수 있는 크고 작은 대안들과 장기적 또는 중단기적 대안들을 끈기 있게 모색하고 찾아나가야 한다. 대안이 특정한 구체적 정황 속에서 만들어져야 한다는 것은 집단적이고 제도적인 삶만이 아니라, 개별인의 삶에서도 마찬가지이다.

어떤 유명 인사가 '인생의 해답'을 제시한다고 해서 그것이 자기 삶에서 모색하는 길과 맞는 것이 아니다. 스스로 비판적 사유를 통해서 찾고 만들어내야 한다. 이러한 비판적 사유는 '내가 나와 대화하는 것'으로부터 시작된다. 또한 비판적 사유는 고독의 시간과 공간 속에서 일어나는 사건이다. 자신과 진정한 대화를 하면서 그 속에서 비로소 현재를 넘어서는 대안의 갈래들을 조금씩 만들어가야 한다. 이렇게 나 자신이나 내가 개입하고 있는 집단의 특정한 정황 속에서 스스로 대안을 만들어가다 보면 더 나은 세계를 향한 발걸음을 한 걸음씩 떼게 된다.

둘째, 대안은 '잠정적'이다. 그 어느 위대한 대안도 평생 지속되는 것은 없다. 오늘 찾은 대안이라고 해도 그 대안이 내일도 작동되는 것이 아닐 경우들이 많다. 왜냐하면 모든 대안은 특정한 정황 속에서 모색되는 것이며, 정황이란 고정불변이 아니라 끊임없이 변하기 때문이다. 이 대안의 잠정성을 받아들이지 않으면, 오늘의 대안을 절대화시키면서 새로운 가능성을 오히려 가로막는 방해물이 될 수 있다. 또한 한 기구나 운동집단에서 오늘 작동되는 하나의 대안을 영구적인 것으로 간주할 때, 다른 가능성과 대안들을 억누르는 또 다른 권력 장치로 변질될 수 있다.

셋째, 대안은 '부분적'이다. 인간의 인식론적 또는 경험적 한계성 때문에 우리의 모든 대안은 언제나 부분적일 뿐이다. 자기 생각을 절대화하지 않는 인식론적 겸허성은 자신이 한때 찾은 대안을 고정시키고 자신에게 매어 놓는 '대안의 감옥'에 스스로를 가두지 않는다. 어떠한 대안이라도 그것은 완벽한 대안이 아니라 언제나 '부분적인 것'이라는 인식은, 자기 절대화의 위험성으로부터 우리를 보호한다.

내 삶의 주인은 나 자신이다. 이 단순한 진리를 우리는 종종 잊는다. 이러한 사실을 망각할 때, 여러 가지 문제가 생긴다. 나의 성공이나 행복의 기준들을 스스로 만드는 것이 아니라, 사회가 만들어 준 규격 속에 넣는다. 그리고 그 규격화된 기준에 자신이 들어맞지 않을 때 열등감에 시달리고 자신에 대하여 절망한다.

이러한 규격화된 성공과 실패 기준의 문제점은 개인적 차원만이 아니라, 집단적 차원에서도 볼 수 있다. 지금보다 더 나은 새로운 세계에 대한 낮꿈을 꾸면서 다양한 양태의 사회변혁운동을 하는 단체들도 유사한 문제와 딜레마를 마주하곤 한다. 그 운동의 성공 또는 실패를 외부에서 규정한 대로 따라가는 경우의 문제이다. 개인들이 각기 다른 것처럼, 다양한 운동 단체들은 각각 다른 정황 속에서 성공이나 실패의 기준을 단체 스스로 논의하고 규정해야 한다. 한 집단의 커다란 목적이 다른 단체와 유사하다고 해도, 각 단체는 고유한 정황이 있다. 따라서 운동단체들의 성공과 실패의 기준 그리고 미래를 위한 대안을 규정하는 것은 스스로 고민하며 만들어가야 한다.

세계에서 유일하게 한국 사회에서만 회자되고 있는 특이한 신조어들이 있다. 연애·결혼·출산의 포기를 의미한다는 3포 세대로부터 시작해 5포 세대, 7포 세대 그리고 이제 '모든 것을 포기한다'는 'N포 세대'라는 말까지 등장했다. 한편으로 보면, 이러한 신조어들은 한국 사회의 소위 청년층이 지닌 절망적인 상황을 드러내고 있는 것이라고 볼 수 있다. 그런데 또 다른 한편으로 보면, 이러한 신조어가 청년층 일반을 대변한다고 보는 것은 큰 오류이다. 우선 '청년층'에 속하는 사람들이 모두 단일한 생각과 열정과 기대를 지닌 획일적인 존재가 아니다.

동일한 생물학적 나이 또는 사회적 조건 속에서 살아간다고 해서, 모두 같은 사유를 하는 것은 아니다. 인간은 매뉴얼에 따라서 작동되는 기계가 아니기에, 다양한 방식으로 자신의 삶을 꾸려 나간다. 'N포 세대'와 같은 신조어를 무비판적으로 수용해서는 안 되는 이유이다. 이러한 신조어는 냉소주의를 확산하면서 비판적 성찰의 중요성을 무의미하게 만들어버린다. 현실 세계의 구체적 데이터들이 암흑처럼 절망적인 상황에서도, 인간은 각기 다른 방식으로 틈새 공간에서 대안을 찾으며 삶의 의미를 만들어나간다. 한국 사회에 무차별적으로 만들어지는 신조어들의 등장에 대해 경계해야 하는 이유이다. 이러한 신조어에 자신을 몰아넣는 것은 냉소주의의 확산을 도울 뿐, 유일한 존재로서 개별자들이 스스로 삶에서 추구할 수 있는 다층적인 대안 모색의 시도를 무의미하게 만들 뿐이다.

외부자가 아니라, 나 스스로 행복과 성공의 기준을 만들어가야 한다. 또한 '현재의 나'만이 아니라, 새롭게 만들어져 가는 나(becoming-I)도 있다는 사실을 기억하고 내가 지금은 볼 수 없는 가능성에 대한 문을 열어놓아야 한다. 성급히 즉각적 대안을 찾으려 하지 말고, 끈기 있고 치열한 비판적 성찰을 통한 문제분석을 하면서 한 걸음 한 걸음 자기의 삶에서 필요한 대안들을 만들어나가는 것이 우리가 선택할 수 있는 최선이다.

'임신·출산·양육'이라는
사회정치적 사건

나는 대학원의 석·박사과정 학생들을 가르치고 있다. 진로에 대하여 의논하고 싶다는 학생을 자주 만나곤 한다. 대부분의 학생이 의논하는 주제는 전공 분야나 논문에 관한 것이다. 그런데 여학생과 남학생이 확연히 분리되는 주제가 있다. 결혼과 공부 또는 출산·육아와 공부를 병행할 수 있는가의 문제다. 석사과정이 끝나고 박사과정으로 들어가게 된 어느 여학생은 결혼을 앞두고 있는데 걱정이 앞선다고 한다. 결혼해도 과연 박사과정을 마칠 수 있을지 내 생각을 묻는다. 이미 결혼하여 박사과정에서 공부하고 있는 여학생은 박사과정 중에 아이를 낳고도 끝까지 이 과정을 마칠 수 있을지 고민을 털어놓는다. 그런데 이제까지 한 번도 이런 문제로 고민하며 의논하는 남학생을 만난 적은 없다. 왜 그런가. 결혼 또는 임신·출산·양육과 본인이 하고자 하는 일의 병행을 왜 여학생만 고민하는가. 이런 일은 '여자'가 하는 게 '자연스러운 것'이라고 생각하는 이들이 대부분일 것이다. 과연 그런가.

2018년 4월 19일, 미국 의회에서 역사적인 사건이 벌어졌다. 한 상원의원이 표결하러 국회에 오면서 아기를 데리고 온 것이다. 1789년 미국 의회가 시작된 이후, 처음 있는 사건이다. 상원의원 라다 태미 더크워스Ladda Tammy Duckworth는 생후 10일 된 아기와 함께 의회에 들어왔다. 조 바이든 대통령이 카멀라 해리스와 함께 부통령 후보로 고려했던 사람 중 한 명이다. 2021년 1월 한국을 방문하기도 했던 그는, 태국에서 미국인 아버지와 중국계 어머니 사이에서 태어났다. 더크워스는 이라크 전쟁에 참전한 경력도 있다. 그리고 이라크전 참전 중 서른여섯 살 때 두 다리를 잃었다. 그는 2012년에는 하원으로, 2016년에는 상원으로 선출되었다. 그는 '첫 번'이라는 표지를 여러 개 지닌다. 아시아-미국계 '첫' 여성의원, '첫' 참전 여성의원, '첫' 장애인 여성의원, 또한 아기를 의회에 데리고 간 '첫' 의원이다. 그는 상원의원으로 일하면서 시험관 수정으로 임신, 쉰 살에 둘째 아이를 낳았다.

그런데 나의 학생들이 내게 찾아와서 의논하듯, 더크워스가 주변 사람들에게 다음과 같은 주제의 의논을 했다고 가정해보

자. 두 다리가 없는 중증의 육체 장애인인 내가 아이를 낳을 수 있을까. 만약 아이를 낳는다 해도, 내가 나의 직업을 가지고 더구나 국회의원으로 일할 수 있을까. 그것도 한 명도 아니고 두 명의 아이를 낳아서 기르며 의정활동을 할 수 있을까. 아마 열 사람에게 물었다면, 열 사람 모두 "아예 꿈도 꾸지 말라"고 했을 것이다. 그런데 더크워스는 다른 사람들로부터의 '조언'을 따르지 않았다. 자신이 택하는 결정들이 매우 '비관습적'이고, 대다수의 사람이 이해하지 못할지라도, 자신이 추구하는 삶을 일구어냈다. 자기 신념과 용기 그리고 인내심과 끈기가 없었다면 불가능한 일이었을 것이다. 그것뿐이 아니다. 자신의 개인적·사적 삶을 사회정치적·공적 영역과 연결시켰다. 구체적 변혁이 가능한 변혁 공간을 창출하는 것이었다. 더크워스가 아기를 데리고 의회에 들어간 이후, 2018년부터 미국 의회의 법이 바뀌었다.

이제 미국 상원의원은 한 살 이하의 아기를 데리고 올 수 있고, 하원의원은 나이 제한 없이 아이를 데리고 의회에 출입할 수 있다. 2018년 통계에 따르면, 10명의 여성의원이 의회에서 일하는 동안 출산을 했다. 1970년대에는 1명, 1990년대 3명, 그리고 지난 11년 동안 6명의 여성의원이 출산하여 총 10명이 출산했다. 현 미국 하원 의장인 낸시 펠로시는 5명의 아이를 출산했다. 그는 막내가 고등학교 2학년이 될 때까지 정치에 입문하지 못했었다. 그만큼 양육과 일을 병행하기 어려운 시대에 살았다는 의미다. 펠로시가 2007년 하원 의장이 되었을 때, 그는 의회에 2개의 수유실을 만들었고, 지금은 적어도 7개가 있다. 또한 의회 직원들에게 배우자를 포함하여 12주의 유급 출산휴가를 주는 것을 제도화했다. 자신의 경험을 통해서 출산과 육아가 개인만의 일이 아님을 절감했을 것이다.

1970년대 이후 미국에서 의정활동을 하면서 출산한 10명의 여성의원 중 9명을 대상으로 한 인터뷰에 따르면, 한결같이 다음과 같은 어려움과 씨름해야 했다고 밝힌다. 남성의원들이 배우자의 임신 소식을 발표하면, 모든 사람의 축하를 받는다. 소위 '가정의 가치(family value)'를 확고히 하는 안정된 정치인으로 주변의 관심을 받는 것이다. 그런데 여성의원이 자신의 임신 사실을 발표하면 사적으로는 축하를 받으나, 공적 반응은 부정적이다. 그 임신한 정치인이 '제대로' 업무를 수행할 수 있을지, 가정과 경력을 병행할 수 있을지 의심함은 물론 다음 선거에서 그들은 다시 출마하지 못할 것이라는 등의 반응을 보인다는 것이다. 여성 정치인이 임신했을 때, 공적 영역에서 그의 전문성은 부차적인 것으로 간주한다. 그런데 이런 현상이 정치계뿐이겠는가.

성역할 고정관념에서 벗어나야

모든 영역에서 여성의 우선적 역할은 양육이며, 양육은 사적 영역에 속한 것이라는 생각이 여전히 사회를 지배하고 있다. 21세기인 지금도 여성의 우선적인 존재이유는 임신·출산·양육·가사노동을 통한 종족 보존, 그리고 남성에게 성적 만족감을 주는 것으로 생각하는 이들이 많다. '여자'는 미성숙해서 생명을 다루는 분야인 법학·의학·신학을 전공한 '전문가'가 될 수 없다고 생각하던 성차별적 사회 통념은, 서구에서 20세기 중반이 넘어서야 서서히 도전받기 시작했을 정도다. 이전에 '자연스러운 것'이라고 생각했던 것을 '탈자연화'해야 하는 이유다. 남자와 여자의 생물학적 '차이'에 근거해서, 사회정치적 '차별'을 정당화해 온 것을 이제 변혁시켜야 한다.

세계에서 보기 드문 전철의 분홍색 임신부 우대석 또는 국가의 다양한 출산 장려 정책이 있다 해도, 임신·출산·양육의 과정이 단지 여성 개인의 일로, 또한 여성은 '어쨌든 여자'라는 이해가 지배적인 한, 한국 사회의 장래는 어둡다. 그런데 이 임신·출산·양육 과정이 사회정치적이라는 것이 어떻게 제도화될 수 있는가.

우리의 일상 세계에서 벌어지는 일들을 생각해보자. 출산이 가까운 여성이 사적 영역을 나와서 공적 영역으로 들어설 때,

사람들의 시선은 어떤가. 아기를 데리고 회의에 참석한다면 사람들은 어떤 시선으로 그 여성을 바라볼 것인가. 출산 직전의 교사, 국회의원, 의사, 앵커, 교수, 회사원 등이 회의를 주재하고 지도자 역할을 하고 있어도, 사람들은 '자연스럽다'라고 볼 것인가. 또한 수유할 아기 또는 돌보아주어야 할 아이를 데리고 공적 자리에 갈 때, 주변 사람들은 어떠한 반응을 할 것인가. 출산일이 다가오는 여성 앵커가 뉴스 시간을 진행하고 있다면, 사람들은 어떻게 반응할 것인가. 전문직에 있는 여성은 임신이 드러나는 순간, 그 전문성은 임신·출산이라는 종족 보존을 위한 생물학적 기능을 수행하는, '어쨌든 여자'라는 이미지로 대체되고 만다.

2021년 7월 5일, 용혜인 의원이 59일 된 아이와 함께 등원했다. 24개월 이하의 자녀와 함께 회의장에 출입할 수 있게 하는 법안인 〈국회회의장아이동반법〉 통과를 촉구하기 위한 것이었다. 필요할 경우 아이를 동반하고 국회에 오는 여성만이 아니라 남성 정치인의 모습도 자연스럽게 보이는 때가 언제 올지 지금으로서는 가늠하기 어렵다. 오바마 전 대통령은 2016년 10월, 모든 공공 연방 건물 여성·남성 화장실에 기저귀 교환대를 설치하는 새로운 법안에 서명하면서, 육아가 여성만이 아니라 남성들의 몫이기도 하다는 것을 강조했다.

작은 변화가 큰 차이를

임신·출산·육아는 길고 힘든 과정이다. 그 과정에 개인적인 기쁨과 희열도 있다. 그러나 동시에 고통과 좌절도 있다. 임신·출산의 과정은 단지 여성 개인에게만 한한 것으로 보이지만, 이미 임신하는 순간부터 그것은 이미 다양한 의미에서 사회정치적 과정이다. 한 인간을 한 사회의 일원으로 만드는 과정은 결코 개인의 사적인 사건이 아니다. 이 세계에 존재하는 모든 사람은 이러한 과정을 거쳐서 존재하게 된다. 임신·출산·육아가 여성만의 일이 아니라 남성의 일이며, 개인적인 것일 뿐만 아니라 사회정치적인 것이라는 인식이 중요한 이유다.

이 당연한 상식이 자연스럽게 받아들여지고 구체적으로 제도화될 때, 한국 사회는 보다 평등하고 정의로운 사회로 한 발자국 나아가게 될 것이다. "작은 변화가 큰 차이를 만들어낸다"는 것, 인류 역사가 주는 소중한 교훈이다.

긴즈버그의 유산,
한국 사회에 주는 의미

"마녀, 악인, 괴물, 좀비, 가장 비열한 인간, 대법원의 수치."

2020년 9월 18일, 여든일곱 살의 나이로 사망한 루스 베이더 긴즈버그Ruth Bader Ginsburg를 향한 보수주의자들의 욕설이다. 법적·제도적 개혁을 두려워하고 싫어하는 정치인들이 긴즈버그에게 쏟아낸 비난이다. 그런데 이 부정적 표지는 '악명높은 RBG(**R**uth **B**ader **G**insburg)'라는 별명으로 전환되어, 오히려 그의 역할을 지지하고 확산시키는 대중적 아이콘이 되었다. 트럼프 전 대통령은 긴즈버그를 "대법원의 수치"라고 했다. 긴즈버그의 사망 소식을 듣자, 트럼프는 형식적으로 "멋진 삶을 산 멋진 여성"이라고 했다. 하지만 대통령 임기 내내 긴즈버그는 트럼프에게 눈엣가시였다.

긴즈버그의 죽음 후, 그의 삶의 여정 그리고 남긴 유산에 대하여 무수한 글이 쏟아지고 있고 다큐멘터리 영화와 책도 있다. 부연할 필요 없이 긴즈버그는 미국 역사에서 한 개인이 이룰 수 있는 최대치의 변화를 이루어 놓은 사람 중 하나이다. 빌 클린턴 전 대통령은 긴즈버그를 대법관*으로 추천했고 긴즈버그는 1993년 8월 3일 대법관으로 임명된다. 그런데 그의 삶이 한국에 살고 있는 우리에게 남기는 것은 무엇인가.

평등한 결혼 관계와 파트너십

첫째, 긴즈버그는 소위 '동료 결혼(peer marriage)'이라는 평등 결혼의 중요성과 가능성을 보여주었다. 동료 결혼이란 경제적 책임, 양육의 책임, 가사노동의 책임 그리고 여가의 자유 등 삶의 네 분야에서 책임과 평등을 나누는 결혼을 의미한다.

스물한 살이었던 루스와 한 살 더 많았던 마틴이 결혼한 것은 1954년, 지금부터 67년 전이다. 그 오래전에 두 사람은 동료 결혼을 했고, 평생 평등한 결혼 관계를 지켜냈다. 내조 또는 외조라는 의미가 아니다. 내조·외조는 이미 '내(內)·외(外)'라는 위치를 설정하면서 결혼 관계에서 젠더 역할에 대한 가부장제적

---

* 미국 연방 대법원은 미국 최고 사법기관이며 대법관은 스스로 사임이나 은퇴, 범죄로 탄핵받지 않는 한 종신까지 임기를 보장받는다. 대통령은 상원의 동의에 따라 연방 대법관을 지명할 전권을 가진다.

고정관념을 자연적인 것으로 구성한다. 여성의 내조는 당연시되고, 남성의 외조는 과장되고 미화된다. 긴즈버그의 동료 결혼 관계를 내조·외조라는 가부장제적 개념으로 해석해서는 안 되는 이유다. '부부 일심동체'라는 말이 있다. 두 사람의 차이를 남편 중심의 동질성으로 전이시키는 이 말은 미덕이 아니다. 여전히 남성중심적 삶을 자연적인 형태로 인식하기에 문제가 있다.

루스는 하버드 법학대학원 학생일 때 암에 걸린 마틴의 학업이 이어지도록 최선을 다했다. 14개월 된 아이의 엄마로, 법학대학원의 학생으로, 본인도 해야 할 일이 많았을 텐데 양육과 가사는 물론 그의 학업에 차질이 없도록 적극적으로 도왔다. 마틴이 먼저 졸업하고 뉴욕에 취직했을 때, 루스는 하버드대에서 컬럼비아대로 학교를 옮겼다. 남편을 따라가기 위해서가 아니라, 병력이 있는 동반자와 함께 사는 것이 필요했기 때문이다. 루스가 대법원 법관으로 임명되었을 때 마틴은 뉴욕에서 잘나가는 세금 전문 변호사였지만, 사람들의 예상을 깨고 루스를 따라 워싱턴 DC로 이직한다.

외향적이고 유머 감각이 뛰어난 마틴, 다소 내향적이고 늘 진지한 루스는 각기 다른 개별성을 지닌 두 인간으로 서로를 지지하고 보살피며 살았다. 친구, 연인, 동료, 지지자, 동반자, 위로자, 돌봄자로 포괄적인 파트너십을 나누며 2010년 마틴의 죽음까지 56여 년 동안 평등한 결혼 관계를 이어왔다.

대법원 법관 임명 청문회장에서 루스는 마틴을 '남편'이 아닌 '파트너'라고 지칭한다. 이러한 호칭은 지금이라면 놀라운 일이 아니다. 1993년에 이 호칭을 썼다는 것은 결혼을 진정한 파트너십으로 이해한 두 사람의 의식을 드러낸다.

마틴은 요리를 거의 전담했다. 그는 딸이 결정했다며 "루스가 부엌에 들어오는 것은 더 이상 허용되지 않는다"고 특유의 유머를 담아서 공적 자리에서 말하곤 했다. 두 긴즈버그의 삶은 진정한 파트너십의 전형을 보여준다.

1950년대에 만났을 때부터 이미 여성의 일이 남성의 일처럼 똑같이 중요하다고 생각한 마틴 같은 파트너가 없었다면, 자신이 대법관으로 일할 수 없었을 것이라고 루스는 회고한다. 공적 영역에서 평등을 외치면서, 사적 영역에서는 여전히 위계적인 가족 관계를 유지한다면 한 사회의 민주적 가치가 확산되는 것은 불가능하다.

사회적 소수자들의 권리와
평등 확장을 위한 권력 사용

둘째, 긴즈버그는 권력을 어떻게 사용해야 하는가를 보여준다. 권력을 사용하는 데 두 종류의 사람이 있다. 하나는 권력을 자신의 개인적 이득을 확장하기 위한 도구로 쓰는 사람, 또 다른 하나는 공동선을 확장하기 위하여 쓰는 사람이다. 권력 자체는 좋거나 나쁜 것이 아니다. 무엇을 위해 그 권력을 사용하는지 관심을 둘 이유이다. 긴즈버그는 대법관이라는 막강한 권력을 인종, 계층, 성별, 성적 지향 등에 근거하여 권리가 박탈된 모든 사회적 소수자들의 권리와 평등의 확장을 위해 사용했다.

물론 우리가 모두 대법관과 같은 막강한 제도적 권력을 가지는 것은 아니다. 그러나 각자의 정황에서 크고 작은 권력을 가지고 살아간다. 그 권력을 자신의 개인적 이득 확장과 정치 세력화, 또는 타자를 억누르고 지배하기 위해서 쓸 수 있다. 물론 그 권력을 구성원 모두가 함께 평등하게 살아가는 가정, 집단, 사회 그리고 세계를 위해서 사용할 수도 있다. 긴즈버그는 기존의 전통과 관습이 차별적일 때는 단호하게 저항했다. 긴즈버그의 유명한 "나는 반대한다(I dissent)"는 사적 이득이나 정치적 당파성이 아니라, 공동선을 위한 권력 행사였다. 개인이 부여받은 권력은 자유와 평등의 가치를 확산이라는 공동선을 위해 사용해야 한다는 것을 긴즈버그는 보여준다. 한국 사회에서 흔히 볼 수 있는 것은 법적·제도적·정치적·종교적 권력을 가진 사람들이 개인적 이득 확장을 위하여 그 권력을 사용하는 것이다. 긴즈버그는 모든 사람의 자유와 평등이라는 민주사회의 가치 확장, 그 공동선을 위해 권력이 사용돼야 한다는 엄중한 책임성을 자신의 삶으로 보여준다.

모든 인간의 평등성 추구

셋째, 긴즈버그는 페미니즘의 범주가 여성만이 아니라 모든 인간으로 확장되어야 한다는 유산을 남겼다. 그에게는 '페미니스트'라는 표지가 따라다닌다. 그는 1970년대부터 비서의 제안으로 생물학적 성을 나타내는 '섹스(sex)'라는 용어 대신, 사회적 구성으로서 성별을 가리키는 '젠더(gender)'라는 표현을 문서에 쓰기 시작한다. 그렇다고 해서 그가 성차별 문제에만 관심을 가진 것이 아니다. 한 사회에서 한 종류의 평등 문제는 다른 종류의 평등과 밀접하게 연결되어 있다는 것을 그는 보여주었다.

젠더 평등은 페미니즘의 출발점이지만, 도착점이 아니다. 긴즈버그는 성차별, 성소수자 차별, 한 부모 양육자로 살던 남성의 권리, 아동 이주민의 권리, 또는 인종적 소수자들의 투표권 보호 등 다양한 모습의 차별 문제에 개입하고 법적 평등을 제도화하고자 자신의 권력을 사용했다. 그의 페미니즘은 제도적으로 배제되고 소외된 '모든' 사람의 권리를 확장하고자 하는 코즈모폴리턴 페미니즘이었다.

나이와 무관한 사회개혁의 실천 의지

넷째, 여든일곱 살까지 치열하게 사회개혁을 위해 일한 긴즈버그는 한국 사회에서 빈번하게 소환되는 세대론의 위험성을 알려준다. 386, 586 또는 2030 등으로 표기되는 세대론의 빈번한 소환은 그 목적이 무엇이든 득보다 실이 많다.

세대론은 생물학적 나이를 시대적 구조와 연결하면서 특정한 나이의 사람들을 동질적 존재로 집단화한다. 특정한 시대를 산 사람들의 동질성을 전제로 하는 세대론의 치명적인 위험성은, '반쪽 진리'를 '전체 진리'로 만든다는 것이다. 이러한 세대론적 관점에서 보자면 긴즈버그는 이제 퇴물로 물러나서 보수적 사고로 점철된 삶을 사는 구세대로 구분되어야 한다. 그러나 그는 생물학적 나이가 들수록 점점 개혁의 급진성을 법적으로 제도화하고자 치열하게 일했다. 한국 사회가 지속적으로 세대론을 소환하는 한, 정치와 사회에서 성숙한 민주적 시민의식이 일상화되는 것은 불가능하다. 민주적 의식은 나이, 학연, 지연, 선후배관계 등에 따른 집단적 동질화가 아니라, 개별인의 사유와 입장의 차이를 인식하고 존중하는 윤리적 개인주의로부터 시작하기 때문이다.

진정한 민주적 의식은 사회 구성원 개개인이 지니는 다양한 관점과 입장을 보고자 하는 의도성이 없으면 불가능하다. 한국 사회와 같이 세대론, 학연, 지연, 출신배경 등의 표지로 개별 인들을 집단적 표지 속에 넣어버리는 의식은, 결국 반민주적인 사회적 에토스를 구성하게 된다. 다양한 표지로 사회 구성원을 집단의식 속으로 집어넣는 한, 한국 사회에 성숙한 민주주의 의식이 일상화되기는 어렵다.

최후의 보루는 인간됨을 지켜내는 것

다섯째, 우리가 최후까지 지켜내야 하는 것은 '자신의 인간됨'이라는 것을 긴즈버그는 가르쳐준다. 평등사회를 위하여 평생 치열하게 일하면서, 그는 자신과 정치적 의견이 다르다고 해서 반대자를 적대시하지 않았다. 동료 대법관이었던 안토닌 스칼리아A. Scalia와의 우정은 널리 알려져 있다. 긴즈버그와 스칼리아는 매우 다른 정치적 입장을 가졌다. 그러나 돈독한 친구 관계를 유지했다. 여행도 함께 가고, 오페라도 구경하고, 두 사람이 함께 오페라에 등장하기도 했다. 정반대의 관점을 가진 두 사람이 어떻게 그런 우정을 나눌 수 있는가.

긴즈버그는 2016년에 사망한 스칼리아의 장례식 조사에서 스칼리아가 자신에게 한 말을 인용한다. "나는 아이디어를 공격한다. 사람을 공격하지 않는다." 정치적 입장과 생각이 다르다고 반대자를 악마화하는 것이 일상인 한국에서, 긴즈버그가 가진 태도는 많은 것을 시사한다. 누군가를 악마화하는 순간 파괴되는 것은 그 타자의 인간됨뿐만 아니라, 자신의 인간됨이다.

점진성과 인내심이
요청되는 과정으로서의 개혁

여섯째, 긴즈버그는 개혁이란 점진적이며 고도의 인내심이 필요한 지난한 과정임을 가르친다. 본인이 추구하고 원하는 변화가 심한 반대에 부딪혀도 그는 조급해하지 않고 차분하게 대응한다. 변화란 마치 뜨개질을 하는 것과 같아서 완성을 위해서는 꾸준하게 지치지 말고 일해야 한다는 철학을 가지고 있다. '한 번에 한 걸음씩(one step at a time)'의 입장을 지켜내며, 인내심을 가지고 개혁의 반대자들을 설득하고, 변화의 의미를 보지 못하는 사람들을 헌법에 근거하여 설득했다.

한국이 성별, 장애, 나이, 성적 지향, 종교, 학력 등 그 어떤 것에 근거해서도 차별받는 사람이 없는 사회가 되기 위해 갈 길은 참으로 멀다. 그러한 사회를 만들고자 할 때 우리는 개인으로 집단으로 무엇을 해야 하는가. 긴즈버그는 그의 삶을 통해 자신에게 부여된 '권력'을 어떻게 사용해야 하는지를 우리에게 가르쳐준다.

능력위주사회의 위험

존재하지만 보이지 않는
청소 노동자의 죽음

우리가 살아가는 지역 곳곳에는 셀 수 없을 만큼 많은 건물이 있다. 회사, 관공서, 초중고 학교, 대학, 종교 단체 등 크고 작은 건물들이 곳곳을 채우고 있다. 그런데 이 모든 건물이 어떻게 관리되며 청결을 유지하고 있는 것인가를 우리는 평소에 별로 생각하지 않는다. 이 무수한 건물들을 돌아가게 하는 이들이 있다. 바로 청소 노동자들이다.

2021년 6월 26일, 서울대학교 한 청소 노동자가 학교에서 사망했다. 그 죽음의 직접 원인이 무엇이든, 이 죽음을 계기로 그들이 청소 노동자로서 받아온 반인권적 대우가 세상에 알려지게 되었다. 그들은 적절한 휴식 공간이 없어서 화장실에서 식사를 해야 했다. 또한 대학 당국은 이들의 청소 일과 직접적인 관계가 없는 필기시험을 보게 하고 그 점수를 공개해 점수가 낮은 사람들이 모욕감을 느끼도록 했다. 청소 노동자들은 '갑질'의 전형적인 피해자가 되었지만, 학교에 공식적인 항의조차 못 하고 버텨야만 했다. 한 청소 노동자의 사망을 계기로 그동안 그들이 받아온 반인권적 처사가 드러나기 시작했다. 학교 건물들과 캠퍼스 곳곳을 가꾸고 청결을 유지하는 청소 노동자들은 '존재하지만 보이지 않는 사람들'이다. 화장실, 강의실, 교수연구실, 휴게실, 잔디와 나무, 도서관, 주차장, 식당 등 학생들과 교직원들이 자신의 일을 할 수 있도록 위생과 청결을 유지했던 사람들이 왜 이렇듯 반인권적 갑질의 대상이 되곤 하는 것일까.

만약 이 청소 노동자들이 박사학위와 같은 고학력에, 그 직업에 대한 사회적 인정도 받고 월급도 많이 받는다면 그래도 이들이 갑질의 대상이 되었을까. 청소 노동자들이 '존재하지만 보이지 않는 존재'로 쉽게 갑질의 대상이 되는 이유가 있다. 청소 노동자들이 사회적 인정을 받지 못하는 저학력의 무능력자라는 생각을 의식적·무의식적으로 내면화했기 때문이다.

메리토크라시(meritocracy), 즉 능력위주사회란 한 사람의 출신과 관계없이 그 사람의 객관적 능력에 걸맞은 경제적 대가와 사회적 인정을 받는 것이 당연하다고 생각하는 사회다. 이러한 능력중심주의와 자본주의가 결합할 때, 한 사람의 가치는 그가 받는 물질적 보상과 비례한다. 우리 각자가 지닌 보기 방식은 이렇게 다양한 요소들에 의해서 가려지고 제한된다.

승자와 패자로 나누는 능력중심주의

《정의란 무엇인가》의 저자 마이클 샌델은, 2020년 9월에 출간한 《메리트의 폭정(The Tyranny of Merit: What's Become of the Common Good?)》*에서, 능력위주사회가 어떻게 민주주의의 공동선을 파괴하는가를 분석한다. 트럼프를 관찰하면서 이 책을 구상하게 되었다는 샌델에 의하면, 트럼프가 빈번하게 사용하는 문구가 있다: "우리는 대우받을 만하다(we deserve)." 능력중심주의를 단적으로 담아낸 표현이다. 이 구절을 반복해서 듣는 이들은, 자신의 능력이나 위치라면 마땅히 특정한 대우를 받아야 한다는 생각을 주입받는다. 원론적으로 보면 자신의 출신이 어떠하든 열심히 일하고 노력해서 능력을 쌓으면 된다는 능력중심주의는 별로 문제가 없어 보인다.

문제는 그러한 능력위주사회가, 모든 이가 함께 잘 살아가

---

* 마이클 샌델, 《공정하다는 착각》 (The Tyranny of Merit: What's Become the Common Good?), 함규진 옮김 (와이즈베리, 2020).

는데 요청되는 공동선의 반대편에 있다는 것이다. 나는·우리는 "당연히 대우받아야 한다"는 능력중심주의 가치관에 사로잡힐 때, 자신보다 능력이 없어 보이는 이들을 '패자'라고 생각하는 사회적·집단적 인식을 확산한다. 메리토크라시는 그 사회의 사람들을 승자와 패자로 나눈다. 승자인 능력자들 스스로 자신의 특권의식을 확산한다. 민주주의 사회가 궁극적으로 추구하는, 모든 사람의 자유와 평등을 제도화하고자 하는 공동선의 모색이 능력주의 정신과 반대 지점에 있게 되는 이유다.

능력중심주의가 한 개인이나 특정 집단의 의식을 구성할 때, '나·우리는 이 정도 대우를 받아야 하는데, ○○ 때문에 내 능력에 걸맞은 대우를 못 받는다'는 생각으로 분노에 가득차게 된다. 능력중심주의 가치를 지닌 사람은 자신의 능력이 제대로 보상받지 못하고 있다는 상대적 박탈감을 늘 느끼고, 그 원인을 외부로 돌리게 된다. 예를 들어서 능력지상주의자인 트럼프 식의 가치를 지지하는 백인들은 흑인, 아시아인, 성소수자, 이민자, 난민, 페미니스트 여성들에 대한 분노와 공격성을 표출한다. 자신들이 마땅히 누려야 할 것을 막는 것이 바로 '저들'이라고 생각하기 때문이다. 메리토크라시는 사람들을 이분화시키는 방식으로, 모든 사람의 자유와 평등을 제도화하고자 하는 공동선의 모색을 불가능하게 만든다.

능력중심주의와 시장경제 논리 결합의 폐단

코로나19 사태를 경험하면서 우리는 이전에 보지 못했던, 아니 우리의 눈에 보이지 않았던 이들의 존재를 보기 시작했다. 소위 '필수 노동자(essential worker)'라는 말이 도처에서 등장했다. 병원에는 의사만이 아니라 간호사와 청소 노동자들이 우리의 생명을 유지하는 데 중심적 역할을 하고 있다는 사회적 인식을 비로소 하게 된 것이다. 물건을 운송하고, 슈퍼마켓 진열대에 물건을 진열하고, 곳곳을 청소하고 소독하고, 집으로 무수한 식품들을 배달하는 이전에는 잘 보이지 않고 무심히 지나쳤던 이들의 존재가 '필수 노동자'로 호명되고, 그들이 얼마나 중요한 역할을 하는지 비로소 보이기 시작한 것이다.

그런데 그들에 대한 사회적 인정과 보상은 제대로 이루어지고 있는가. 아니다. 코로나 사태가 만약 지나가게 된다면, 고마워하며 호명되던 그들은 다시 '존재하지만 보이지 않는 존재'로 사라지게 될 것이다. 왜일까. 그들이 하는 일에 대한 경제적 보상이 여전히 적기 때문이다. 코로나 사태에서 '필수 노동자'라고 호명되며 치하받던 이들이지만, 낮은 연봉을 받는 그들은 메리토크라시에서 여전히 패자다.

능력중심주의가 시장경제 논리와 만날 때, 한 사람의 사회적 인정은 이렇게 그가 얼마의 돈을 받는가와 비례한다. 즉 그 사람이 받는 연봉의 액수가 그 사람의 능력과 비례한다고 간주하게 되는 것이다.

한국은 전형적인 능력주의와 시장경제의 결합이 노골화된 사회이다. 능력지상주의는 모든 사람을 승자와 패자로 나눈다. 그리고 승자는 소위 패자들을 무시하고 2등 인간으로 생각한다. 의과대학생들은 자신들은 '전교 1등'을 하던 능력 있는 사람들이기에, 그렇지 못한 사람들보다 더 특별한 대우를 받는 것은 당연하다고 외친다. 인천공항의 비정규직 노동자들을 정규직으로 전환시키자, 정규직으로 취직하기 위해서 공부를 해온 이들이 자신들과 같은 '능력자'들을 무시한다고 시위를 하고 부당하다는 호소문을 돌린다. "우리는 대우받을 만하다"라는 트럼프식 가치관을 적나라하게 드러내는 사건이다.

능력중심주의의 횡포,
겸허와 연대의 윤리로 넘어서야

자신이 특정한 능력을 가진 것이 정말 자기 자신만의 노력과 능력 덕분일까. '전교 1등'을 유지하고 대학에 입학해서 오랜 기간 교육받을 수 있는 것은 자신의 노력이나 능력만으로는 가능하지 않다.

출신과 환경이 한 사람의 학력이나 능력과 정말 상관이 없는가. 아니다. 전교 1등을 유지하기 위해서는 사교육을 받고, 온 가족의 지원 아래 오직 공부에만 집중할 수 있는 환경이 아니라면 거의 불가능하다. 대학에 입학해서도 그 교육을 지속적으로 받기 위해서는 자신의 노력이나 능력만으로는 가능하지 않다. 경제적·관계적·도덕적 지지 또는 우연한 행운이 없다면 자신의 노력만으로 고학력이나 자격증 등의 능력을 갖추기란 어렵다.

그렇다고 해서 환경이 모든 것을 결정한다는 환경결정론을 말하는 것이 아니다. 한 사람이 처한 조건은 자신의 능력이나 노력으로 통제할 수 없는 상황들이 있다. 그래서 우리 삶의 많은 것이 '필연성'이라기보다, '우연성'에 기반하여 벌어지곤 한다. 인간의 삶에서 많은 것이 의도나 능력 또는 노력과 상관없이 벌어지곤 한다. 물론 한 개인이 열심히 노력하고 자신의 능력을 확장하는 것은 중요하다. 그러나 동시에 우리의 통제 너머에 있는 삶의 우연성을 인식하는 것도 중요하다는 것이다.

예를 들어서 절대적 빈곤이 지배하는 나라에 태어나는 것에, 그 어떤 필연성이란 존재하지 않는다. 개인이 능력이 있어서 부유한 선진국 또는 부유한 집안에 태어나고 또는 능력이 없어서 가난한 나라나 가난한 집안에 태어나는 것이 아니다. 한 사람의 인생에서 오로지 자신의 노력이나 능력만으로 좌지

우지되는 일은 지극히 제한되어 있다. 그렇기에 지금의 내가 이 자리에 있는 것은, 보이지 않는 여러 요소에 의해서 결정된 것이다. 이런 인식을 하게 되면 고학력으로 사회적 인정을 받고 높은 연봉으로 보상받는 이들이 그렇지 못한 사람들을 보는 태도가 달라진다. 의사, 판사, 검사, 교수, 국회의원 등이 자신에게 부여된 권력을 사용하는 방식도 달라진다.

메리토크라시의 치명적인 위험성은, 사회적 연대와 책임의 의미를 외면하게 만든다는 것이다. 메리토크라시의 횡포를 넘어서기 위하여 무엇이 요청되는가. 마이클 샌델은 겸허함(humility)과 연대(compassion)의 윤리라고 강조한다. 겸허함이란 소위 학벌이나 경력 같은 능력이 자기 혼자만의 노력으로 만들어진 게 아니라는 인식에서 출발한다. 자기 삶에 우연히 주어진 조건과 환경 또는 운에 의한 것이기도 하다는 인식이다. 이 점에서 겸허함이란 민주사회 시민의 덕목이다. 겸허함의 윤리는 사회적 인정을 받지 못하고, 아무리 일해도 경제적 보상을 받지 못해서 2등 인간으로 취급받는 이들에게 부채의식과 책임의식을 가지게 한다. 연대의식이 생기는 지점이다. 모든 이가 자신이 일한 것에 정당한 대우를 받도록 제도 수립을 위해 연대하는 것, 이것이 바로 민주사회의 공동선을 향해 나아가는 가능성이다.

코로나 사태가 우리에게 가르쳐준 중요한 교훈은 능력주의에 기반한, 능력자와 무능력자 또는 승자와 패자로 나누는 의식은 파괴적이라는 것이다. 또한 사회 곳곳에서 일하고 있는 사람들 '모두' 중요하며, 나의 안녕은 다른 사람의 안녕과 분리될 수 없는 상호 연관성을 가지고 있다는 교훈이다. 능력중심주의를 단숨에 제거하기는 어렵다. 그러나 그 능력 중심으로 모든 것이 돌아가는 메리토크라시의 폐해가 무엇인지를 인지하고, 겸허함과 연대의 윤리를 확산하려는 노력으로부터 공동선의 씨앗이 뿌리내리기 시작한다.

'반지성주의'라는 이름의 바이러스

반지성주의, 지적 능력과 철학적 사유 비하

'반지성주의(anti-intellectualism)'라는 이름의 바이러스가 한국 사회 곳곳을 병들게 하고 있다. 코로나19는 우리의 육체에 치명적인 병을 준다. 눈에 보이기에 알아차리기 쉽다. 그러나 반지성주의 바이러스는 보이거나 만져지지 않기에 알아차리기 어렵다. 그런데 반지성주의라는 바이러스는 코로나19 못지않게 우리의 마음과 정신에 치명적인 해를 끼친다. '나'만이 아니라 무수한 '너'들, 그리고 그 나와 너가 모여 살고 있는 이 사회 전체를 거짓, 왜곡, 증오, 혐오로 병들게 한다. 반지성주의는 인간이 지닌 지성 능력, 교육의 의미, 철학적 사유를 비하한다. 예술, 문학 등과 같이 손에 잡히지 않는 가치를 하찮게 여긴다. 과학이나 합리적 사유 또는 비판적 사유를 신뢰하지 않는다. 반지성주의가 추구하는 것은 오직 자기 이득의 증대와 권력의 확장이다. 당장 눈에 보이는 이득만이 최고의 기준일 뿐이다.

 '반지성주의'라는 개념은 1950년대 이전에는 사람들에게 자주 회자되던 것이 아니었다. 미국에서 1940년대부터 50년대까지 이어졌던 소위 매카시즘(McCarthyism)*의 광풍은 사상가나 사회 비평가들에 대하여 근원적인 의심을 하게 만들었다. 미국 사회에 반지성주의의 노골적인 등장이라고 할 수 있다. 리처드 호프스태터Richard Hofstadter가 1963년에 출간하고, 1964년에 퓰리처상을 받은 《미국의 반지성주의》**는 지금도 반지성주의적 편견과 프로파간다에 대한 논의를 할 때 중요한 자료로 등장한다. 호프스태터는 반지성주의를 미국의 토대를 놓은 개신교에서 그 뿌리를 찾는다. 지적인 탐구보다 영혼(spirit)에 그 우선성을 둔 개신교 전통이, 미국 사회의 반지성주의 확산에 영향을 미쳤다고 본다. 물론 미국의 정황과 한국의 정황은 다를 수 있다. 그러나 이러한 반지성주의적 현상은 세계 곳곳에서 각기 다른 얼굴을 하고 다양한 폐해를 낳고 있다. 반지성주의에 대

---

* 논리나 근거 없이 정적 등을 공산주의 등으로 몰아가는 것을 뜻한다. 미국 공화당 상원의원 J.R.매카시의 이름에서 나온 말이다. 그는 1950년 2월 "국무성 안에 205명의 공산주의자가 있다"며 논란을 일으켰다.

** 리처드 호프스태터, 《미국의 반지성주의》(Anti-Intellectualism in American Life), 유강은 옮김, (교유서가, 2017).

한 조명이 중요한 이유다.

다양한 얼굴의 반지성주의,
정신적 삶의 비하

호프스태터는 반지성주의가 무엇인가에 대한 간결한 정의를 내리지는 않는다. 반지성주의는 단일한 형태로가 아니라, 시대와 정황에 따라서 다양한 모습으로 등장하는 현상이기 때문이다. 호프스태터의 분석에 따르면, 반지성주의는 정신적 삶(life of mind)에 대하여, 그리고 그러한 정신적 삶과 연결되어 있는 사람들에 대하여 분노하고 의심하는 태도나 생각이 지닌 공통의 끈을 지칭한다. 그런데 정신의 삶, 마음의 삶이란 무엇인가. 정신의 삶이란 인간이 지닌 이성과 합리성에 기반하여 성찰하고 추론하는 것으로부터 출발한다.

코로나19 위기 동안 반지성주의는 과학과 전문가에 대한 불신의 현상으로 드러난다. '트럼프주의'를 따르는 사람들은 트럼프의 전형적인 반지성주의를 맹종한다. 마스크 쓰기, 사회적 거리두기, 백신 효과, 기후 변화의 위기에 대한 부정은 물론 의학 전문가들과 과학자들의 연구와 조언을 모두 의심하고 불신한다. 트럼프 지지자들이 미국 〈국립 알레르기·전염병 연구소(NIAID)〉의 소장인 앤서니 파우치를 공격하면서 "파우치 해고(Fire Fauci)"라는 정치적 모임을 가졌었다. 이 모임에 대하여, 스톡홀름 대학교의 언론학 교수인 크리스텐센C. Christensen 교수는 "반지성주의는 미국을 파괴할 것이다"라고 평가했다. 코로나 사태에서 트럼프와 그의 신봉자들이 보여준 것은 정치적 반지성주의의 전형이었다. 반지성주의가 다른 옷을 입고 한 사회를 지배할 때, 그 사회는 파괴될 수밖에 없다.

　종교적 반지성주의는 진화론을 부인하고 창조과학을 주장한다. 또한 이성과 합리성에 기반한 성찰이 아닌 '무조건 맹신'을 진정한 신앙이라고 가르친다. 그뿐인가. 2021년 9월 28일, 예수교 장로회 통합 교단의 대학교인 〈장로회신학대학교〉의 총장직 인준을 했다. 총회에서 K총장은 "장로회신학대학교는 성경적 가치와 교단 기준을 따라서 동성애는 죄라고 확실하게 믿고 있다. 우리 교수들이나 직원, 학생들도 동성애는 죄라고 믿고 있다"고 선언했다. 그는 결국 총대들로부터 박수를 받고, 인준을 받아서 이제 2025년까지 4년 동안 장신대 총장으로 일하게 되었다.

　1973년 〈미국 정신의학회〉는 동성애를 정신과 진단명에서 삭제하기로 했다. 동성애가 질병이 아니라 '성적 지향'이라는 것은 의학·심리학·사회학을 비롯한 여러 분야에서 장기간의 연구로 내려진 결론이다. 그런데 이러한 사실은 전혀 상관없는 듯 학사, 석사, 박사과정을 가르치는 대학교를 이끌 총장이 '교수·직원·학생'들까지 호명하면서 모든 대학 구성원이 '동성애는 죄'라고 확실하게 믿는다고 천명한다. 정녕 동성애에 대한 이해가 없어서인가, 아니면 의도적으로 '무지'를 가장하는 것인가. 이것에 대한 답은 본인만이 알 것이다. 그 어떤 것이든, 이렇게 전형적인 반지성주의를 드러낸 '지도자'에게 주어진 대가는, '총장 권력'이다.

"인문학이라는 것은 공학이나 자연과학 분야를 공부하며 병행해도 되는 것"이라며 "많은 학생이 대학 4년과 대학원까지 공부할 필요가 없다."(한국경제신문, 2021.09.16) 전 검찰총장의 발언이다. 대통령 후보로 나온 사람이 법학, 종교, 예술, 언어, 문학, 철학, 역사, 고고학, 고전, 인류학, 인문 지리학 등 다양한 전공 영역으로 이루어진 인문학이 이토록 방대한 분야라는 것에 대한 기본지식조차 없다. 반지성주의의 구성요소인 '무지'의 전형이다. '알지 못함'이라는 무지 자체가 문제는 아니다. 다만 그 무지를 권력 확장에 이용하고 결과적으로 타자들까지 그 무지의 덫에 갇히게 한다는 것이 심각한 문제다.

"평생 건강하기만 했던 저의 건강에 적신호가 켜졌다. (중략) 한 가정을 책임져야 하고 회복하는 데 시간이 소요될 것이며 이로 인해 경제 활동이 불가능할 수 있다는 점과 이 모든 것이

과도한 업무가 원인일 것이라는 것을 회사가 인정해 성과급과 위로금을 책정한 것으로 알고 있다."(중앙일보, 2021.09.27) 〈화천대유〉의 1호 직원으로 단 6년을 일하고서 이명과 어지럼증으로 심한 건강의 위기를 맞게 되어서 '성과급과 위로금'의 명목으로 50억 원을 퇴직금으로 받았다는 한 고위 공직자 아들의 변이다. 그런데 더 이상 일할 수 없을 정도로 건강이 악화되었다는 그가, 놀랍게도 조기 축구회에서 왕성한 활동을 했다고 한다.

아버지의 권유로 그 회사에 지원하여 입사했다고 하는데, 정작 그 아버지는 아들이 이러한 엄청난 금액의 퇴직금을 받았는지조차 최근까지 '몰랐다'고 한다. 전문가들의 의견에 따르면 '이명이나 어지럼증'의 증상만으로 산재로 볼 수 없으며, 증상이 아닌 명확한 질병명이 필요하다고 한다. 최소한의 상식, 논리성 그리고 합리성을 작동시킨다면 이러한 과정이나 변명 자체가 지닌 지독한 맹점들을 쉽사리 발견해낼 수 있다. 한 나라의 정치 지도자로서 활동하는 사람 속에 반지성주의가 제2의 DNA처럼 녹아있다.

사회를 파괴할 반지성주의를 넘어서

모든 시대나 모든 문화는 반지성주의의 고유한 형태를 발명한다. 동성애자, 장애인, 외국인, 그리고 무엇보다도 유대인을 '괴물'로 만든 히틀러의 반지성주의는 인류 역사에 돌이킬 수 없는 '인류에 대한 범죄'를 가능하게 했다. 반지성주의의 지독한 문제가 바로 여기에 있다. 반지성주의는 한 개인만의 문제가 아니라, 그 개인이 몸담고 있는 공동체, 사회, 국가 전반에 갖가지 혐오, 배제, 억압의 가치를 바이러스처럼 확산시킨다는 것이다. 성차별, 인종 차별, 계층 차별, 성소수자 차별, 외국인 차별, 타 종교 차별, 장애 차별 등을 국가 사랑, 신(神) 사랑 등의 이름으로 자연적인 것으로 만든다. 차별적 가치가 은닉된 전통을 무비판적으로 수용하고, 교육과 비판적 사유의 힘을 무력화시킨다. 반지성주의의 전형인 '비판적 사유의 부재'는, 한나 아렌트의 경고대로 '인류에 대한 범죄'와 같은 '악(evil)'으로 이어진다.

반지성주의는 공적 교육을 얼마나 받았는가와 상관이 없다. 고등교육을 받았다고 해서 모두 비판적 사유, 합리성의 존중, 공동선에 대한 인식을 조금이라도 하는 것이 아니다. 소위 전문가, 지성인, 정치인, 종교인, 언론인 또는 미디어에 대한 지독한 불신이 한국 사회를 뒤덮고 있다. 이러한 불신은 그들이 자초한 것이기도 하다. 그러나 더 문제가 되는 것은 이러한 그들의 반지성주의로 인한 불신 때문에, 역으로 다른 얼굴의 반지성주의가 등장하게 할 가능성과 이어진다는 것이다. '반지성주의의 릴레이'다. 이러한 반지성주의는 한국은 물론 세계 곳곳을 지배하고 있다.

크리스텐센 교수는 "반지성주의는 미국을 파괴할 것이다"라고 했다. 그런데 반지성주의가 파괴할 가능성은, 미국에만 적용되는 것이 아니다. 반지성주의는 한 개인을 파괴하고 그가 속한 한 사회를, 그리고 이 세계를 파괴한다. 코로나19처럼 우리 모두가 경계해야 할 바이러스인 것이다. 비판적 사유하기의 연습, 지속적인 자기 학습, 타자와의 인내심 있는 대화를 통해서, '나·우리 속의 반지성주의'라는 바이러스를 적극적으로 물리쳐야 할 것이다.

갑질, 위계주의,
법인카드의 대학

2020년 11월, 전 세계가 미국 선거에 촉각을 곤두세웠다. 미국을 제외하고, 한 나라의 대통령 선거에 그렇게 세계인의 이목이 집중되는 경우는 없다. 한 포스트식민주의 이론가는 "이 세계의 누구도 미국에서 무슨 일이 벌어지고 있는가를 무시할 '사치'를 누리지 못한다"라고 말한다. 미국이 이 세계에서 강력한 '신제국(Neo-empire)'의 자리에 있기 때문이다. '신제국'이라는 용어는 바로 미국이 이 세계에서 자리 잡고 있는 강력한 위치를 단적으로 담아낸다. 과거 제국은 보이는 영토의 지배가 그 우선적 조건이었다. 그러나 신제국은 이제 지리적 영토 지배를 필요로 하지 않는다.

신제국으로서의 미국은 정치·경제·문화·교육·과학·예술·기술 등 모든 분야에서 이 세계에 강력한 영향력을 미치고 있다. 대선에서 트럼프가 당선되는 것을 보면서 한국의 많은 이가 '트럼프'라는 이름으로 미국은 이제 곧 몰락할 것이라고 예단하기도 한다. 그러나 미국은 그렇게 쉽게 몰락하지 않을 것이다. 미국이 지닌 신제국으로서의 저력, 그 단면을 알고자 한다면 나는 무엇보다도 4천여 개가 넘는 대학과 그 대학에 있는 무수한 각종 연구소를 보라고 권한다.

한국과 미국의 대학에서 공부했고 일을 해 오면서, 나는 한국의 대학들이 넘어서야 할 후진성의 벽이 참으로 높다는 것을 경험한다. 한국이 지닌 다양한 잠재성과 역량이 세계적인 장에서 제대로 발휘되지 못하고 그 후진성에서 벗어나지 못하는 것은, 보이는 인프라 때문이 아니라 보이지 않는 문제들에 기인한다.

한국 대학, '관행'이라는 이름의 고질병

2020년 7월 서울 소재 소위 일류 대학의 비리가 교육부 종합감사에서 밝혀졌다. 교수들이 법인카드를 가지고 유흥주점에서 술을 마시고, 불공정한 전임교원 채용을 하고, 자녀의 성적을 조작하고, 또한 연구비를 사적으로 운용했다고 한다. 이 뉴스를 접하면서 굉장히 놀란 사람들은 그렇게 많지 않을 것 같다. 이 대학들은 그저 '운이 나빠' 드러난 것일 뿐이다. 대학

내에 공과 사의 경계를 긋지 않아 발생한 여러 가지 비리는 오랜 '관행'이기 때문이다. 그런데 이렇게 교육부 감사에서 표면적으로 드러난 비리 문제는 한국 대학이 지닌 문제들의 빙산의 일각일 뿐이다. 공과 사의 경계가 부재한 대학에서 교수 간의 관계, 연구비 사용, 교수 채용 등에 심각한 문제가 있는 것은 한국 대학의 고질적인 병이다.

나는 2006년부터 현재 있는 대학에서 일해 왔다. 이전에 미국 대학에서 오랜 시간 유학생 생활을 했기에, 미국 대학에 대해 '안다'고 생각했었다. 그런데 교수가 되어 대학에서 일해 보니, 학생 때 경험했던 대학은 거대한 건물에서 아주 작은 방 하나만이었다는 생각을 하게 된다. 대학에서 그동안 인사위원회, 논문위원회는 물론 각종 위원회에서 일했다. 그런데 그동안 단 한 번도 '교수들끼리만' 모여서 학교 돈이나 연구비로 회식을 한 적이 없다.

총장이든 학장이든 또는 그 어떤 직책에 있는 사람이든, 학회 같은 곳에서 만나서 함께 시간을 보내도 판공비로 커피 한 잔 제공받은 적이 없다. 각자 '더치 페이'하는 것이 일상화된 대학 문화다. 더군다나 연구비나 법인카드를 교수들의 모임에서 먹고 마시기 위해 쓰는 경우는 한 번도 경험하지 못했다. 한국 대학 문화에 익숙했던 내게, 처음 몇 년은 이런저런 충격과 놀람의 연속이었다. 참으로 철저하게 공과 사가 분리되어 있다는 것을 도처에서 확인했다.

지극히 일부분만을 경험하고서 그 전부를 '안다'라고 하는 것은, 얼마나 표피적인가. 지금 내가 일하는 대학에서의 경험 역시, 수천 개가 되는 일반적인 미국 대학의 경험일 수 없다. 그럼에도 불구하고 나는 '안다'라고 할 수 있다. 적어도 공과 사의 엄격한 분리는 일반적인 '대학 문화'다.

내가 이 대학에서 일하기 시작한 지 2년째 되던 해, 교수 인사위원회의 위원으로 처음 일한 적이 있다. 교수 1명 뽑는데 120여 명이 지원했다. 인사위원회는 무수한 제출 자료를 일일이 읽고 종합 판단을 하여, 각 지원자 중 1차로 리스트를 만든다. 인사위원들이 1차 리스트에 오른 사람들에 대한 평가를 하고 토론한 후 종합하여 2차 리스트를 만들고, 다시 모여 3차 리스트를 만든다. 3차 리스트를 가지고 위원들끼리 토론을 거쳐서 드디어 10여 명의 1차 인터뷰 대상자를 정한다. 1차 인터뷰 리스트에 오른 대상자를 만나는 곳은 주로 연례학회가 열리는 장소다.

그해 보스턴에서 열리는 연례학회에서 이 10명의 인터뷰 대상자와 인터뷰를 하면서, 나는 내 예상을 전적으로 벗어나는 경험을 했다. 인터뷰 자리에 온 다른 인사위원 교수들이 자기가 마실 커피를 각자 사 가지고 와서 자리에 앉는 것이었다. 나는 인사위원으로서 지원자를 인터뷰하는 것은 학교 일이니, 인터뷰하는 동안 마시는 음료 제공은 물론 인터뷰가 끝나면 인사위원들끼리 '회식'이라도 할 줄 알았다. 한국의 대학에서는 쉽게 예상할 수 있는 장면 아닌가. 그런데 그 어떤 것도 없었다. 학회 기간 중, 학장이 함께했던 여러 차례의 모임에서도 커피는 물론 회식 한 번 한 적이 없다. 대학에서든 학회에서든 학교 일을 하는 것은 이미 교수의 역할에 포함된 것이기에 인사위원회의 일이 특별한 취급을 받을 필요가 없다. 회식이라는 개념 자체가 대학 문화에서 찾기 힘들다. 이미 대학에서 월급을 받고 있으니, 이러한 위원회 일들은 교수로서 마땅히 할 일을 하는 것이기 때문이다.

이러한 미국의 분위기는 어떤가. 한국 사회에서 중요한 관계 설정 요소인 선배·후배라는 개념 자체가 대부분의 의식 속에 존재하지 않는다. 나이와 직급에 상관없이 평등한 관계가 대학 문화이다. 직급으로 호칭하는 것이 아니라, 서로 이름을 부르며 관계가 설정되며 소위 '갑질문화'가 들어서기 어렵다. 교수들은 평등한 동료로서 서로를 대하고, 학생들은 교수들에게 자유롭게 질문하고 도전하기도 한다. 이해가 안 될 때는 재차 설명을 요청한다. 또한 새로운 아이디어가 있다면, 치열하게 자기 주장을 피력하면서 검증을 받는다. 교수 간이든 교수-학생 간이든 비판적 문제 제기와 심층 토론이 가능한 곳이 바로 탈위계적인 대학 문화이다. 공과 사가 엄격히 분리된 이곳에 소위 연구기금이나 법인카드 남용 또는 비리가 들어설 자리는 없다.

한국 과학계가 노벨상을 못 타는 이유

2016년 6월 1일 자 영국 과학저널 〈네이처(Nature)〉지는 "왜 한국은 세계 최대의 연구개발 투자국인가(Why South Korea is the world's biggest investor in research?)"라는 제목의 글을 실었다. 한국이 연구개발에서는 세계 최대의 투자국임에도 불구하고, 왜 과학 분야의 노벨상 수상자가 나오지 못하는지에 대한 이유를 분석한 글이다. 이 글의 핵심 내용은 한국은 왜 한국보다 덜 투자하는 나라들이 받는 노벨 과학상을 못 받는가에 대한 것이다.

이 글은 한국 과학계가 노벨상을 못 타는 다섯 가지 이유를 제시한다. 창의적인 아이디어 도출이 어려운 보수적인 연구 분위기, 기업에 의존하는 R&D 투자, 시류에 편승한 지원과 투자, 해외로의 인재 유출, R&D 투자 규모에 비해 절대적으로 부족한 논문 수 등이다. 그런데 이 중 내 눈에 먼저 띄는 것은 한국 사회의 고질적 문제인 연구 분위기와 해외로의 인재 유출에 관한 분석이다.

시험 위주의 교육 방식, 그리고 선생에게 복종을 강조하는 위계적인 한국 문화는 연구실에서 필요한 창의성과 논쟁을 억누르는 분위기를 고착시킨다. 이러한 학계 분위기로는 연구자들에게 적합한 연구환경이 조성되기 어렵다. 그래서 한국은 연구개발에 투자를 가장 많이 하는 나라임에도 불구하고, 외국에서 박사학위를 받은 후에 한국으로 들어오지 않는 연구자가 많다. 위계적 관계가 지배적인 학계 문화에서 창의적이고 도전적인, 새로운 아이디어가 나오는 것은 어렵다.

〈네이처〉는 남성 위주의 음주문화도 예로 든다. 늦은 시간까지 함께 회식하고 음주하는, 선후배로 끈끈한 결속력을 유지하는 남성 위주의 모임에서 중요한 문제들이 결정되는 것을 짚은 것이다. 그리고 이는 유능한 여성 과학자들이 한국에서 능력을 제대로 발휘하지 못하게 하는 요인 중의 하나라고 지적한다.

미국은 세계에서 노벨상을 가장 많이 받은 나라다. 2020년까지 미국은 388명을 배출했다. 영국은 두 번째로 많은 134명의 수상자를 냈다. 대영제국으로 한때 세계 권력의 중심에 있었던 영국은 미국에 한참 뒤처져 있다. 미국의 대학이나 연구 문화는 영국처럼 과거의 찬란한 전통에 집착하는 것이 아니라, 오히려 새로운 창의성을 가장 중요하게 생각한다. 이제 영국과 미국은 그 격차를 좁히기 어려울 정도로 노벨상 수상자 수의 격차가 매우 크다.

다양한 이유가 있겠지만 대학과 연구소 구성원들이 지닌 탈위계적인 수평적 관계구조, 과감한 탈관습적 태도, 새로운 아이디어와 치열한 비판적 토론을 중요하게 생각하는 가치가 미국의 대학과 연구소들의 창의 계발에 중요한 토대를 이루고 있다. 미국이 세계의 문화·예술·학문·테크놀로지·경제·정치 등에 관한 지식생산과 그 현실화에 있어서 '신제국'으로서의 위치를 확보하는 데 이런 대학과 연구소들이 배후에 있다. 물론 노벨상이란 하나의 잣대일 뿐 절대적 기준이 될 수는 없다. 그럼에도 불구하고 〈네이처〉가 지적하고 있는 것은 한국의 과학계만이 아니라, 대학 전반에 걸쳐있는 근원적 문제들이 무엇인가를 보여주고 있다.

한국 대학의 후진성을 넘어서기 위하여

한국은 선진국인가. 소위 K-방역에 힘입어서 이전에는 '헬조선'이라고 했던 많은 한국인이 이제 한국을 선진국이라고 생각한다고 한다. 2020년 5월 20일, KBS와 시사IN 그리고 서울대가 공동조사한 〈코로나 이후 한국 사회 인식조사〉 결과가 발표되었다. 한국과 소위 선진국의 국가역량을 비교하는 설문에서 한국이 '더 우수하다'고 답한 비율(39.2%)이 가장 높고, '비슷하다'(30.5%)고 한 것을 합해서 긍정적 대답이 69.7%로 나왔다. 또한 2021년 7월 2일, ⟨유엔무역개발회의(UNCTAD)⟩는 한국을 개발도상국에서 선진국으로 지위 변경을 했다.

그런데 이러한 공적인 인정 외에, 한 나라가 선진국인가 후진국인가를 판가름하는 각기 다른 기준들이 있을 것이다. 나는 한 나라의 선진성을 판가름하는 가장 중요한 잣대 중의 하나가 대학이라고 본다. 최근 K-방역과 K-팝은 세계적인 찬사를 받고 있다. 그러나 'K-대학'은 지독한 후진성에서 벗어나지 못하고 있다. 대학만의 문제가 아니다. 한국 대학의 문제들은 정치·문화·교육·종교 등 다양한 영역에서 한국 사회의 문제들을 고스란히 담아내고 강화시키고 있다. 대학의 후진성을 넘어서는 것은 한국 전반의 후진성을 넘어서는 사안들과 연결되어 있다는 점에서 더욱 긴급한 과제이다.

⟨네이처⟩는 한국이 노벨상이란 큰 희망을 이루기 위해서는 "현금보다 더 필요한 것이 있다"고 지적한다. 노벨상 자체의 문제라기보다, 한국 대학의 후진성을 넘어서기 위해서 이루어가야 하는 것이 무엇인가를 지적하고 있다.

최고의 테크놀로지를 즐길 수 있는 도서관과 현대식 건물 그리고 기업과 각종 기관으로부터의 연구비 확보로 대학의 명성을 높이는 것보다 훨씬 중요한 '투자'가 있는 것이다. 바로 대학 구성원의 의식과 대학 문화 내부를 근원적으로 개혁하는 것이다. 어떤 양태로든 갑질과 위계적 관계구조가 사라지고, 공과 사의 구별이 분명해져야 한다. 교수, 연구원, 직원, 학생 등 대학 구성원 간의 평등과 존엄성이 뿌리내리는 곳, 그리고 창의적 도전과 질문을 통한 치열한 토론이 가능한 공간이 되어야 한다. 그래서 대학이 지금보다 나은 세계를 위한 지식을 생산하고, 실험하고, 가르치고, 배우고, 확산하는 공간으로 새롭게 탄생해야 한다. 대학과 연구 문화의 후진성을 넘어서기 위해 반드시 이루어야 할 과제다.

불편함을 거부하는 교육,
미래는 없다

배움은 '불편함'의 경험으로부터 시작

매 학기 강의가 시작되는 첫날, 나는 학생들에게 '배움이란 무엇인가'라는 주제로 강의를 한다. 인문학적 배움은 여러 가지 정보를 습득하고 암기하거나, 또는 선생이 지닌 지식을 그대로 학생들이 전수받는 것으로는 불가능하다. 진정한 배움을 가능하게 하는 데 필요한 우선적 과정은 '불편함의 경험'이다. '비판적 사유'를 주요한 교육목적으로 하는 인문학적 수업을 하면서 학생들의 마음이 즐겁고 편하기만 하다면, 선생이나 학생이나 실패한 것이라고 나는 수업 시간마다 강조한다. 그래서 수업이 끝나고 강의실을 나가면서, "닥터 강, 오늘 수업 중에 내 마음이 심히 불편했습니다"라고 내게 말하는 학생들이 종종 있다. 그 말은 나에게 '오늘 많이 배웠다'는 고마움을 표현하는 '선생-학생 사이의 암호'가 되곤 한다.

배움이란 새로운 정보의 습득만을 의미하지 않는다. 배움이란 자신의 고유한 관점이 형성되고, 그러한 관점이 내가 타자를 보는 방식, 인생관, 세계관 등 내 삶의 방향성을 규정할 수 있는 가치관을 구성하도록 하는 것이다. 따라서 인문학 분야의 수업을 통해 무언가를 배운다는 것은, 즐겁고 마음 편한 경험만으로는 불가능하다. 지금 우리가 사는 사회에 드러나고 있는 현상들을 무비판적으로, 그대로 받아들이게 하는 수업을 통해서는 새로운 배움이 불가능하기 때문이다.

탈자연화와 뿌리 물음의 중요성

비판적 사유를 동반하는 새로운 배움에 필요한 몇 가지 구성요소가 있다.

첫째, '탈자연화'의 과정이다. 변할 수 없는 '자연스러운 것'이라고 생각했던 것들이 실제로는 사회적으로 구성된 것이라는 사실에 대한 인식 과정이다.

둘째, 이러한 탈자연화가 가능하려면 '뿌리 물음(root question)'이 필요하다. '뿌리 물음'이란, 당연하다고 생각되는 것에 물음표를 붙이는 것이다. 이러한 뿌리 물음은 어떤 관습이나 보이는 현상이 애초에 왜 그렇게 되었는가, 라는 근원으로 돌아가서 생각하게 만드는 질문이다. 우리가 살아가는 사회는 곳곳에서 보이는 또는 보이지 않는 차별과 불공평이 숨 쉬는 공기처럼 많은 이의 삶을 파괴하고 깨지게 하고 있다. 따라서 지금 눈에 보이는 차별과 배제의 현실 세계는 어떻게 구성되었는가, 무엇이 문제인가, 그리고 어떻게 변화가 가능한가, 라는 근원적 '뿌리 물음'을 묻는 것은 인문학적 배움이 지닌 책임이고 과제이다. 이러한 뿌리 물음을 통한 탈자연화 과정을 거쳐서, 비로소 우리가 몸담고 살아가고 있는 이 사회에 어떠한 방식으로 모든 사람의 평등, 다양한 형태의 정의를 확산하는 데 기여할 수 있는가를 인식할 수 있게 된다.

우리가 현재 살아가고 있는 사회, 문화, 관습과 전통 등은 그저 '주어진 것'이 아니라, '과제'로서 다가온다. 인문학적 과제 중의 하나가 우리가 물려받은 다양한 전통들에 대한 해석만이 아니라, 그 전통들이 지니고 있는 다층적 문제들에 대해 문제제기를 하고, 그 문제들을 해결하고 극복하기 위한 책임적 개입이다. 사회의 구성원으로 성장하기 위한 교육과정에서 인문학 분야를 가르치는 교사들은, 보다 정의롭고 평등한 사회를 만들기 위한 변화 주체가 되도록 학생들을 교육시켜야 하는 책임이 있다.

지금 자연스럽고 당연하다고 생각되는 현상들에 대하여

'왜'를 묻게 하고, 대안적 세계를 상상하게 함으로써 현실의 다양한 '문제'를 '문제로 보기 시작하는 것'에서 새로운 배움, 새로운 변화의 첫걸음을 내디딜 수 있다. 차별과 배제의 문제가 있는데 그것을 전혀 문제로 보지 못한다면 우리 사회가 '모든' 이에게 보다 정의롭고 평등한 사회로 변화되는 것은 불가능하다. 문제를 문제로 보게 하는 배움은 '불편한' 시간을 거치지 않고서는 불가능하다. 학생들을 즐겁게 웃게만 하는 인문학 수업 시간에, 진정한 배움이 불가능한 이유이다.

보다 나은 사회를 위한 평등 교육

광주의 H중학교에서 〈성윤리 단원 수업〉 평등 교육을 담당하여 학생들을 가르치던 한 도덕 교사가 직위해제를 당했고, 검찰에 기소되었다. 몇몇 학생이 그 교사가 가르치는 수업에서 '성적 수치심'을 느꼈다고 2019년 7월 4일 광주시교육청에 신고했다. 교육청은 이 신고를 '학교 내 성희롱 및 성폭력 고발'로 접수하고, 피해자와 가해자를 분리시켜야 한다는 '스쿨미투 매뉴얼'에 따라서 신고받은 지 20일 만인 7월 24일 '성 비위 사건'으로 규정해 그 교사를 직위해제했다. 뿐만 아니라, 광주 남부경찰서는 '아동복지법 위반' 등의 이유로 9월 23일 이 교사를 불구속기소의견으로 검찰에 송치했다. 교육청은 어떤 피해와 가해인가에 대한 포괄적이고 엄밀한 검증과정을 축소화한 채, 한 교사에게 '가해자' 표지를 붙이고 '직위해제'해버렸다. 교사에게 '가해자' 표지가 붙여진 '직위해제'는 한 개인과 그 가족의 경제적 생존권만이 아니라, 도덕적이고 사회적인 생존권을 박탈하는 총체적 박탈 조치이다. 도대체 그 교사는 무슨 잘못을 한 것일까.

나는 이 사건에서 중요한 문제로 제기된 11분짜리 단편영화 〈억압당하는 다수(Oppressed Majority)〉와 이 단편영화의 감독인 엘레노오 프리아트Eleonore Pourriat가 만든 98분짜리 〈나는 쉬운 남자가 아니다(I Am Not an Easy Man)〉를 모두 보았다. 이 영화들은 '미러링' 장치를 차용해, 여성에 대한 성차별의 심각성을 인지시키는 영화이다. 이론으로 아무리 가르치려 해도 선뜻 이해하지 못하는 여성 차별의 현실을, 거꾸로 '남성 차별의 현실'로 만들면서 비로소 이해하게 돕는 영화이다. 내가 이 두 편의 영화를 보고 내린 결론은, 성차별적 현실 세계의 불평등성과 그 폭력성을 구체적으로 실감 나게 인지하게 하는 '매우 효과적인 교재'라는 것이다.

여성들이 차별당할 때는 '자연스럽게' 보이는 장면에 남성이 들어서니 '부자연스럽게' 보이고, 지독한 불편함과 수치심까지 느끼게 될 수도 있다(예를 들어서 웃옷을 벗고서 조깅하는 여자, 지나가는 남자에게 성희롱하는 여자 등). 당연하게 받아들이던 현실 세계가 거꾸로 재현될 때, 사람들의 1차적 반응은 지독한 불편함이다. 그런데 11분짜리 단편영화를 수업 시간에 보고 '불편함'과 '수치심'까지 느꼈다는 몇 학생의 경험에 기반해서, 학생들이 경험하는 모든 '불편함' 자체를 가해-피해의 단순한 프레임에 넣는 것, 그것이 곧 학생에 대한 '가해'라는 결론을 내리는 것은 위험한 발상이다. 그 '불편함'의 정체가 무엇인가를 복합적으로 조명하는, 가장 중요한 교육적 검증과정이 부재하기 때문이다. 몇 학생이 '불편함'을 느끼게 된 이유가 선생의 고의적이고 부당한 가해에 의한 것인지, 아니면 현실에서 '자연스러운 것'처럼 간주되는 차별과 불평등의 문제를 문제로 보게 하려는 특정한 교육적 의도와 장치에 의한 것인지를 면밀하게 분석하고 판단해야 한다.

면밀한 정황 조사나 교육적 함의를 총체적으로 분석하는 과정을 생략한 채, 성평등의 의미가 무엇인지 가르치려고 했던 한 도덕 교사에게 '가해자'라는 주홍글씨를 붙이고서, 직위해제는 물론 검찰에 기소까지 함으로써 '잠재적 범죄자'로 만드는 교육청의 행동은 그 무엇으로도 정당화되기 어렵다. 약자 보호라는 미명 아래 오히려 약자를 생산하는 전체주의적 교육 행정의 전형일 뿐이다.

'미러링' 장치를 통한 성차별 현실에 대한 문제의식 고양이라는 수업의 목적은 간과한 채 '남성 교사-권력자-가해자' 대

'학생-약자-피해자'라는 단순 도식을 작동시키면서, 성차별적 현실에 대한 배움의 가능성을 근원적으로 차단하는 결과를 가져왔다.

교육과정에서 '불편함'이 생략된다면, 현실 세계가 담고 있는 무수한 차별과 배제를 문제로 인식하고 새로운 변화를 만드는 '변화 주체'로서 이행하는 진정한 평등 교육은 불가능하다. 진정한 배움은 학생들에게 익숙한 인식 세계를 깨고, 새로운 관점으로 주변 세계의 문제들을 보게 함으로써 상투적이고 무비판적인 인식을 깨는 '불편함'의 과정을 거쳐야, 비로소 인식의 지평을 확장하는 배움이 가능하다.

특정한 학습 장치를 통해서 단지 '불편함을 주었다'는 이유로 교사를 징계하고, '가해자'라는 표지를 붙이는 행위를 "매뉴얼대로 했다"고 넘기는 사회는 현상 유지만 가능할 뿐 '보다 나은 미래'란 없다.

4부

존재와 혐오에 물음 묻기
: 우리는 이웃을 환대하는가

Questionless Society

'커밍아웃', 살아있는 생물체로서의 언어

　언어란 살아있는 생물체와 같다. 하나의 새로운 개념이 등장할 때, 그 개념과 처음 연결된 특정한 정황이 있다. 그렇다고 해서 그 개념이 언제나 고정되어 동일한 의미로만 사용되는 것은 아니다. 한 개념의 등장은 한 그루의 나무를 심는 것과 같다. 나무는 자란다. 나무가 처음 심었을 때의 모습을 계속 지녀야만 한다고 요구할 수 없다. 그 나무는 자라서 사방으로 가지를 뻗고, 가지는 다양한 공간에서 새롭게 존재를 드러낸다.

　최근 '커밍아웃' 개념의 사용이 사회정치적 논란이 되었다. '커밍아웃'은 성소수자에게만 사용해야 한다는 이해 때문이다. 그런데 '커밍아웃'을 포함해서 특정한 개념이 사용되었던 역사를 살펴보면, 언어란 언제나 다양한 정황에서 크고 작은 가지를 치고 사방으로 뿌리를 내리는, 살아있는 생물체라는 사실을 알게 된다.

'커밍아웃' 의미와 적용의 역사적 변천

사회학 교수인 아비게일 사구이Abigail Saguy는 2020년 2월에 출간한《컴 아웃, 컴 아웃, 당신이 누구든지(Come Out, Come Out, Whoever You Are)》에서 '커밍아웃'이라는 개념의 역사에 대해 세부적으로 조명한다. 원래 '커밍아웃'은 상류층 엘리트 여성들이 사교계의 첫 무대에 들어서는 것을 지칭하는 의미였다.

19세기 말에서 20세기 초에 '남성 동성애자'를 지칭하는 게이(gay) 문화가 미국의 대도시 저변에 확대되기 시작했다. 게이 문화는 이렇게 상류층 여성의 사교계 첫 진출을 의미하는 '커밍아웃'이란 개념을 빌려서 사용하기 시작한다. 1930년대부터 게이 문화에 대한 반격이 노골화되면서, 결과적으로 이들은 점점 자신의 성적 지향을 숨기며 살게 된다.

1960년대 말, 특히 1969년 미국 뉴욕시에서의 '스톤월 항쟁'* 이후, '커밍아웃'은 이성애자로 자신을 위장하는 동성애자들을 '벽장에 있는 사람'과 '커밍아웃한 사람'이라는 두 부류로

---

* 1969년 6월 28일 뉴욕의 술집 '스톤월'에서 일어난 사건을 의미한다. 당시 성소수자를 단속하는 것은 합법이었고 성소수자들이 자주 모이던 술집에 경찰이 들이닥쳤다. 이에 성소수자들이 항거했으며 이 사건을 '스톤월 항쟁'이라 부른다. 성소수자 인권 운동의 시작으로 꼽힌다.

나누어 병렬하는 의미로 사용되기 시작한다. 성소수자 권익확장을 위한 운동에서 그들 스스로 벽장으로부터 '커밍아웃'해야 한다는 요청이 강하게 제기되기 시작했다. 1970년대에 이르러서 '커밍아웃'은 성소수자들에게만이 아니라, 정치권에서도 사용하기 시작한다. 주류 언론에 "보수주의 벽장으로부터의 커밍아웃(Coming Out of the Conservative Closet)"과 같은 제목의 정치 칼럼이나 기사들이 등장하면서 '커밍아웃'이라는 말은 성소수자만이 아니라 정치권에까지 확장되어 사용되었다. 1970년대 이후 성소수자 운동이 본격적으로 전개되고 성공적으로 진행되어 성소수자들의 권리 문제가 개선·확장되면서, 커밍아웃 운동은 이렇게 다양한 양태로 확장되기 시작한다.

커밍아웃 운동의 다양성

커밍아웃 운동은 또한 '외모차별주의'에 대한 저항운동으로도 발전한다. 소위 '뚱뚱한 사람'이라고 놀림 받는 이들이 자신의 외모를 그대로 받아들이는 '비만 수용 운동(fat acceptance movement)'의 일환으로 커밍아웃 운동이 전개되었다. '비만 해방 운동가(fat liberation activist)'인 마릴린 완M. Wann은 뚱뚱한 몸으로 사는 것은 마치 성소수자로 사는 것과 같다고 하면서, 사회적으로 낙인을 찍는 '비만 혐오(fatphobia)'가 팽배함을 토로한다. 이들에게 '커밍아웃'은 자신이 뚱뚱하다는 것을 당당히 받아들이면서, 이제 자신의 뚱뚱한 몸을 약점이나 열등한 것으로 보는 시각을 거부하는 것이다.

'커밍아웃'은 이민정책 문제에서도 등장했다. 미국에서 미등록 이주자의 자녀들이 숨어 있던 위치에서 커밍아웃하면서 이들의 커밍아웃은 '미등록 이주자 청년운동'으로 확장되었다. 특히 미등록 이주자 청년들의 커밍아웃 운동은 벽장 속에 숨어 있지 말고 "미등록 이주자라고 대담하게 커밍아웃하라"는 구호를 내세우면서, 새로운 사회정치적 운동으로 확장되었다.

미등록 이주자 청년운동의 한 지도자는 성소수자 운동가였던 하비 밀크의 말, "만약 당신이 커밍아웃하지 않으면 아무도 당신이 존재한다는 것을 모른다. 당신이 자신을 위해서 일어나지 않으면 그들은 자신들이 원하는 대로 말하고 행동할 것이다"를 인용하면서 미등록 이주자 청년들이 '커밍아웃'하도록 설득하고 행동하게 함으로써 중요한 정치적 운동을 활성화했다.

미등록 이주자로 커밍아웃한 네 명의 청년은 '드리머(The DREAMers)'라는 조직을 구성하고서 2010년 5월 17일, 당시 애리조나주의 존 매케인 상원의원의 사무실을 점거해 권리보장을 위한 운동을 했다. 또한 미국 전역에서 점거, 시위, 단식투쟁, 행진 등을 하면서 이들이 미국에서 살 수 있는 법적 권리를 주는 〈드림 법안(DREAM Act)〉을 지지하는 운동을 확산시켰다. 미등록 이주자 청년들의 '커밍아웃'으로 시작된 이 운동은 미국에서 이민정책에 대한 폭넓은 정치적 논의를 하는 데 기여했다.

'커밍아웃' 운동은 종교의 영역에도 등장했다. 성소수자들이 이성애자인 것처럼 살아가는 것과 같이, 기독교가 중심 종교인 사회에서 무신론자들은 유신론자인 것처럼 산다. 이렇게 종교적 벽장에 숨어 사는 것에서 벗어나 스스로 무신론자로 용감하게 '커밍아웃'하라는 '아웃 캠페인'이 전개되었다.《이기적 유전자》와《만들어진 신》의 저자이며 무신론자로 알려진 리처드 도킨스Richard Dawkins는 "이 세계에는 벽장에 갇혀 살고 있어 커밍아웃해야 하는 무신론자들이 많다"라고 하면서 미국에서 시작된 아웃 캠페인에 적극적인 지지를 보내고 있다.

커밍아웃은 이렇게 다양한 정황에서 사회적 낙인이나 불명예가 두려워 침묵하던 개인들이 여러 불이익을 감수하고라도 자신의 권리와 인정, 그리고 존엄성을 확보하기 위한 용기 있고 긍정적인 행위로 사용된다. 다층적 사회정의를 위하여 필요한 소수자들의 행동인 것이다. 커밍아웃은 주로 개인의 자발적 행위로 사용되지만, 동시에 외부에서 요구되는 '풍자적 의미'로도 쓰인다. 실제로는 보수주의자인데 아닌 척하지 말고, 본모습으로 '커밍아웃'하라고 촉구하는 풍자적 의미로 사용되기도 하는 것이다. 또한 미투운동에서도 숨어 있는 피해자에게, 또는 가해자에게 더 이상 숨지 말고 나오라는 각기 다른 함의를 지닌 의미로도 사용한다.

하나의 언어, 다양한 함의

'게이'라는 개념의 역사도 변화되어왔다. 게이란 원래 성 노동자 여성을 지칭하는 말이었다. 그다음에는 남성 동성애자를, 더 나아가 '동일한 젠더를 좋아하는 사람 일반'을 지칭하는 개념으로 쓰이기도 한다. 또한 지금은 '세계시민'이라는 긍정적인 의미로 사용되는 '코즈모폴리턴'도, 나치 시대에는 유대인과 같이 '계획된 대량학살의 모든 희생자'로 규정된 사람들을 지칭했다. 결국 '코즈모폴리턴'이란 '사형선고'와 같은 매우 부정적인 개념으로 사용되었다.

이렇듯 하나의 개념은 결코 동일하게 고정되지 않는다. 언어란 지속해서 움직이고 새로운 형태로 태동하기도 하는, 살아있는 생물체와 같기 때문이다. '커밍아웃'과 같은 하나의 개념이 어떤 정황에서는 매우 긍정적인 의미로, 또 다른 정황에서는 부정적이거나 냉소적인 의미로 사용되기도 한다. 하나의 개념이 이렇듯 다양한 정황에서 상이한 함의를 지니고 사용될 수 있다는 것을 인지하지 못하고 불필요한 논쟁에 빠질 때, 사회정치적 에너지는 잘못된 방향으로 낭비된다.

예를 들어서 미등록 이주민 청년들이 자신들이 미등록 이주자라고 '커밍아웃'하는 운동을 전개하면서 한국의 이민정책이 지닌 문제점에 항의와 시위를 한다고 하자. 그런데 정치계나 언론이 정작 주목해야 할 중요한 이민정책에 대한 논의는 외면한 채, 왜 성소수자들도 아닌데 커밍아웃이라는 말을 사용하느냐는 것에만 온통 그 관심을 쏟는다면 사회적 에너지를 오용하고 낭비하는 무책임한 행위가 된다.

그 어떤 집단이나 개인 누구도 '커밍아웃'과 같은 특정한 개념에 대해 절대적 소유권을 주장할 수 없다. 이런 맥락에서 볼 때, 한국의 사회정치적 에너지를 빗나가는 방향으로 쏟아붓는 것은 우리 모두 언제나 경계해야 하는 문제다. 우리가 가진 시간이나 에너지는 제한된 것이기에, 그것을 어디에 써야 하는가를 분별하는 것이야말로 개인은 물론 정치인과 언론인의 가장 중요한 과제 중 하나라고 할 수 있다.

기독교,
예수의 흔적은 어디 있는가

"오직 한 명의 크리스천이 있었으며,

그는 십자가에서 죽었다."

니체Friedrich Wilhelm Nietzsche의 탄식이다. 정작 종교로서의 기독교는 그 자체의 존립과 세력 확대를 위해 갖가지 문자화된 교리를 만들고 예수의 가르침과는 상관없는 혐오와 배제를 가르치고 있기 때문이다.

최근 한국 기독교를 중심으로 일어나고 있는 일련의 사건들을 보면서 니체의 탄식을 떠올리지 않을 수 없다. 한국의 기독교는 하나의 제도화된 종교가 할 수 있는 가장 파괴적 역기능을 골고루 보여주고 있다. 무엇이 문제인가.

혐오의 종교로 변질하는 한국 기독교

2020년 10월 14일, 경기도 남양주 수진사에서 한 기독교인의 방화로 인해 화재가 발생했다. 방화자는 평소에도 사찰에 온 사람들에게 "할렐루야", "하나님을 믿으세요"를 외치며 법회를 방해하였다고 한다. 2016년 1월에는 경북 김천 개운사에서 기독교인이 "불상은 미신이고 우상"이라며 불상과 불당을 파괴한 사건이 있었다. 한 신학대학의 S교수는 이 사건에 대하여 사과하고 불상 재건립을 위한 모금 운동을 했다. 이 일로 그는 18년 동안 가르치던 대학에서 2017년 파면되었다. 파면의 이유는 '성실의무 위반'과 '우상숭배에 해당하는 죄'를 범한 것이라고 했다. 그는 파면처분 무효 확인 소송을 냈고, 2019년 서울고법에서 승소했다. 그러나 대학은 2021년 10월인 지금까지도 그의 복직을 거부하고 있다.

기독교 아닌 다른 종교를 모두 악마시하고, 그 종교를 파괴하는 것이 곧 예수를 잘 믿는 것이라는 생각은 단지 소수 기독교인의 일탈행위가 아니다. 타 종교 혐오가 대부분 한국 기독교의 얼굴이다.

2020년 10월 15일, 기독교 감리회 경기연회 재판위원회에서는 L목사에게 정직 2년을 선고했다. 뿐만 아니다. 구체적 내용을 알 수 없는 700여만 원의 재판비용까지 청구했다. 그 청구서의 서두는 "우리 주 예수 그리스도의 은혜와 평강이 섬기시는 교회와 가정 위에 함께하시기를 기원합니다"로 시작한다. 정황과 상관없이 '예수'를 소환하면 마치 모든 행동이 기독교적인 것으로 정당화되는 상투성의 재현이다.

정직 2년과 재판비용까지 물어내라는 청구서를 받은 목사의 '죄목'은 무엇인가. 인천 퀴어축제에서 "성소수자 축복기도"를 했다는 것이다. 재정도 넉넉지 않을 한 작은 교회의 목사에게 700여만 원의 재판비용까지 청구하면서, 정직 2년을 선고한 재판위원회의 6명의 목사가 이해하는 '예수'는 도대체 어떤 존재인가. 퀴어축제에서 축복기도를 했다고 이러한 중징계를 내린 교단의 교리와 장정에 나온 "범과의 종류"에는 '마약, 도박, 동성애 찬성이나 동조' 항목이 있다. 그러나 그 범과의 종류에 교회에서 빈번하게 일어나는 성폭력과 같은 항목은 없다. 예수의 무조건적 사랑의 가르침은 한국 기독교의 성소수자 혐오 앞에서는 무력하다.

한 신학대학에서는 2018년 5월 17일, 〈국제 성소수자 혐오 반대의 날〉에 무지개색 옷을 입고 채플에 참여한 학생들의 사진을 페이스북에 게재했다. 후에 이들은 대학에서 징계 처분을 받았고, 그중 한 명은 목사고시에 합격하고도 목사 안수를 받지 못했다. 뿐만이 아니다. 한 신학대학에서 은퇴한 H교수는 동성애에 관한 책을 냈다는 이유 하나만으로 그가 속한 교단의 재판에 회부되고, 2020년 8월 19일 결국 면직되고 출교당했다. 기독교가 포괄적차별금지법 통과에 가장 커다란 걸림돌 역할을 하고 있다는 것은 잘 알려진 사실이다.

퀴어 축복기도를 한 목사에게는 정직 2년과 700여만 원의 재판비용까지 청구한 그 교단이, 다른 심각한 문제들에 대해서는 매우 관대하다. 성폭행 문제로 〈PD 수첩〉에 소개되었던 C 목사에게는 정작 '정직'이라는 판결을 내리지 않는다. 기업을 물려주듯, 아들에게 교회를 물려주는 대형교회들의 세습을 통한 교회의 기업화를 노골화하는 목사들에게 기독교회는 '정직'은커녕 적극적 지지를 보이고 있다. 세계적인 대형교회로 이름난 S교회, 그리고 K교회의 목사가 금전 문제와 문서위조 등으로 법정에서 실형을 받아도 그들이 속한 교단에서 목사 정직이나 출교를 당하지 않는다.

다수 기독교회에 기독교만이 절대적 종교라고 믿고 타 종교를 모두 악마시하는 파괴적인 기독교 우월주의가 확고하게 자리 잡고 있다. 여성은 신부로, 감독으로, 담임목사로, 또는 총회장으로 일할 수 없다고 굳건히 믿는 남성 우월주의가 절대 진리처럼 작동된다. 또한 성소수자는 신적 질서를 거스르기에 교회, 가정 그리고 사회를 파괴하는 '죄인'들이라며 차별금지법을 가로막고, 성소수자들과 연대하는 교수, 학생, 목회자를 신

과 성서의 이름으로 처벌하는 혐오의 정치가 기독교의 DNA
처럼 굳건하게 뿌리를 내리고 있다. 이러한 기독교에서 예수의
흔적은 어디에 있는가.

'예수 주식회사'를 넘어서
환대와 사랑의 종교로

'예수'라는 이름은 사업에 유리한 브랜드로 차용되며, 자본
과 권력에의 욕망만이 교회들을 지배하고 있다. 한국 사회에서
기독교가 점점 다층적인 '혐오 종교'의 대명사가 되고 있는 것
은 놀랍지 않다. 오직 소수의 교회와 목회자들만이 묵묵히 예
수의 가르침을 따르고자 할 뿐, 다수의 교회가 혐오의 정치, 배
타와 정죄의 정치, 물질적 축복주의, 성공지상주의를 예수라는
브랜드의 자리에 대체해 쓰고 있다. 타인들에게 심각한 피해를
주면서도 예수 이름으로 권력에의 욕망을 채우고자 대중을 선
동하는 무수한 '목사'들은 한국 사회 도처에서 예수를 상품화
하며 이기적으로 명예, 물질, 권력을 확장하고 있다.

"오직 한 명의 크리스천이 있었으며, 그는 십자가에서 죽었
다"고 탄식한 니체는, 예수는 인간에게 사랑과 환대와 연민을
가지고 어떻게 책임감 있게 살아야 하는가를 가르쳤다고 강조
한다. 그런데 그 예수를 제도화한 기독교는 교황, 추기경, 감독

등 갖가지 조직과 수직적 권력구조를 조성해 마치 신적 질서인 것처럼 만들었다. 그리고 '구원'을 내세워서 사람들에게 제도로서의 교회, 그리고 높은 자리에 앉아 화려한 의상으로 온갖 권위를 부여받은 전문 종교인들에게 무조건 복종하는 것이 마치 구원의 유일한 길인 것처럼 왜곡해버렸다.

거창하고 화려한 교회들, 엄청난 재정으로 세계 최대의 교회, 세계 최대의 감리교, 세계 최대의 장로교 등 '세계 최고로 크다'는 것을 자랑으로 내세우는 한국의 기독교에서, 예수는 어디에 있는가. 목회자들을 교육하는 신학대학들을 통제하면서 배타주의를 절대화하고 성소수자 정죄를 신과 성서의 이름으로 강요한다. 신앙의 이름으로 보통 사람들의 사유세계를 지배하는 독재자가 되어가고 있는 기독교가 이런 모습을 지속하는 한, '예수 주식회사'로 몰락할 뿐이다. '예수'라는 상표는 사용하지만 그 예수와 전혀 상관없는 지독한 이기주의, 여성·난민·성소수자·타 종교 혐오주의, 물질만능주의, 성공지상주의가 한국의 기독교를 지배하고 있다.

중세 기독교가 면죄부를 팔고 지동설을 주장하는 과학자를 종교재판에 넘겼던 것처럼, 21세기 한국의 기독교는 '예수'와 '구원'을 면죄부처럼 팔면서 다층적 혐오정치를 기독교와 일치시키고 있다.

어느 종교도 신을 독점하여 소유권을 주장할 수 없다. 예수는 사회의 가장 소외된 사람들과의 연대, 사랑, 환대를 가르치고 실천하면서 평생 노숙인의 삶을 살았다. 그 예수 정신 속에 종교의 차이, 성적 지향의 차이, 성별의 차이 또는 피부색이나 국적의 차이 등을 근거로 한 파괴적 혐오가 들어설 자리는 없다. 근원적인 자성의 비판과 단호한 개혁이 일어나지 않으면, 한국의 기독교는 '예수'라는 상표는 사용하지만 그 예수와 전혀 상관없는 '예수 주식회사'로 몰락할 뿐이다.

죽음의 절벽으로 몰리는 이들

새로운 대명사,
모든 인권을 위한 변화의 시작

학기 초 첫 수업에서 나의 학생들은 돌아가면서 자기소개를 하는 시간을 가지곤 한다. 많은 학생이 시스남성, 시스여성, 트랜스남성, 트랜스여성 또는 논바이너리 트랜스젠더 등으로 자신을 소개하고, 자신을 부를 때 사용해야 할 대명사가 무엇인지 '그(he)', '그녀(she)', '그들(they)' 등으로 밝히곤 한다.

이전에는 상상하기 어려운 강의실 장면이다. 트랜스젠더(transgender)의 사전적 정의는 "젠더 정체성이 태어날 때 지정된 생물학적 성과 본인이 느끼는 성이 다른 사람"이다. 시스젠더(cisgender)는 태어날 때 지정된 성과 본인이 느끼는 성이 같은 사람이다. 시스젠더라는 용어를 사용하는 것은 트랜스젠더와 연대하는 의미다. 트랜스젠더에게만 '트랜스'라는 특별한 표지를 붙인다면 그들을 주변부로 위치하게 하기 때문이다.

남성 교사는 '교사'라 부르고 여성 교사만 '여교사'라고 호칭할 때, 남성은 중심부에 여성은 주변부에 위치하게 하는 것과 같은 기능을 한다. 평등한 의식에 근거한 용어를 사용하는 것이 바로 평등의식을 확산하는 행위이기 때문이다. 한국의 정황에서 보자면, 미국 대학 강의실에서 이렇게 시스젠더와 트랜스젠더라는 용어로 자기소개를 하는 분위기가 참으로 낯설고 상상하기조차 어려운 장면일 것이다.

변하는 것은 대학만이 아니다. 교육, 정치, 종교, 언어 등 모든 영역에서 모든 사람의 인권 확장을 위한 변화가 일어나고 있다. 전통적으로 복수였던 대명사 '그들(they)'을 이제 단수로 써도 문법적으로 맞는 시대가 되었다. 메리엄-웹스터 사전은 복수가 아닌 단수로 사용되는 대명사 '그들'을 "2019년의 단어"로 선정했다. '그'와 '그녀'만이 아니라, 성별을 굳이 드러내지 않는 대명사로서 이제 '그들'을 사전에 공식적으로 첨부했다. 누군가를 지칭하는 대명사의 변화는 인간 이해의 구체적인 변화와 사회적 가치관의 변화를 반영한다.

2020년 S대학교의 입학 허가를 받았던 트랜스여성 A씨가 여러 반대에 부딪혀서 급기야 입학을 포기했다. 교사, 정치인 그리고 활동가였던 김기홍 선생은 지난 2021년 2월 24일 스스로 삶을 마감했다. 이어서 3월 3일 변희수 하사가 주검으로 발견되었다. 변희수 하사는 군인으로 일하며 살 수 있게 해달라고 절절하게 호소했지만 성소수자 혐오로 뭉쳐진 종교, 정치, 군, 언론 등 한국 사회는 그에게 반인권적 폭력을 가했다.

한국에서 벌어진 이 세 사건의 공통점은 주인공들이 트랜스젠더라는 점이다. 김기홍 선생은 젠더 규정을 하지 않는 '논바이너리' 트랜스젠더다. 변희수 하사는 '트랜스여성'이다. 김기홍 선생을 영어 대명사로 지칭하자면 '데이(they)', 그리고 트랜스여성 A씨와 변희수 하사는 '그녀(she)'로 해야 한다. 영국의 BBC가 "남한의 첫 트랜스젠더 군인이 주검으로 발견됨"이라는 제목의 기사에서 변희수 하사를 '그녀(she, her)'라는 대명사로 지칭한 이유다. 2020년 1월 군은 변희수 하사를 '심신장애 3급'으로 분류하고 강제 전역 조치시켰다.

많은 이가 트랜스젠더 문제를 성적 지향과 연결하곤 한다. 그러나 트랜스젠더의 성적 지향은 별개의 문제다. 성소수자를 지칭하는 "LGBT(레즈비언, 게이, 바이섹슈얼, 트랜스젠더)"라는 범주가 있다. 'LGB'는 '성적 지향'에 관한 범주이고, 트랜스젠더는 '젠더 정체성'에 관한 것이다. 트랜스젠더로 살아가는 사람들은 대부분 다음과 같은 경험을 한다.

첫째, '비합법적 존재'라는 경험을 한다. 김기홍 선생이나 변희수 하사가 죽음을 택한 것은 제도적으로 그들을 '불법적 존재'로 취급했기 때문이다. 사람들의 시선 또한 그들의 존재 자체를 인정하지 않는다.

둘째, 트랜스젠더는 '비인간적 존재'라는 경험을 한다. 많은 이가 트랜스젠더를 비정상, 심신장애자 또는 2등 인간으로 취급한다.

셋째, 트랜스젠더의 일상적 삶이 도처에서 왜곡되고 무시되는 경험을 한다. 시스젠더와 마찬가지로 트랜스젠더의 우선적인 정체성은 '인간'이다. 그런데 많은 이가 트랜스젠더도 시스젠더와 똑같이 평범한 삶을 살아가는 인간이라고 생각하지 않는다. 결국 트랜스젠더에 대한 왜곡되고 편협한 시각이 트랜스젠더가 한 인간으로서 일상적 삶을 살아가기 어렵게 한다. 김기홍 선생이 "평범하게 살고 싶다"고 절규했던 이유다.

넷째, 일상 세계에서 다층적 폭력과 비극의 경험을 한다. 이러한 측면들은 많은 트랜스젠더가 경험하고 있다. 폭력은 다양한 얼굴을 하고 있다. 열등한 인간·비정상 인간이라는 혐오의 시선도 폭력이고, 제도적·법적으로 배제하고 제명하는 것도 지독한 폭력이다. 김기홍 선생은 유서에서 "너무 지쳤어요. 삶도, 겪는 혐오도, 나를 향한 미움도"라고 절망적인 절규를 한다. 트랜스여성 A씨의 숙명여대 입학을 저지해 포기시켰던 사람들은 A씨가 '진짜 여성'이 아닌 '가짜 여성'이라고 주장했다. '가짜 여성인 남성'이기에 여자 대학교에서 '잠재적 성폭력자'가 될 가능성이 있다는 주장으로 A씨가 한 인간으로서 당연히 누려야 하는 교육권을 부정했다.

성소수자 인권 감수성

2021년 1월 20일 취임식을 한 조 바이든 미국 대통령은 1월 25일 트랜스젠더의 군 복무 및 입대를 허용하는 행정명령을 내렸다. "성 정체성이 군 복무를 가로막아서는 안 되며, 또한 트랜스젠더의 군 복무가 군대에 어떠한 부정적 영향을 미친다는 그 어떤 증거도 없다"면서 자격을 갖춘 모든 미국인이 원하면 군인으로 나라에 봉사하는 것은 군대와 나라를 위해 좋은 일이라고 강조했다.

3월 10일 유럽의회에서 "유럽연합(EU) 전역에서 성소수자는 편협과 차별, 박해를 두려워하지 않고 그들의 성적 지향과 성 정체성을 공개하고 살 수 있는 자유를 누려야 한다"는 결의안이 표결에서 압도적 지지를 받고 채택되었다. 유럽의회는 유럽연합 27개의 회원국 전체를 '성소수자 자유지역'으로 선포했다. 2021년 미국과 EU에서 일어난 일은, 트랜스젠더 군인을 중증 환자 취급하며 강제 전역시켜서 마침내 죽음을 택하게 한 한국 사회와 극명한 대비를 이룬다.

같은 2021년을 살고 있지만 한 사회의 인권 감수성에 따라서 트랜스젠더가 평등하고 온전한 인간으로 존중받기도 하고, '불법적 인간'으로 배제되고 차별받기도 한다. 2017년, 278명의 한국 트랜스젠더를 대상으로 한 연구에 따르면 트랜스젠더 40% 이상이 자살 시도를 한 적이 있다고 한다. 경제협력개발지구(OECD) 회원국 중 한국 트랜스젠더의 자살률이 가장 높다. 결국 이들 성소수자들은 스스로 죽은 것이 아니라, 혐오와 제도적 폭력에 의해서 죽임을 당한 '사회정치적 타살'의 희생자들이다.

다양한 성소수자들의 권리를 보장하는 바이든의 행정명령이 내려진 후 어떤 일이 일어났는가. 포괄적차별금지법을 통과시키면 순교라도 하겠다며 청와대 앞에 모여들었던 소위 기독교 지도자들의 시각에서 보면, 미국의 모든 기독교인이 백악관 앞에서 혈서를 쓰고 순교까지 하겠다고 시위했어야 마땅한 사건이다. 그런데 한국에 기독교를 전한 미국에서는 백악관 앞에서 이 문제로 시위하는 기독교인은 없었다.

미국은 대통령 취임식에서 성서를 놓고서 선서하는 나라다. 독실한 기독교인인 바이든은 1893년부터 바이든 가계에서 대대로 전해 내려온 성서를 사용하여 취임 선서를 했다. 그가 속한 가톨릭교회는 성소수자 문제와 여성 문제에 매우 보수적인 원칙을 가진 교회다. 그럼에도 바이든 대통령은 성소수자들의 인간으로서의 권리 확보를 위한 행정명령을 내렸다. 모든 성소수자가 평등한 인간으로서 권리를 보장받는 것이, 제도화된 교회의 교리보다 더 중요하기 때문이다.

포괄적차별금지법을 결사적으로 반대하는 것이 정통 기독교의 입장이고 가장 성서적인 것이라 여기는 한국 기독교인들이 생각해볼 문제가 있다. 왜 소위 선진국이라고 하는 나라의 많은 교회나 신학대학들이 흑인, 여성 그리고 성소수자들을 2등 인간으로 취급하던 과거의 신학, 전통, 교리들을 바꾸고 모든 사람을 평등하게 보는 입장으로 전이하게 되었는지를. 왜 모든 인간의 존엄성과 평등성을 인정하고 그 '평등의 원'을 확장하는 것을 이 시대의 가장 중요한 사명이라고 생각하게 되었는지를. 그들은 반성서적이고 반기독교적인가. 독실한 기독교인이라면, 또한 21세기 민주사회의 시민이라면, '모든 사람이 고귀한 존재'라는 이해를 확장하고 제도화하는 데 힘을 모아야 한다.

"우리는 시민이다. 시민." 김기홍 선생이 자신의 페이스북에 올린 마지막 글이다. 이 절절한 외침은 바로 인류가 지켜내야 할 기본적 진리인 '트랜스젠더도 시스젠더와 똑같은 인간'이라는 것을 아프게 상기시킨다. 그 누구도 '불법'인 인간은 없다. 누구나 모두 '인간'인 것이다.

당신은 이성애 합법화를
찬성하십니까

어느 날 학교 연구실에 있는데 나의 조교 샘Sam이 불쑥 문을 두드렸다. 조교라도 미리 약속하지 않고 찾아오는 경우는 별로 없다. 웬일인가 하고 물었더니, 너무나 기쁜 소식이 있어 빨리 나누고 싶어서 왔다고 한다. 7년 만에 어머니가 전화를 걸어왔는데 "너희 둘은 어떻게 지내니?"라고 했다는 것이다. 이 말을 전하는 샘의 얼굴을 보니 그림자 하나 없는 환한 웃음이 가득하다.

그가 어머니의 이 평범한 인사말에 그토록 기뻐한 것은 바로 '너희 둘(you two)'이라는 말 때문이다. 게이로 커밍아웃을 한 이후 집에서 더는 자식으로 생각하지 않겠다고 하여, 샘은 7년 동안 가족과 연락을 두절하고 지내왔다. 7년 만에 연락한 어머니가, '너'가 아니라 "너희 둘은 어떻게 지내니?(how are you two?)"

라고 물은 것이다. '너(you)'에 '너희 둘(you two)'이라는 단어를 하나 집어넣은 그 한 마디로, 샘은 7년이라는 긴 시간 동안 부정당해왔던 자신의 존재가 인정받는 감격을 경험했다. 나와 다르게 살아가는 존재를 있는 그대로 인정하는 것—매우 복잡할 수도 있지만, 때로는 이렇게 말 한 마디를 덧붙이는 단순한 행위를 통해서도 가능하다. '너'라는 말과 '너희 둘'이라는 말의 차이가, 어떤 사람의 삶에는 극과 극의 희비가 교차될 수 있는 것임을 샘은 알려주었다.

존재를 부정할 권리는 그 누구도 없다

나의 학생, 친구, 동료 중에는 이른바 '성소수자'들이 여럿 있다. 내가 일하는 대학교는 성소수자들 중심의 동아리들이 적극적인 활동을 벌인다. 그런데 이들이 대학 울타리 밖으로 나가면 사회는 물론이고 가족, 친구, 교회로부터 그 존재가 부정되곤 한다. 왜 그런가.

이들을 부정하고 거부하는 것은 '정상-비정상'이라는 틀에서 시작된다. 이분법적 틀에서 보면 이성애만이 정상이고 그밖의 다른 방식은 모두 비정상이다. 성적 지향의 다양성에 대한 몰이해와 편견은 마치 과학자들이 '지구가 돈다'는 것을 발견한 후에도, 지동설을 외면하고 부인하던 중세의 인식론적 오류와 유사하다.

1973년 〈미국정신의학회〉는 오랜 연구 끝에 인간에게 이성애만이 아니라 다양한 성적 지향(orientation)이 있으며, 이성애를 제외한 다른 모든 성적 지향을 고쳐야 할 정신질환으로 생각하는 것은 오류였음을 결론 내렸다. 1992년 세계보건기구(WHO)도 모든 다양한 성적 지향을 인간 섹슈얼리티의 '정상적' 형태로 인정하는 것을 공식화했다. 2012년 〈유엔 인권이사회〉는 성소수자의 인간으로서의 모든 권리를 존중해야 한다고 발표했다. 2016년 〈세계정신의학회〉는 성소수자의 섹슈얼리티가 사회적 낙인과 차별의 대상으로 간주되고 정신질환이라는 논쟁이 계속되자, 모든 성적 지향들이 결코 병리현상이 아님을 분명히 한 성명서를 발표했다. 이성애가 아닌 성적 지향을 가진 이들을 비정상 또는 질환을 지닌 사람으로 간주하는 것은 분명한 오류라는 것이다. 다양한 분야의 전문가들이 오랜 연구를 거듭한 후에 이러한 연구결과를 발표했지만, 성소수자를 혐오하는 이들은 여전히 이러한 사실을 외면한다.

내가 학교에서 접하는 여러 성소수자의 이야기를 들어보면, 그 누구도 이른바 '평탄한' 삶을 살지 못하고 있다. 병원·직장·종교 공동체에서, 또는 가족·친척·친구들로부터 다층적인 차별과 혐오를 온몸으로 경험하는 일상을 살고 있다. 주류에서 벗어나는 성적 지향 때문에 어릴 적부터 고통 속에서 살아왔고, 또한 자기혐오와 자기부정, 사람들의 편견과 질시를 견디다 못해 자살 시도를 해 본 경험을 한 이들도 많다. 만약 성적 지향이 치료 가능한 것이라면, 왜 이들이 이토록 힘든 삶을 일부러 선택하겠는가. 설사 '선택'이라 할지라도, 한 사람의 존재 방식을 정죄하고 부정할 권리를 가진 사람은 아무도 없다.

'정상-비정상' 구분의 위험성

"당신은 동성애를 찬성하십니까? 동성애 합법화에 찬성하십니까?"

정치, 교육, 종교계 등 한국 사회 곳곳에서 이러한 질문을 던지곤 한다. 대선 주자들과 정치가들에게, 그리고 헌법재판관 후보자 인사청문회에서도 어김없이 등장한다. 사적 자리에서도 이런 질문은 끊임없이 회자된다. 그런데 이 '덫'과 같은 질문에 즉각적인 답을 하기 전에 생각할 것이 있다. 그 질문은 과연 타당한 것인가. 타당성 여부는 질문을 거꾸로 뒤집는 장치를 통해서 검증할 수 있다. "당신은 이성애를, 이성애 합법화를 찬성하는가?"

성소수자에 대한 차별, 모독 또는 정죄는 노골적인 방식으로만 행해지는 것이 아니다. 오히려 매우 상식적이고 당연한 것처럼 들리는 '동성애를 찬성하는가'와 같은 질문에서 시작된다. 이성애나 동성애 등과 같은 인간의 성적 지향은 개인의 선택에 의해서 결정되는 것이 아니라, 그렇게 태어나는 것이다. 한 인간의 '존재방식(mode of being)'인 것이다. 이런 이유에서 동성애에 대한 '찬성' 또는 '반대' 의견을 묻는 물음 자체가 이미 차별과 정죄의 가치를 드러낸다. 한 사람의 성적 지향이나 젠더(동성애나 트랜스젠더) 성향이 이른바 주류(이성애나 시스젠더)와 같지 않다고 해서, 찬성인가 반대인가를 묻는 것은 옳지 않다는 것이다. 그렇기에 이 문제는 찬성이나 반대 투표를 하거나 소위 '국민적 정서나 합의'를 도출해서 그 정당성 여부를 결정해야 하는 문제가 아니다. 이러한 접근방식 자체는 성소수자들에 대한 차별만이 아니라, '인류에 대한 차별'이라고 할 수 있다.

사람들은 종교, 정치, 교육, 미디어 등을 통해서 다층적인 '정상과 비정상'의 논리를 끊임없이 생산·재생산하곤 한다. 이성애·동성애, 기혼자·비혼자, 유자녀 가족·무자녀 가족, 양부모 가족·한부모 가족 등을 '정상과 비정상'의 잣대로 재단하면서 무수한 사람을 '비정상의 범주'로 집어넣는다. '정상'의 이름으로 자신과 다른 이들의 다양한 존재방식 자체를 부정하는 것이다. 결과적으로 정상-비정상의 레토릭은 '지배와 종속의 논리'를 정당화하면서, '타자의 식민화' 기능을 하게 된다.

성소수자, '얼굴'을 지닌 동료 인간이다

프랑스 철학자 에마뉘엘 레비나스는 '얼굴'이야말로 타자에 대한 책임성이 시작되는 윤리적 현장이라고 한다. 윤리란 특정한 이론적 근거나 종교·성별·국적·성적 지향·장애 여부·나이·사회적 계층 등과 같은 외적 조건들로부터가 아니라, 바로 얼굴에서 시작한다는 것이다. 성소수자에 대한 혐오, 차별, 배제는 그 어떤 이론이나 종교적 신념에 의해서도 정당화될 수 없다. 그들 한 사람 한 사람이 지니고 있는 얼굴을 바라보라. 이세상에 그 누구도 이 생생한 얼굴의 존재를 거부하고 혐오할 위치에 서 있지 않다. 설사 신이라 해도.

미국 워싱턴에서 열린 성소수자 부모들이 모인 콘퍼런스에 강연자로 간 적이 있다. 2박 3일 동안 모임을 하면서 거의 모든 세션에서 자신의 경험을 나누는 성소수자 당사자들이나 부모들이 눈물 없이 이야기하는 경우를 보지 못했다. 말의 언어만이 아니라, 인간의 '몸의 언어'는 강력한 전달 통로이다. 어떤 이라도 재미로 또는 타락해서 성소수자가 되지 않는다. 그러기에는 그들이 경험하는 배제, 멸시 그리고 고통의 눈물이 너무 많다. '눈물'이 자신의 언어가 되어 버리는 삶을 누가 선택하겠는가.

"이성애를 찬성하십니까?" 이것이 부적절한 것처럼, "동성애를 찬성하십니까"도 다음과 같은 두 가지 이유에서 반인권적 질문이다. 첫째, 성소수자에 대한 인식의 오류, 그리고 둘째, 타자의 존재 부정을 이미 담고 있는 질문이기 때문이다. 성소수자 혐오, 여성 혐오, 난민 혐오, 이슬람 혐오, 장애 혐오 등 다양한 혐오가 점점 극단화되고 있다. 이제 "동성애에 찬성하십니까"를 다음과 같은 질문으로 바꾸는 것은 어떨까. "당신은 혐오를 찬성하십니까, 또는 반대하십니까?" 올바른 질문을 하는 것, 성숙한 민주사회의 첫걸음이다.

트랜스젠더도 인간이다

트랜스젠더란 누구인가:
개념의 필요성과 불가능성

트랜스젠더란 누구인가. 사전적 정의는 "트랜스젠더는 성 정체성이 태어날 때 지정된 생물학적 성(sex)과 본인이 느끼는 성이 다른 사람을 지칭한다"이다. 그런데 이러한 사전적 정의는 무엇을 말하고 있는가. 트랜스젠더에 대하여 말해주는 것이 별로 없다. 물론 이러한 정의는 트랜스젠더에 대한 이해의 출발점으로서 중요하다. 그러나 단지 출발점일 뿐, 도착점은 아니다.

많은 이가 트랜스젠더 문제를 성적 지향과 연결하지만 트랜스젠더의 성적 지향은 별개의 문제다. 트랜스젠더에 대한 다양한 오해는 결국 트랜스젠더에 대한 포괄적 이해가 온전하게 확립되어 있지 못하다는 것을 의미하기도 한다. 트랜스젠더 일반에 대한 사전적 정의는 중요하다. 그러나 그 사전적 정의를 넘어서지 않으면, 우리는 '트랜스젠더'의 사전적 틀 속에 실제 트랜스젠더의 다양한 모습을 동질적인 것으로, 일괄적으로, 균질화하는 이해에서 멈추고 만다. 결국 트랜스젠더를 식민화하는 결과를 낳게 되는 것이다. 트랜스젠더를 모두 동질적인 존재로, 이색적인(exotic) 존재로, 또는 비정상적 존재로 보는 그 시각은 결국 트랜스젠더의 삶을 한 인간으로 살아가지 못하도록 한다. 이러한 맥락에서 보자면, 성소수자를 지칭하는 "LGBT(레즈비언, 게이, 바이섹슈얼, 트랜스젠더)"라는 범주 속에 트랜스젠더를 함께 넣는 것도 한계를 지닌다. 왜냐하면 "LGB"는 성적 지향에 관한 것이지만, "T(트랜스)"는 젠더 정체성에 관한 것이기 때문이다. 이렇게 집단적 범주를 지칭하는 라벨을 붙이는 것에는, 언제나 그 순기능과 역기능이 있다. 성적 지향 때문에 차별과 고통을 당하는 사람들, 그리고 사회·문화·종교·정치적 차별만이 아니라 생명의 위기를 경험하면서까지 오랜 성전환과정을 거쳐야 하는 '트랜스젠더'라고 규정되는 사람들, 이 모든 이가 다양성을 지닌 인간이다.

그럼에도 불구하고, '트랜스젠더가 누구인가'라는 정의는 '인간이란 누구인가'처럼 개념 규정의 '필요성'이 있다. 동시에 그 질문은 무수한 결을 지닌 것으로서 지속적으로 묻고, 발견하고, 창출해야 하는 개념 규정의 '불가능성'을 지닌다. 즉 필요성과 불가능성이라는 패러독스를 지니고 있는 것이다. 또한 트랜스여성의 경험과 트랜스남성의 경험이 동질적일 수가 없다. 더 나아가서 그 트랜스젠더 개별인의 직업, 교육 배경, 경제적 위치, 인종 등에 따라서 트랜스젠더라 해도 매우 다른 경험을 한다. 그래서 영화를 통해서든 이론적 작업을 통해서든, 트랜스젠더 담론이나 삶에 대한 조명은 보다 세밀해야 하고 심화되어야 한다.

트랜스젠더의 사회·문화·정치적 경험

트랜스젠더로 살아가는 사람들은 대부분 다음과 같은 경험을 한다. 첫째, 그들은 '비합법적 존재'라는 경험을 한다. 제도적인 차원에서만이 아니라, 사람들의 시선 속에서 그들의 존재 자체를 인정하지 않는 것을 경험한다. 둘째, 트랜스젠더는 '비인간적 존재'라는 경험을 한다. 사람들이 트랜스젠더를 규범적 인간이 아닌 존재, 인간임을 벗어나는 하부 주체로 생각하고 대한다는 것이다. 셋째, 트랜스젠더의 일상적 삶이 무시되는 경험을 한다. 트랜스젠더가 여타의 사람들처럼 평범한 삶을 살아가는 인간이라고 생각하지 않는다. 결국 이러한 시각이 트랜스젠더가 한 인간으로서 일상적 삶을 살아가기 어렵게 만든다. 넷째, 일상 세계에서 다층적 폭력과 비극의 경험을 한다. 이러한 측면들은 트랜스젠더라고 불리는 사람들 일반이 경험하고 있는 것이다.

따라서 트랜스젠더에 대하여 생각할 때는 더블 제스처(double gesture)가 요청된다. 한편으로 '트랜스젠더 일반(transgender in general)'에 대하여 말해야 한다. 그러나 또 다른 한편으로는 '트랜스젠더 일반'이란 존재하지 않는다는 사실을 생각해야 한다. 즉 사회정치적 정황에서 우리는 '트랜스젠더 일반'에 대해 논의하지 않을 수 없다. 그러나 거기에서 끝나면 안 된다. 그들이 다른 사람들과 마찬가지로 무한한 차이와 다양성을 지닌 존재라는 것을 늘 인식해야 한다는 것이다. '트랜스젠더'라는 범주 속에 한 사람을 집어넣고서 '모두 같다'라고 간주하는 그 지점에서 억압은 시작된다. 따라서 트랜스젠더가 경험하는 폭력과 비극적 경험은 개별적 존재로서 다양하다는 것을 인지해야 한다.

왜 트랜스젠더인가: "장미는 '왜'가 없다"

사람들은 묻는다. 왜 하필 트랜스젠더인가. 조금 불편해도 태어난 대로 살면 되지, 왜 그렇게 힘든 과정을 거쳐서 태어날 때의 성별을 다른 젠더로 전환하고자 고생하는가. 그런데 누구도, 하다못해 트랜스젠더 자신도, 이 질문에 합리적이거나 논리적 대답을 제시할 수 없다. 이 물음은 마치 '꽃이 왜 피는가'라는 질문과 같기 때문이다. 생명 세계에는 '왜'를 알 수 없는 생명의 신비를 지닌다. 사람은 각기 다른 성적 지향을 가지고 존재하며 각기 다른 젠더 정체성을 지니고 존재한다. 우리가 알 수 있는 것은 '왜'가 아니라, 이 세계에 다양한 모습의 생명체들이 공존하며 살아가듯, 인간 역시 이렇게 다양한 '존재방식(mode of being)'을 지니고 태어나며 살아간다는 것이다. 그렇기에 나는 '왜 트랜스젠더인가'라는 물음에 대한 답을, 독일의 시인 안겔루스 질레지우스Angelus Silesius의 시에서 찾는다.

장미는 '왜'가 없다;
그것은 피어야 하기 때문에 피는 것일 뿐이다.

(The rose is without 'why'; it blooms simply because it blooms.)

이 시는 우리 삶의 생명의 신비를 상기시킨다. 트랜스젠더는 태어나서 지정된 성별에서 불편함, 불행감, 불만족을 심하게 느끼는 성별 불쾌감(gender dysphoria)과 대면한다. 용기를 내어 성전환 과정을 거쳤다 해도 다층적 차별을 경험하면서까지 자신의 젠더 정체성을 찾고자 하는 것이다. 이제 우리는 '왜 하필 트랜스젠더인가'라는 물음을 멈추어야 한다. '동성애에 찬성하는가'라는 질문처럼 "왜 트랜스젠더인가"라는 질문은 성적 지향이나 트랜스젠더적 삶이 마치 전적으로 개인 취향이나 선택에 의한 것이라는 오류적 전제로부터 구성되기 때문이다. 이 점에서 보자면 모든 질문이 타당한 것은 아니다. 우리가 해야 하는 것은 오류의 질문을 과감히 버리고, 다양한 존재방식을 인정하는 것이다. 그리고 그들의 존재방식 자체를 지지하고 연대하는 것— 이것이 바로 '왜'는 인간의 인지 세계 너머에 있지만, "피어야 하기 때문에 피는 장미"의 아름다움을 경험할 수 있는 통로이다.

이 글을 쓰면서 나는 대학의 미디어 도서관에서 트랜스젠더를 다루는 다큐멘터리 영화들을 찾아서 보았다. 도서관에는 온라인으로 언제나 볼 수 있는 트랜스젠더를 포함한 성소수자에 관한 다큐멘터리 필름이 참으로 많았다. 트랜스젠더 당사자만이 아니라 트랜스 부모, 트랜스 부모의 아이들, 트랜스 청소년 등 트랜스젠더와 관련한 다양한 주제를 담은 다큐멘터리 필름들이 그들의 일상을 담아내고 있었다. 그 다큐멘터리를 만드는 이들이 오랜 시간 그들과 함께 생활하면서 영상을 제작한 흔적이 고스란히 필름들에 담겨 있었다. 여남소노, 고학력자나 저학력자, 안정된 직업을 가진 사람이나 경제적 약자, 비장애인이나 장애인, 도시 또는 농촌에서 사는 이들 등 다양한 상황에 있는 사람들이 등장하는 다큐멘터리 필름들은 그들 모두를 단지 '트랜스젠더'라는 범주 속에 집어넣어서 고정시켜서는 안 된다는 사실을 전해주고 있었다. 트랜스젠더 부부가 임신하고 병원에서 진단받는 과정뿐만 아니라, 실제로 쌍둥이 아이를 출산하는 모습, 그리고 그 아이들을 기르는 모습 등 오랜 시간을 들여서 세세한 일상적 삶을 담은 다양한 다큐멘터리를 보면서 내가 확인하게 된 것은 한 가지이다. 그들은 '인간'이라는 것이다. 그 영화들 속에 등장하는 트랜스젠더의 삶이 내게 전하는 것은 "나는 인간이다"라는 단호한 그리고 절실한 선언이다.

2014년에 나온 〈현대 사랑: 트랜스젠더(Modern Love: Transgender)〉라는 다큐멘터리 필름이 있다. 고등학교 때부터 친구로 지내던 두 사람이 결혼하여 아이를 낳고 직장생활도 하며 겉으로 보기에 평범한 생활을 하던 부부의 이야기이다. 그런데 남편이 성별 불편함을 경험하면서 결국 트랜스여성으로 성전환하게 된다. 오랜 고통의 과정을 거치면서 그 부부는 남자와 여자라는 각기 다른 성별로서가 아니라, 두 여성으로서 함께 살아간다. 딸도 아버지가 여성으로 성전환한 사실을 받아들이며 여전히 가족 간의 관계를 지켜낸다. 남성과 여성으로서가 아니라 여성과 여성으로서의 모습을 받아들이는, 동반자적 삶을 살아가는 한 부부의 모습은 잔잔한 감동을 전해주었다. 트랜스여성이 되기 이전과 이후의 가장 큰 차이가 무엇인가, 라는 질문을 받자 '춤출 때'라고 한다. 트랜스여성이 된 남편이 시스여성인 아내에게 묻는다. "당신은 나와 춤출 때, 어떤 젠더를 보지? 남성이야 아니면 여성이야?" 아내가 답한다. "내가 보는 것은 남성도 여성도 아닌 당신이야(I see you)."

나는 이 짧은 대답, '내가 보는 것은 바로 당신'이 참으로 소중한 시선이라고 본다. 트랜스젠더만이 아니라, 무수한 타자를 바라보고 그들과 함께 살아가는 이들이 지녀야 할 시선이라고 생각한다. 우리에게 궁극적으로 필요한 것은 고정된 트랜스여성 또는 트랜스남성의 표지가 아니다. 인간으로서의 독특한 개성과 숨결을 지닌, 개별성을 지닌 얼굴을 가진 한 사람, '너·그대·당신'으로 보는 것이다. 트랜스여성 또는 트랜스남성이 아니라, 그들을 한 인간인 '당신'으로 바라볼 수 있는 시선과 제도가 뿌리내리는 세계를 나는 꿈꾼다. 모든 존재가 존엄한 인간으로 살아갈 수 있는 평등하고 정의로운 세계를 향한 꿈꾸기를 우리 모두가 시작하게 되길 바란다. 인류의 역사는 이러한 새로운 세계를 갈망하고 꿈꾸는 이들에 의하여 그 평등과 포용의 원을 확장해 왔기 때문이다.

혐오의 평범성,
함께 저항하고 넘어서야

고백을 해야겠다. 나는 성소수자를 혐오했던 사람이다. 미국에서 공부할 때, 대학원 수업의 자기소개 시간에 자신을 '게이'라고 소개하는 사람이 있었다. 내 건너편에 앉은 한 남자 학생이다. 게이라니! 큰 충격이었다. 나는 속으로 저 '이상한 사람'과는 절대로 가까이하지 말아야겠다고 생각했다. 미국에 오기 전 나는 한국이나 독일에서 성소수자를 만난 적도, 그 문제에 대해 생각해본 적도 없었다. 물론 그 당시 내가 누군가를 혐오한다는 생각은 하지 않았다. 그러나 혐오란 누군가를 열등하고, 비정상이며, 위험한 사람이라는 생각에서 출발하는 것임을 배우게 되었다. 되돌아보니 나는 전형적인 방식으로 성소수자를 혐오했던 것이다.

그런데 내 속의 혐오를 내려놓게 된 계기가 있었다. 어느 날 휴식 시간에 그가 "하이, 남순" 하고 다가와 말을 건넸다. 내가 성소수자 혐오를 했던 것처럼 그가 '외국인 혐오자'였다면 내게 다가오지 않았을 것이다. 비로소 나는 그의 얼굴을 바라보며 대화를 하게 되었다. 그 학기를 함께 보내면서 나는 그가 나와 똑같은 평등한 인간이라는 사실을 깨닫게 되었다. 너무나 당연한 이 보편 진리를 내가 그제야 진정으로 받아들이게 된 것은, 성적 지향에 대한 복잡한 이론이 아니었다. 그 사람의 '얼굴'이었다. 그 얼굴과의 만남이 내 속에 은닉되어 있던 혐오를 끄집어내 버리도록 만들었다.

기념일로 기억되는 주변부 사람들

2005년부터 5월 17일은 〈국제 성소수자 혐오 반대의 날(International Day against Homophobia, Transphobia and Biphobia)〉로 세계 130여 개 이상의 나라에서 지켜지고 있다. '5월 17일'로 정한 것은, 1990년 5월 17일 세계보건기구가 동성애를 정신 질병 목록에서 삭제한 날이기 때문이다. 한국어로 성소수자 혐오 반대라고만 번역하면 성소수자의 범주가 자세하게 드러나지는 않는다. 그런데 자세히 보면 흥미로운 점이 있다.

2005년 명칭에는 '동성 혐오(International Day against Homophobia)'만 있었다. 2009년에는 '트랜스 혐오(Transphobia)' 개념이, 그리고 2015년에는 '양성애 혐오(Biphobia)' 개념이 캠페인에 포함되면서 성소수자 혐오를 반대하는 캠페인의 범주는 점차로 그 포용의 원을 넓히고 있다. 2021년 〈국제 성소수자 혐오 반대의 날〉을 맞이해서 미국의 바이든 대통령과 국무부 장관은 성명을 발표했다. 두 성명서는 유엔을 인용하면서, 모든 성소수자가 다른 모든 사람과 마찬가지로 인간으로서의 존엄과 평등을 지닌 존재임을 강조한다.

우리 사회에는 기념일들이 있다. 어린이날, 여성의 날, 노인의 날, 장애인의 날, 성소수자 혐오 반대의 날 등이다. 그런데 이렇게 지정된 날에 호명되는 이들은 누구인가. 각기 다른 범주 같지만 공통점이 있다. 그들은 사회의 주변인이라는 점이다. 특별하게 호명되고 기억되어야 하는 이유다. 중심부에 있는 이들은 굳이 특별한 관심을 받을 필요가 없다. 이 점에서 한 사회의 중심부를 이루는 이들의 헤게모니는 특별한 표지의 부재로 유지된다. '어린이'가 아닌 어른, '여성'이 아닌 남성, '장애인'이 아닌 비장애인, '성소수자'가 아닌 이성애자 등과 같은 이들은 중심부에 있기에 혐오, 소외, 차별, 배제를 경험하지 않기 때문이다. 그러나 주변부에 있는 이들은 다양한 방식으로 혐오와 배제의 대상이 된다.

혐오는 자기 인간됨의 파괴

혐오란 무엇인가. 흔히 혐오는 노골적인 양태로만 나타난다고 생각한다. 그러나 많은 경우 특정한 그룹에 대한 혐오는 자신도 인식하지 못하게 은밀하게 작동한다. 노골적이지 않다고 해서 괜찮은 것이 아니다. 스스로도 감지하지 못하지만, 은밀한 혐오는 노골적인 혐오처럼 강력한 차별과 배제의 기능을 한다. 혐오는 특정한 사람들이 열등하고, 비정상적이며, 더 나아가서 위험하다는 생각으로부터 시작한다. 그렇기에 '악하고 나쁜' 사람들만 타자를 혐오하는 것이 아니다. 많은 경우 지극히 평범한 사람들이 자신도 모르게 혐오를 하며, 그 혐오를 확산하곤 한다. 혐오의 평범성이다.

그런데 누군가를 혐오하는 이들이 기억해야 할 것이 있다. 타자에 대한 혐오는 무엇보다도 먼저 자기 자신의 인간됨을 파괴한다는 것이다. 그 타자가 여성이든, 장애인이든, 성소수자든 그들에 대한 혐오는 자신을 먼저 파괴한다.

2021년 〈국제 성소수자 혐오 반대의 날〉의 주제는 "함께 저항하고, 지지하고 치유하기"다. 우선 나·우리 안의 혐오에 '저항'해야 한다. 더 나아가서 그들의 인간으로서의 권리를 '지지'하고, 혐오로 인해 만들어진 상처는 물론 나·우리 속의 상처를 '함께' '치유'해야 함을 상기해야 할 것이다. 누구를 사랑하든, 어떠한 방식으로 존재하든 모든 인간은 존엄성과 평등을 지닌 존재이기 때문이다.

장애인은 '이슈'가 아니라
'인간'이다

우리는 같은 곳에 있어도 같은 것을 보지 않는다. 내게는 보이는 것을 다른 사람은 보지 못하기도 하고, 다른 사람이 보는 것을 내가 보지 못하는 경우도 있다. 함께 TV를 보아도 남편이 아내에게 반말을, 아내는 남편에게 존대하는 드라마가 어떤 사람에게는 '들리지 않'지만, 다른 사람에게는 그것이 심한 문제로 들린다. 신년 토론에 나온 대담자들이 100% '남성-비장애인-중년층-이성애자'인 것이 어떤 사람에게는 매우 '자연스러운' 장면이지만, 다른 어떤 사람에게는 '부자연스러운' 것이다. 한국 사회의 중심부가 누구이며 어떤 사람들이 배제되어 있는가를 적나라하게 드러내는 '생략에 의한 차별'의 장면이기 때문이다. 이렇게 우리는 사람마다 각기 다른 '인식의 사각지대'를 지니고 있다.

우리 속의 인식론적 사각지대

비장애인인 나에게 인식의 사각지대가 있음을 구체적으로 경험하게 된 것은, 장애를 지닌 나의 친구가 한국에 방문했을 때였다. 그녀는 미국 유학 시절 동안 가장 친하게 지내던 친구이다. 모국어가 아닌 '습득된 언어'로 공부하는 것이 주는 다층적 소외의 경험과 어려움에 씨름하며 하루하루가 마치 전쟁터라고 느껴지던 유학 시절, 그녀는 나에게 소중한 피난처였다. 그와 나는 논문 지도교수가 같았고, 한 달에 한 번씩 그 지도교수와 논문을 쓰는 학생들의 모임에서 만났다. 참으로 시간이 없던 시기였지만, 우리는 정기적으로 만나서 시내를 걸으며 점심을 함께 먹고 대화를 나누곤 했다. 그녀와의 시간은 내가 어려운 시간을 넘어설 수 있도록 소중한 에너지를 만들어주었다.

그런데 그녀는 박사과정 공부를 하던 중, 알 수 없는 바이러스로 인해 한쪽 다리를 완전히 절단해야 했다. 투병 생활을 하면서 우여곡절 끝에 박사과정을 마치고 캐나다의 한 대학에서 교수로 일하게 되었고, 어느 해 한국에서 열린 국제회의에 참석하고서 나와 함께 서울과 강원도 여행을 하게 되었다. 의족을 하기도 하고, 목발을 짚고서 이동해야 하는 그녀와 함께 여러 곳을 다니면서 그동안 내 눈에 전혀 보이지 않았던 것들이 비로소 보이기 시작했다. 가파른 계단을 올라가야 들어갈 수 있는 경사진 곳의 카페나 레스토랑들은 아무리 좋아 보여도 들어가지 않았다. 이전에 보이지 않던 계단들, 경사진 곳들, 엘리베이터가 없는 2~3층 건물들이 곳곳에 많다는 사실도 보이기 시작했다.

장애를 지닌 사람들을 배려하지 않는 시설보다 나를 더 불편하게 만든 것이 있었다. 친구와 함께 가는 곳마다 만나게 되는 사람들의 '시선'이었다. 백인의 몸을 지닌 그녀가 한쪽 다리가 없는 장애를 지닌 사람이라는 것이 어떤 이들에게는 '신기한 존재'로 여겨지고 호기심과 측은함의 대상이 되었다. 그녀를 구성하는 수많은 결은 보지 않고 오로지 그녀가 '육체적 장애'라는 '이슈'로만 규정되는 것을 느낄 수 있었다.

장애를 지닌 친구와 일주일을 함께하면서 나의 보기 방식에는 많은 변화가 생겼다. 삶의 다양한 정황 속에서 장애를 지닌 사람이 경험하는 차별과 배제는 일일이 열거할 수 없다. 또한 동일한 자리에 있어도 장애를 지닌 사람과 아닌 사람이 경험하는 세계는 완전히 다르다는 것을 이론만이 아니라 함께하는 삶을 통해서 배우게 되었다.

장애인 차별의 다양한 얼굴

'교차성(intersectionality)'이라는 개념은 장애를 지닌 사람의 문제가 얼마나 복잡한 것인가를 잘 보여준다.

　예를 들어서 장애를 지닌 여성과 장애를 지닌 남성이 경험하는 세계는 겹치는 부분만이 아니라 전혀 상이한 부분들이 있다. 장애를 지닌 여성은, 장애를 지닌 남성들이 경험하지 않는 경험을 하게 된다. 전통적인 가부장제적 사회에서 여성의 가치는 몸, 그리고 그 몸의 기능과 연결되어 있다. 무엇보다도 남성중심적 사회에서는 육체적 미(성적 어필)가 여성에게 가장 중요한 것이라는 가치가, 어릴 때부터 여자아이들에게 주입된다. 따라서 여성에게 가장 중요한 것은 창의력이 아니라, '육체적 외모와 그 성적 기능'이라는 고정관념을 남성은 물론 여성 자신도 내면화한다. 이러한 사회에서 장애를 지닌 여성은 그러한 두 역할, 즉 성적으로 어필하지 못하고, 더 나아가 출산과 양육의 역할을 할 수 없다는 점에서 장애를 지닌 남성과는 다른 경험을 하며 살게 된다.

　이렇게 가사·출산·육아의 능력 여부가 여성으로서의 '역할'을 다 하는 것이라는 생각이 사회적으로 고정되어 있을 경우, 돌봄 노동 전담자로서의 역할과 출산능력에 대한 기대에 맞지 않는다면 장애를 지닌 여성들은 장애를 지닌 남성들의 경험과 다른 이중 삼중의 다층적 차별과 배제를 경험한다. 장애를 지닌 남성과 결혼하는 비장애 여성은 많지만, 거꾸로 비장애 남성이 장애를 지닌 여성과 결혼하여 그 여성의 돌봄 노동 전담자로 살아가는 경우는 매우 드물다.

세계적으로 유명한 물리학자 스티븐 호킹Stephen Hawking을 아는 사람은 많다. 그런데 그가 질병을 넘어서는 학문적 업적이 가능했던 것은 그의 곁에서 전적으로 돌보는 역할을 했던 배우자가 있었기 때문이란 걸 아는 사람은 많지 않다.

스물한 살부터 루게릭병으로 휠체어에서 살아야 했던, 중증의 장애를 지닌 스티븐 호킹 곁에는 30여 년 동안 돌봄 노동의 전담자로 함께했던 비장애 여성 배우자 제인 호킹Jane Hawking이 있었다. 그녀가 호킹에게 필요한 모든 돌봄 노동의 전담자 역할을 했기에 호킹은 글을 쓰고 이론을 발전시키는 일에만 몰두할 수 있었다. 그런데 만약 호킹이 여성이었다면 어떠한 상황이 되었을까.

장애는 인간을 구성하는 요소

장애 차별(ableism)이란 문자적으로 말하면 육체적 또는 정신적 장애 여부에 따른 차별을 의미한다. 그 차별에는 눈에 보이는 제도적 차별도 있지만, 눈에 보이지 않는, 그러나 강력한 영향을 미치는 차별도 있다. 장애가 있는 사람은 없는 사람보다 '열등한 존재'로 간주된다. 그들에 대한 부정적인 고정관념은 다양하게 그들을 '열등한 존재'로 고착시키는 역할을 한다. 이러한 의미에서 장애 차별은 다층적 차별과 편견을 작동시키는 가치관과 제도를 말한다. 인류 역사에서 장애 차별의 대표적인 경우는 나치 독일에서이다. 1939년에서 1941년까지 독일에서는 약 7만 명의 장애인 여성, 남성, 아동들이 학살되었으며, 1945년까지 20만 명의 장애인이 더 학살되었다. 장애인에 대한 노골적 학살의 역사인 것이다.

나는 의도적으로 '장애인(a disabled person)'이 아니라, '장애를 지닌 사람(a person with disability)'이라는 표현을 쓴다. '장애인'이라는 표현을 쓰면 '장애'만이 그 사람을 규정하는 고착된 장치가 되어 버린다. 그러나 장애를 지녔다고 해서 모두 동일한 경험을 하는 것이 아니다. 장애만이 아니라 한 인간으로서 그 사람의 젠더·계층·나이·인종·종교·학력·개성 등 다양한 요소가 그 사람의 삶을 구성하고 있기 때문이다. '장애인'이라는 표지로만 한 사람을 고착시킬 때 문제는 모든 장애인이 마치 젠더·계층·나이·인종·학력 등과 상관없이 '단일한 집합체'라고 간주하게 되며, 결국 하나의 '이슈'로만 보게 한다. '페미니즘은 여성도 인간이라는 급진적 주장'이라는 모토는 장애 문제에도 동일하게 적용된다.

'장애인의 날'에 호명되는 장애인은 종종 하나의 '이슈'로만 간주된다. 그러나 갖가지 특별행사보다 가장 중요한 것이 있다. 그들 한 사람 한 사람이 개별성을 지닌 '인간'임을 인식하는 것, 그래서 인간으로서의 자유로운 이동권, 평등권, 직업권, 교육권, 거주권 등이 보장되어야 하는 것은 그들에 대한 '시혜'나 '특별대우'가 아니라 한 인간으로서의 당연한 '권리'라는 인식이다. 장애인은 '이슈'가 아니라, 인간이다. 분명히 기억하자. 이 명료한 진실을.

탈가족주의,
새로운 가족의 탄생

어느 특별한 결혼식

내가 일하는 대학교의 한 교수 연구실에서 결혼식이 있었다. 몇몇 지인이 입회한 가운데 치러진 결혼식이다. 동료 교수가 주례를 서고 결혼식을 하는 두 사람이 각자가 쓴 시를 낭독하는 것으로 간소하게 치렀다. 그런데 그 조촐하고 조용한 결혼식이 이제까지 내가 본 결혼식 중에서 가장 감동스런 결혼식이었다. 이미 15년 동안 함께 살아온 두 사람의 요청에 의해, 호텔도 아니고 종교 건물도 아닌 교수 연구실에서 결혼식이 이루어졌다.

한 사람은 내 학교에서 석사과정을 마치고 지금은 박사과정 중에 있으면서 주중에는 주로 독거노인들을 대상으로 변호사

일을 하고, 주말에는 설교 목사로 교회에서 일한다. 여든 살이 넘은 변호사이자 목사이다. 다른 한 사람은 작가로 일해 온 사람이다. 두 사람이 뒤늦게 결혼식을 하는 이유는, 나이가 들면서 수술할 때 법적으로 서로를 보호해야 하는 등 필요가 점점 많이 생겼기 때문이란다.

그 결혼식이 내게 참으로 감동적이었던 이유는 그들이 결혼식 내내 서로에게 보여주었던 깊은 사랑의 몸짓 덕분이었다. 그 몸짓은 일부러 연기할 수도, 연습할 수도 없는 고유한 내음을 풍기듯 지순한 사랑을 담아내고 있었다. 서로를 향한 시를 써서 읽어주면서 자신들의 사랑을 표현했다. 글의 언어, 말의 언어, 또한 몸의 언어들이 주는 깊은 감동은 다른 곳에서 쉽사리 경험할 수 없는 것이었다. 말, 글 그리고 몸이라는 이 세 언어로 서로를 향한 사랑을 주고받는 장면은, 지극히 상업화되고 규격화된 통상적인 결혼식에서 보기 드문 것이다. 나를 포함한 열 명도 채 안 되는 하객들 모두 그 감동적인 결혼식의 증인이 된 셈이다. 교수 연구실에서 열린 서로를 향한 지순한 사랑을 함께하는 이들이 느낄 수 있었던 그 특별한 결혼식은 흔한 결혼식과 다른 점이 또 있었다. 두 사람의 젠더가 같다는 것이다. 이들은 '정상 가족'인가 아니면 '비정상 가족'인가.

어느 특별한 가족

어느 가족이 초대된 모임에 간 적이 있다. 그런데 그 모임에서 '기이한' 풍경을 보았다. 그 모임에 온 사람이 자신의 가족을 소개하는데, 아이들 4명의 인종이 모두 다른 것이다. 미국에 살면서 아이와 부모의 인종이 다른 경우는 종종 보아왔지만, 다자녀의 인종이 모두 다른 가족은 본 적이 없었기에 내심 놀라움을 금하기 어려웠다. 그 4명의 아이 중 흑인 아이는 한쪽 눈이 실명되어 한 눈으로만 사물을 보아야 하는 장애가 있었다. 또 그 4명 중에는 한국 아이도 있었다.

같은 테이블에서 식사하게 되어 아이들의 부모와 대화를 나누게 되었다. 4명 중 백인 아이만이 자신이 낳은 아이이며, 다른 3명의 아이는 모두 입양을 했단다. 흑인 아이, 한국 아이 그리고 갈색 피부의 히스패닉 아이를 입양한 것이다. 각기 다른 피부색을 지닌 그 4명의 아이들은 참으로 밝은 표정으로 음식을 먹고, 모임이 열린 공간에서 즐겁게 뛰어다니며 놀았다.

그들 각자가 다른 피부색을 지녔음에도 불구하고, 서로의 개성을 존중하면서 한 가족이라는 끈끈한 연대를 구성하고 있었다. 그들이 연신 나누는 농담과 미소들 그리고 시선들은 그들이 '한 가족'임을 느끼기에 충분했다. 이들은 '정상 가족'인가 아니면 '비정상 가족'인가.

탈가족주의와 새로운 가족의 탄생

지인 중에는 동성결혼을 하고 아이를 입양한 가족도 있다. 한국어의 '부모(父母)'는 나의 지인처럼 동성으로 부모 역할을 하는 사람을 적절하게 담지 못한다. '아버지(남자)'와 '어머니(여자)'라는 이성 결혼 관계만을 전제로 하는 용어이기 때문이다.

한국어로 '부모'라고 번역되는 영어 말 '페어런츠(parents)'는 한 명일 때는 단수로, 두 명일 때는 복수로 쓰면 될 뿐이다. 부모가 동성이든 이성이든, 또는 한 부모든 두 부모든 상관없다. 사소한 것 같은 이 단어 '부모'는 한국 사회에서 전통적인 '정상가족'의 틀에서 벗어나 있는 한부모 가정이나 동성애 가정 등을 근원적으로 배제하는 단어이다.

부친의 혈통을 물려받아야 진정한 자녀로 간주하는 부계 혈통 중심주의 그리고 이성애중심주의적 가족주의는 다양한 모습의 가족들을 모두 비정상 가족으로 몰아내고 있다. 무자녀 가정, 동성애 가정, 한부모 가정, 트랜스젠더 가정, 부모나 아이의 피부색이 다른 다(多)인종 가정, 또는 부모가 이혼한 후 재혼하여 각기 다른 부모가 있는 다(多)부모 가정 등은 우리 주변에 이미 존재하고 있는데 말이다.

가정의 달이 되면 '가족'에 대한 낭만화는 증폭된다. 가정은 '안식처'라고 하는 낭만화된 이미지는 가족 간에 벌어지는 다충적 폭력 현실을 제대로 보려고 하지 않는다. 낭만화된 가족 이해의 가장 심각한 문제는 가족 안에서 일어나는 어두운 그림자를 외면하는 것이다.

2016년 통계에 따르면 부부 폭력의 비율은 41.5%가 된다. 이 폭력에는 신체적 폭력, 정서적 폭력, 경제적 폭력, 성 학대, 방임 등 다양한 폭력이 들어가 있다. 또한 가정폭력의 70%가 남편이 아내에게 가하는 폭력이다. 또한 청소년 중에 가정에서 심한 매를 맞아본 경험이 있는 아이들은 96.4%이며, 아동 학대의 25%를 차지하는 성적 학대의 주 희생자는 여자아이이다. 노인 학대를 경험한 노인 중 66.7%가 여성 노인이다. 결국 '안식처'라는 전통적인 가족주의 속에서 부부간, 부모 자식 간, 노년층에서의 주요 희생자가 여성이라는 것이다. 이렇게 '희생자' 여성들은 다양한 자리에서 사회적 약자가 되어 다층적 폭력과 차별의 희생자가 되곤 한다.

한국이 여전히 세계 고아 수출국 상위 5위 안에 드는 이유는 바로 부계 혈통 중심주의적 가족 이해에 근거한다. '어쨌든' 피가 섞여야 '진짜 자식'이라는 폐쇄적 가족 이해는, 정 많다고 하는 한국인들이 여전히 입양을 거부하는 주요 이유가 된다. 드라마의 단골 주제가 되곤 하는 소위 '출생의 비밀'은 21세기에 들어선 지금도 유효하다.

한국어는 친족 관계에서도 다층적 문제점을 지닌다. 아버지 쪽인가, 어머니 쪽인가에 따라서 호칭이 달라진다. 친할머니·친할아버지·삼촌·고모는 아버지 쪽 친족이며, 외할머니·외할아버지·외삼촌·이모 등은 어머니 쪽 친척이다. 이 두 종류의 친척 분류에서 여전히 우선성을 지니는 것은 "친"이라는 표지가 붙은 아버지 쪽 가족이다. '진짜 친척'은 아버지 쪽 가족이며, "외"가 붙은 어머니 쪽 가족은 '부차적 친척'이다.

드라마에서 여전히 남편은 아내에게 반말을, 아내는 남편에게 존댓말을 한다. 언어구조에 존댓말이나 반말이 없는 외국영화라도 한국어로 번역될 때는 이러한 아내와 남편 사이의 위계구조를 드러내면서, 남편은 반말을 아내는 존댓말을 하는 위계적 부부 관계로 탈바꿈해 더빙된다. 물론 일부에서 전통적인 남성-여성의 고정관념과 역할에 저항하는 변화가 일어나고는 있다. 그렇다고 해서 '남성 같은 여성'의 등장만으로 바람직한 변화가 일어나는 것이라고 할 수는 없다.

어른 사람과 아이 사람 사이의 관계도 아이 사람의 인간됨이 존중되는 소통을 어렵게 만든다. 어른 사람은 반말, 아이 사람은 존댓말로 소통해야 하는데 이미 그 소통 방식 자체가 위계주의적으로 설정되어 있기 때문이다. 한 사회의 언어구조는 그 사회의 가치관을 담고 있기에, 그 가치관이 배타적이 아닌 포용적인 언어로 바뀌어야 하는 것은 사회적 과제이기도 하다.

왜 가족관계에 대한 이러한 어두운 측면을 언급하는가. 내가 바라는 진정한 '가정'에 대한 우리의 이해를 복합화시키고, 보다 민주적이고 평등한 가정을 향한 변화가 일어나기를 바라기 때문이다. 문제를 문제로 보지 못하거나, 보지 않으려는 것은 매우 위험하다. 오히려 진정한 가정을 구성하고 가꾸어 나가는 데 방해가 되고 해롭기 때문이다.

이 시대 전통적 가족주의를 넘어서서 새롭게 구성되는 가족은 첫째, 남성 중심의 위계주의를 넘어서서 모든 가족 구성원 간의 평등이 전제되는 '평등주의 가족'이다. 둘째, 어른 사람이든 아이 사람이든 모든 가족 구성원의 의견과 생각이 존중되는 '민주주의 가족'이다. 셋째, 이성애 가족만이 아니라 동성애 가족, 한부모 가족, 무자녀 가족, 트랜스젠더 가족, 다(多)부모 가족, 입양된 자녀를 둔 입양 가족, 다(多)인종 가족 등 다양한 형태를 모두 '정상 가족'으로 간주하는 '포괄적 가족'이다. 이러한 새로운 가족주의의 탄생을 촉구하고 확산하는 일은 중요한 사회적 과제이다.

혐오의 정치에서 환대의 정치로

외국인 혐오, 국가적 후진성

황교안 자유한국당 대표가 2019년 6월 19일, 이주 노동자에게 내국인과 동일한 임금수준을 보장하는 것은 부당하다며 임금수준을 차등화하는 입법에 나서겠다고 했다. 그 외국인 노동자들이 한국 국가에 기여한 것이 없다는 것이다. '외국인 혐오(xenophobia)'의 전형이다.

나는 지금도 한국이 아닌 나라에서 '외국인'으로 일하며 살고 있다. '외국인'이라는 표지를 지니고 한국 밖에서 더 오랫동안 살아왔다. 독일이 통일되기 전 나는 생에 처음으로 외국인이 되어 독일로 유학을 갔다. 그 당시 '가난한 유학생'이었던 나는 당연히 독일이라는 국가에 세금은 물론이고 아무런 '기여'

조차 하지 못했다. 그러나 독일 내국인과 동등하게 각종 혜택을 받았다. 박사과정에 입학하여 공부하면서도 독일 시민과 마찬가지로 학비도 전혀 내지 않았다. 뿐만 아니라 건강보험 혜택은 물론 주거 보조비와 아이 양육비까지 매달 꼬박꼬박 받으며 살았다.

내가 만났던 독일의 한 기독교인은 예수의 이웃사랑 가르침을 현대에서 실천할 수 있는 방식은, 국가의 사회보장제도가 모든 사람에게 공평하게 적용되도록 하는 것이라고 믿고 있었다. 그래서 기독교인들의 이웃사랑은 정확한 세금을 내고, 그 세금으로 국가가 그 누구도 차별하지 않고 사람답게 살 수 있도록 만드는 제도적 평등성을 통해서 가능하다는 것이다.

독일에서 첫 외국인으로의 삶을 경험한 이후 여러 나라에서 외국인으로 살아가면서, '외국인'을 어떻게 대하는가가 그 나라의 선진성과 후진성을 평가하는 중요한 잣대 중 하나가 되었다. 그 나라가 외국인에게 개인적·제도적·국가적 환대를 어떻게 구체적으로 실천하고 보장하는가를 보는 것이다. 혐오와 적대의 정치가 포용과 환대의 정치를 압도할 때, 그 사회가 아무리 경제적 성장을 이루었다 해도 내게는 후진국이다. 나는 한국, 독일, 미국, 영국 등 네 개의 각기 다른 나라에서 살아 보았다. 그런데 네 나라 중에서 가장 후진성을 보이는 것이 내가 태어난 한국임을 부인하기 어렵다.

'낯선 사람'에 대한 환대의 종교적 의미

모든 종류의 혐오는 이분법적 사유방식으로부터 시작된다. 두 축을 만들어 우월과 열등을 설정하면서, 혐오의 씨는 그 뿌리를 내린다. 황교안 대표는 내국인과 외국인을 이분법적 대척점에 세워놓는다. 그리고 내국인은 우월하고 기여하는 존재로, 외국인은 아무런 기여를 하지 못하는 '열등한 존재'라는 왜곡된 가치판단을 적용하는 것이다. 더 나아가면 외국인은 문화적·종교적·인종적 상이성 때문에 내국인의 삶을 '위협'할 수 있는 '위험한 존재'라는 생각을 의식적·무의식적으로 작동시킨다.

황교안 대표의 의식 속에 등장하는 '외국인 노동자'는 어떤 모습일까. 필경 피부색이 하얗고 기독교 문화에서 온 '백인'이 아니라, 한국보다 경제적으로 가난하고 비기독교 국가인 소위 제3세계 나라에서 온 '갈색인'일 것이다. 황교안 대표 스스로 자기 발언의 복합적인 함의를 인식하지 못했다 해도, 나는 독실한 기독교인이라는 그의 이 발언에서 외국인 혐오, 인종 혐오, 계층 혐오 그리고 종교 혐오를 동시에 느낀다. 제주도 예멘 난민들을 향한 기독교인들의 혐오는 이러한 혐오정치의 구조를 고스란히 담고 있다.

그런데 '외국인'이란 어떤 존재인가. 기독교, 유대교, 이슬람교 등 3개의 종교를 일컬어 "아브라함 종교들(Abrahamic religions)"이라고 부른다. 아브라함을 '믿음의 조상'이라고 간주하며, 이 세 종교는 아브라함을 기점으로 펼쳐진다. 흥미롭게도 성서의 신은 정확한 이유는 밝히지 않은 채, 아브라함에게 고향을 떠나라고 명령한다. 익숙한 고향을 떠나 '주인·내국인'으로의 삶을 벗어나 '손님·외국인'으로 살기 시작하면서, 아브라함은 비로소 이름도 '아브람'에서 '아브라함'으로 바뀌며 '믿음의 조상'으로 자리 잡기 시작한다. 외국인으로의 삶에서 가장 절실하게 필요한 것은 무엇인가. 그것은 '주인·내국인'의 환대이다. 그 환대는 개인적 환대이기도 하고, 국가적·제도적 환대이기도 하다.

기독교는 '무조건적 환대'를 강조한다. "자신의 나라에 거주하는 외국인들을 우리에게 속한 사람처럼 대하고, 우리 자신을 사랑하는 것처럼 그 외국인들을 사랑하라(레위기 19:33-34)"고 하며, "아무런 조건 없이 낯선 이들에게 환대를 베풀라(로마서 12:13)"고 한다. 기독교에서 외국인 환대에 대한 가르침은 다음의 예에서 볼 수 있는 것처럼, 예수의 가르침에서 그 정점을 이룬다.

"최후의 심판"이라고 알려진 예수의 가르침에서(마태복음 25장), 예수는 사람들이 심판받는 여섯 가지 기준을 제시한다. 최후의 심판 기준을 보면 그 어느 것도 소위 '종교적'인 것이 없다. 다만 어떻게 타자에 대하여 환대를 실천하는가가 그 유일한 기준이다. 그 여섯 가지 기준 중 하나가 '낯선 사람들(the stranger)'에 대한 환대이다. '낯선 사람들'은 다양하게 해석될 수 있지만, 우리가 '외국인'이라고 부르는 사람들은 전형적인 '낯선 사람들'이다. 혐오와 차별이 아닌 환대와 포용이 예수가 '최후 심판'이라는 긴박하고 절실한 메타포를 써서 가르치려고 한 '복음'의 핵심이다. 낯선 사람들, 즉 외국인들을 환대하는가가 소위 '구원'을 받는가 아닌가를 판가름하는 중요한 기준 중의 하나가 되는 것이다.

익숙한 고향을 떠나 낯선 타국에서 외국인으로 살아가는 사람에게 가장 절실한 것은 무엇인가. 그것은 자기가 도착한 곳에서 자신을 환대로 맞아주는 사람들의 배려이다. 신이 아브라함에게 고향을 떠나 '외국인'으로서의 삶을 살라고 했다는 이야기가 성서에 있다는 것은, 어쩌면 종교에서 환대가 가장 중요한, 핵심적인 실천이라는 분명한 메시지를 주고자 함인지도 모른다. 그래서 이 세 종교에서 소위 '아브라함적 환대'는 매우 중요한 실천적·종교적 개념으로 자리 잡고 있다. 그런데 한국의 기독교인들이 보이는 모습은 이러한 기독교의 핵심 정신을 정면으로 위배한다.

우리 모두 내국인이며 외국인

'내국인-외국인'의 경계는 절대적으로 고정되어 있지 않다. 한국이라는 지리적 영토를 벗어나자마자, 모든 '내국인'들은 '외국인'으로 살아야 한다. 즉 도착지 내국인들의 환대가 절실하게 필요한 삶에 들어서는 것이다. 더구나 21세기에 들어선 지금, 국가적 경계는 이전과 같은 의미를 지니지 않는다. 초경계적 삶, 초국가적 삶이 우리의 현실이 되었다. 이러한 의미에서 우리 모두는 내국인이면서 외국인이기도 하고, 외국인이면서 내국인적 삶을 사는 '디아스포라적 의식(diasporic consciousness)'을 체현하며 살아가야 한다. 이 점에서 21세기의 사회는 '낯선 사람들', 즉 외국인에 대한 환대를 어떻게 개인적으로 또는 제도적으로 실천하는가에 따라 그 성숙성 또는 미성숙성이 규정될 수 있다. 내국인에 대한 '환대'가 외국인에 대한 '적대'에 의해서 작동될 때, 그 메커니즘은 인류 역사 속에서 타자에 대한 극도의 폭력과 살상을 일으켜왔다. 이것은 '모든 이'의 자유와 평등을 주요한 가치로 삼고 있는 민주주의 정신에 위배되는 '반민주적'인 일일 뿐만 아니라, 기독교 정신을 정면으로 배반하는 '반기독교적' 행위이다.

한 사회의 '낯선 사람들'은 외국인만이 아니다. 성소수자, 장애인, 여성, 아이 등 주류에 속하지 않은 이들은 주류적 관점에서 보면 '낯선 사람들'이다. 성소수자들에 대한 기독교인들의 혐오는 도를 넘었다. 2019년 1월 〈국가인권위원회〉는 "혐오차별 대응 특별추진위원회"를 출범시켰다. 그런데 그 중요한 혐오차별 대응 기획단에 반대하기 위해서, 일부 기독교인들은 "혐오차별로 포장된 동성애 독재 대응 비상대책위원회"를 출범시켰다. '동성애 독재'라는 희귀한 신조어까지 만들어내면서 그것이 도대체 무슨 의미인가는 생각하지 않는 듯하다. 앞장서서 모든 종류의 혐오와 차별을 반대해야 할 기독교인들이, 오히려 혐오와 차별을 마치 기독교적 가치인 것처럼 강화하고 확산하고 있다. 혐오정치가 한국 사회의 정치인들과 종교인들에게서 자신들의 존재이유를 증명하는 도구가 되고 있는 현실이다. 혐오정치의 위험성은 혐오자들 자신의 인간됨을 파괴하는 것뿐만이 아니라, 그 혐오 대상들에게 지독한 '존재적 폭력'을 행사한다는 점이다.

기독인들은 예수 이름으로 예수를 정면으로 배반하는 혐오정치의 길에서 돌아 나와 '환대의 정치'로 전환하기 바란다. 예수는 '혐오'가 아니라, '환대'를 가르쳤으며, 그 환대의 원을 확장하는 것이 예수를 믿는다는 기독인들의 중요한 과제이다. 뿐만 아니라 성숙한 민주사회를 이루는 중요한 구성요소임을 상기해야 한다.

지구의 공동 소유권자,
난민은 동료 인간이다

난민은 숫자가 아니다

"난민은 숫자가 아닙니다. 그들은 얼굴을 지니고, 이름들이 있고, 삶의 이야기들이 있는 사람들입니다. 그리고 그렇게 인간으로 대우받아야만 합니다." 프란치스코 교황이 2016년 4월 16일 자신의 트위터에 남긴 말이다. 교황은 2016년 유럽의 난민 위기가 극심해질 때, 그리스를 방문했다. 그리스 방문 후 그는 시리아에서 온 12명의 무슬림 난민들을 바티칸으로 데리고 갔다. 그 12명 중에는 6명의 아이가 포함되었다.

어떤 사건이 등장할 때 우리는 종종 인간을 숫자로만 기억하면서, 그 인간이 개별성의 얼굴을 지닌 존재임을 잊곤 한다. 코로나 사태에서 인간은 코로나 확진자 ○○명, 또는 사망자

○○명이라는 숫자로 표기된다. 그리고 한국, 유럽 또는 북미 등으로 유입되는 난민도 숫자에 불과하다. "제주도 예멘 난민 500명"이라는 신문 기사의 표제어는 여전히 우리의 뇌리에서 그 난민을 '500명'이라는 숫자로만 기억한다. 그러나 그 수가 많든 적든, 그 숫자 속의 인간은 각기 다른 고유한 얼굴과 이름을 지닌 인간이다.

'얼굴'은 한 사람이 단지 숫자가 아니라, 유일무이하고 고귀한 존재라는 인간의 개별성을 인식하는 가장 중요한 자리다. 누군가를 처음 만날 때, 우리는 얼굴을 통해서 그 타자의 존재를 인식한다. 마치 건물로 들어가기 위해서 '문'을 통과해야 하는 것처럼, 얼굴은 한 사람의 존재와 만나게 하는 '문'이다. 이 점에서 숫자가 아닌 얼굴의 기억은, 나와 타자의 인간됨을 지켜내는 소중한 토대다. "난민들은 숫자가 아닙니다"라는 선언은, 바로 우리의 살아감이란 개개인을 단지 숫자가 아닌 고유한 존재로 보면서 그들 모두 나와 같이 존엄성을 지닌 인간임을 상기시킨다. 이러한 인식이 난민 디아스포라의 문제를 바라보는 우리의 관점에 중요한 출발점이다.

난민 문제는 21세기 이 세계가 대면한 가장 심각한 위기 중하나다. 2001년부터 전쟁 중인 아프가니스탄 출신의 난민은 등록된 수만 250만여 명이 넘는다. 아시아에서는 아프간 난민 수가 제일 많으며, 세계에서는 시리아 난민에 이어서 두 번째로 많다. 2021년 8월 탈레반이 아프가니스탄을 다시 점령한 후, 난민 문제가 또다시 긴급한 문제로 부각되고 있다. 그런데 우리는 아프간 난민을 포함해서 세계 곳곳의 난민과 아무 상관이 없는 것일까. 난민은 우리의 동료 인간이다. 또한 한국의 평화는 세계의 평화와 분리될 수 없다. 세계 곳곳의 난민은 나·우리의 평화를 일구어내는 데 결정적인 문제 중 하나다. 동질성을 나누는 사람들만이 아니라 다양한 색채를 지닌 이들이 동료 인간으로 서로를 환영하는 '코즈모폴리턴 환대' 개념이, 이 21세기에 다시 긴급한 사회정치적 주제로 부상하는 이유다.

한국은 독립된 나라이면서, 동시에 이 세계의 구성원이기도 하다. '한국만의 평화'란 불가능하다. 그렇다면 한국을 포함하여 세계 전체가 진정한 평화를 이루기 위해서 무엇이 이루어져야 하는가.

칸트의 코즈모폴리턴 환대 개념, 세 가지

독일의 철학자 이마누엘 칸트는 1795년에《영구적 평화(Zum ewigen Frieden)》라는 글을 출판한다. 칸트는 이 세계의 평화를 일구어내는 데 필요한 세 가지를 제시한다. 첫째, 세계시민의식, 둘째, 환대에 대한 보편적 의무, 그리고 셋째, 이 지구 위에 거주하는 모든 사람의 평화와 인간의 존엄성을 이루는 것이다. 이 세 가지는 현재 한국은 물론 세계 곳곳에서 벌어지고 있는 분쟁과 위기를 넘어서서 평화롭게 함께 사는 삶을 이루는 데, 직접적으로 연결된 긴급하고 중요한 문제다.

첫째, 세계시민의식, 즉 코즈모폴리턴 의식은 우리 모두 두 가지 소속성을 가지고 있다는 이해로부터 출발한다. 하나는 자신이 태어난 나라의 소속성 그리고 다른 하나는 태양 아래 모두가 소속되어 있는 '세계시민'으로서의 소속성이다. 이 두 소속성은 서로 갈등 관계에 있지 않다. 우리는 한국인이면서 동시에 태양 아래에 있는 세계시민으로서의 소속성을 지닌다.

둘째, 환대에 대한 보편적 의무란 우리가 사는 나라를 방문하는 사람들을 환영하는 것은 인간으로서의 의무라는 것이다. 그 환대의 전제조건은 단 한 가지, "지구상에 거하는 인간"이다. '지구상에 거한다'는 것은 우리가 서로 태어난 곳이 달라도, 태양 아래 속한 세계시민으로 '동료 인간'이라는 정체성에 근거한다. '지구상에 거하는 인간'이라면, 누구든지 환영하고 받아들여야 한다는 인간으로서의 책임을 칸트는 '코즈모폴리턴 환대'라고 명명한다.

셋째, 모든 사람의 평화와 그들의 인간으로서의 존엄성을 지켜주고 존중하는 것이다. 여기에서 '모든' 사람이란 추상적 범주가 아니다. 우리 주변에 있는 한 사람 한 사람, 그 고유한 얼굴을 의미한다.

칸트의 코즈모폴리턴 환대 개념은 21세기 현대 세계가 대면하고 있는 심각한 위기 중 하나인 난민 문제에 중요한 원리를 제공한다. 칸트는 그의 코즈모폴리턴 환대 개념에서 "환대란 이방인이 타국에 도착했을 때, 적으로 취급받아서는 안 된다는 이방인의 권리를 의미"하며, 이 권리는 "모든 인간이 이 지구 표면의 공공 소유권을 지닌다는 사실에 근거한다"라고 강조한다. 어디에 살든 인간이라면 이 지구 표면의 '공동 소유권'을 지닌다. 물론 이 지구 공동 소유권에 대한 의식은 땅 투기가 심각한 사회문제로 대두되는 한국 사회에서, 상상하기조차 불가능한 의식인지도 모른다. 그러나 적어도 이러한 본래 의미를 받아들이는 이들이 점차 많아질 때, 곳곳에 있는 '난민 디아스포라'에 대한 의식을 전적으로 바꾸게 한다. 누구도 이 지구의 영토에 대해 절대적 소유권을 주장할 수 없다. 아니, 주장해서는 안 된다. 모든 인간은 이 지구에 손님으로, 임시 거주자로, '난민 디아스포라'로서 잠시 머무는 것일 뿐이다. '지구의 공동 소유권'이라는 의식, 또한 모든 이가 '동료 인간'이라는 코즈모폴리턴 의식을 가지게 된다면, 한국이라는 특정한 영토의 절대적 소유권을 주장하면서 이 땅에 오는 이들을 적대하고 배척해서는 안 된다는 것을 알게 된다.

2021년 8월 26일, 378명의 아프간 국민이 한국에 도착했다. 그들은 한국을 도운 '협력자'라는 범주에 들어간 이들이다. 그래서 난민이 아니라, "특별 공로자"라고 명명한다고 한다. 이들을 이렇게 한국에 정착하도록 하는 것은 매우 고무적이다. 여기에서 우리가 기억해야 할 것이 있다. 이들 '특별 공로자'만을 한국이라는 영토의 '포용의 원'에 넣는 것은 지나치게 작은 출발점일 뿐이다. 따라서 한국 사회는 그 작은 환대의 원을 이제 더욱 확장해야 한다. 한국을 직접적으로 돕지 않았다 해도, 아프가니스탄을 떠날 수밖에 없는 난민에 대하여 인류공동체로서의 책임이 여전히 남아있다. 설사 그들의 종교, 언어, 문화, 생활방식 등 여러 가지가 한국 문화에서는 여전히 낯선 것일 수도 있지만, '우리'와 '그들'이 지닌 가장 중요한 공동 기반이 있다. 이 지구의 '공동 소유권'을 나누고 있는 세계시민으로서 '동료 인간'이라는 점이다.

2020년 9월 9일, 독일 베를린을 포함해서 40여 개의 도시에서 대대적인 시위가 있었다. 그리스 레스보스섬에 있는 난민 수용소에서 대형 화재가 나서 그곳에 수용되었던 난민들 1만 2천여 명이 어려움을 겪자, 독일 시민들이 나선 것이다. 시민들은 "난민 수용소를 해체하고, 당장 (난민을) 데려오라", "유럽연합(EU)은 부끄러운 줄 알아라" 등의 글귀가 적힌 플래카드를 들고 있었다. 독일의 180여 개 지방자치단체가 난민을 받아들이겠다는 의사를 밝혔다. 독일이 난민 수용에 이렇게 적극적인 이유에 대하여 각기 다른 여러 분석이 있다. 그런데 칸트의 '코즈모폴리턴 환대'를 사회정치적으로 확산하는 이러한 의식은, 아무리 나치 시대의 과오에 역사적 사죄의 의미가 있다고 해도 앙겔라 메르켈 총리와 같은 정치가들의 난민에 대한 정치철학과 결단 그리고 시민들의 성숙한 세계시민의식이 없다면 상상하기 어렵다.

"난민은 숫자가 아닙니다"라는 선언, 그리고 이 지구 위에 거하는 모든 이가 '지구의 공동 소유권'을 지닌 동료 인간이라는 코즈모폴리턴 의식은 이미 한국에 들어온 "특별 공로자"만이 아니라, 오늘 하루도 생존하기 위하여 절규하고 있는 모든 '난민'에게도 최대한의 환대를 실천해야 하는 우리의 책임성을 상기시킨다. 우리가 헤쳐 나가야 할 여러 가지 현실적인 한계와 제한에도 불구하고 정치인들, 시민들, 종교단체들 등 한국을 구성하는 이들이 '난민 디아스포라'에 대한 환대를 확산할 때, 한국은 물론 세계의 평화를 이루기 위한 중요한 발걸음을 내딛는 것이다. 난민에 대한 환대는 시혜를 베푸는 것이 아니다. 난민에 대한 환대는 인간으로서의 권리이며 동시에 책임이다. 살아감이란 결국 '함께-평화롭게-살아감'이기 때문이다.

정의는 기다리지 않는다

'어떤 정의'의 실현인가

"정의는 기다리지 않는다."

철학자 자크 데리다Jacques Derrida의 말이다. 정의 실현이란 어떤 특정한 때를 기다려서 실천해야 하는 것이 아니라, 언제나 긴급한 과제임을 역설한다. 그런데 정의 실현이란 무엇인가. 다양한 사람들이 '정의 실현'이라는 말을 도처에서 쓰고 있다. 그래서 정의 실현이라는 개념은 지나치게 상투화되어서 그 고귀한 의미가 오히려 퇴색되어 버렸다. 물론 의미가 퇴색되고, 남용되고, 왜곡되었다고 해서 정의 실현이라는 중요한 가치를 포기할 수는 없다. 오히려 그 남용되고 퇴색된 의미를 재구성해서, 소중한 가치를 재탄생시켜야 한다.

정의 실현의 중요성을 되살리기 위해서 우선 해야 할 일이 있다. 질문하는 방식을 전적으로 바꾸는 것이다. "정의 실현이란 무엇인가"라는 연역적 접근의 물음이 아니라, "'누구의 정의', '어떠한 정의'를 실현해야 하는가"라는 귀납적 물음으로부터 시작하는 것이다.

정의라는 말은 고대부터 사용되어 왔다. 그런데 고대부터 이어져 오던 거대 이론으로서의 정의는, 현대에 들어서서 다양한 모습의 구체성을 지닌 정의로 세분화되기 시작했다. 연역적 접근에서 나오는 커다란 범주에서만 정의를 논의할 때, 정의에 관한 거대 이론을 창출할 수는 있다. 하지만 거대 이론으로서의 정의는 한계가 있다. 권력의 중심부가 아닌 주변부에 있는 사람들을 위한 정의는 배제되고 외면된다는 점이다. 전통적 논의가 지닌 지독한 한계이다. 정의에 대한 거시적 접근만이 아니라, 구체적인 차별적 정황에 개입하는 정의에 대한 미시적 접근이 모두 요청되는 이유이다.

1960년대 이후 서구에서 사용되기 시작한 미시적 정의 개념들은, 거시적 정의 개념에서 배제된 주변인들에 대한 문제의 긴급성을 부각시켰다. 소위 "억눌린 사람들의 귀환"이 시작된 것이다. 이러한 귀환은 인종 정의·계층 정의·생태 정의·젠더 정의·장애 정의 또는 성 정의 등과 같은 미시적 정의 개념들의 등장을 가능하게 했다. 전통적인 거시적 정의 개념에서 외면되고 배제되었던 정의들의 그 중요한 의미가 비로소 드러나기 시작한 것이다. 거시 정치만이 아니라 미시 정치의 등장 또한, 거시 정의만이 아니라 미시 정의의 중요성이 부각되기 시작하게 된 배경이다.

정의 실현은 '합의'의 문제가 아니다

"대통령은 소수자 정책을 어떻게 펼 것인가? 차별금지법은 어떻게 할 것인가?" 지난 2019년 11월 19일 열린 대통령과 국민과의 대화 프로그램, 〈국민이 묻는다〉에서 나온 질문이다. 이 질문에 대통령은 "소수자 차별 문제에 대해 원론적으로는 (차별하면 안 된다고) 찬성하지만, 동성혼 문제는 아직 합법화하기에는 우리 사회가 합의를 이루고 있지 않은 것이 엄연한 현실"이라고 답했다.

"차별하면 안 된다"는 것은 단지 구호를 외치는 것에서 끝나는 것이 아니다. 차별의 매우 구체적인 정황들에 개입하면서, 차별이 더 이상 일어나는 것을 방지하고 그 차별의 대상들을 법적으로 보호해야 한다. 차별을 넘어서서 정의를 실현하는 것은 단순한 낭만적인 구호가 아니다. "차별하면 안 된다"는 원론을 제도화하고 입법화하지 않는다면, 그 '차별하면 안 되는 것'은 결국 '차별해도 되는 것'으로 용인하는 것이 된다. 성소수자를 차별하면 안 된다고 생각하지만 동성혼은 여전히 불법이라고 하는 것은 결국, 성소수자를 차별해도 된다고 하는 것이라는 말이다. 차별 금지의 탈낭만화 그리고 정치화가 필요한 이유이다.

새로운 제도적 개혁을 모색하고자 할 때 종종 소환되는 개념이 있다. '국민적 합의' 또는 '국민적 정서'라는 말이다. 지극히 기본적인 인권 문제를 다루는 포괄적차별금지법은 여전히 국민적 정서에 맞지 않는다는 이유로 채택되지 못하고 있다. 시민의 권리로서의 동성혼 역시 국민적 합의가 이루어지지 않아서 허용하지 못한다고 한다. 그런데 여기에서 소환되는 '국민'은 누구이며, 그들의 '정서' 또는 '합의'의 정당성은 어떻게·누가 부여하는가.

부언할 필요조차 없이 '성적 지향'은 인간이 지닌 다양한 존재방식이다. 이러한 상식을 받아들이는 것은 성소수자들에게 호혜를 베푸는 것도, 특별대우를 해주는 것도 아니다. 성소수자들이 당연하게 누려야 하는 인간의 권리다. 인간이 다양한 성적 지향을 지닌 존재로 태어난다는 사실을 인정하지 않는 한국에서 성소수자들은 국민으로서, 또한 인간으로서 당연히 누려야 할 권리에 아무런 법적 보호를 받지 못하고 있다. 성소수자들이 받는 차별적 현실을 개선하고 그들의 결혼을 합법으로 만드는 정의 실현은 '국민적 합의'라는 말로 계속 유보해서는 안 되는 사안이다.

노예제도의 폐지 또는 여성의 참정권과 교육권 허용 등과 같이 계층 정의, 인종 정의 그리고 젠더 정의를 확장하고 제도화하는 과정에서 자연스럽게 국민적 합의가 이루어진 적은 없다. 특정한 이들만이 아닌 '모든' 이의 평등을 확산하고자 하는 변혁적 의식을 지닌 소수의 투쟁, 그 소수의 투쟁에 연대하는 이들 그리고 결정권을 지닌 정치 지도자들의 과감한 결단 등에 의해서 다양한 정의 실현을 제도적으로 확장하는 제도적·법적 변혁이 가능했다.

포괄적 정의 실현은 긴급한 과제다

미국 연방 대법원에서 동성결혼이 헌법에서 보장받는 권리라는 판결을 내린 것은 2015년 6월 26일이다. 연방 대법원의 판결 이후, 미국 전역을 대상으로 한 연구에 의하면, 1999년 1월부터 2015년 12월까지 중학교 3학년부터 고등학교 3학년 사이의 성소수자들의 자살 시도율이 7% 감소했다. 또한 동성혼의 법제화를 실제로 시행한 주에서는 14%가 감소했다. 매해 청소년들의 자살 시도가 13만 4천 명이나 감소했다는 것이다.

다수의 정치인·종교인들에게 동성혼 문제는 처리해야 할 '이슈'일 뿐이다. 그러나 분명히 기억할 것이 있다. 성소수자들에게 이 문제는 '생명'에 관한 것이다. 성소수자들의 존재방식을 부정하고, 그들을 '2등 인간' 취급하는 것은 명백한 인권유린이다. 성소수자들의 동성혼 합법화는 이성혼 합법화처럼 단지 사회적 이슈가 아니라, 정의 실현에 관한 절실한 문제이다. 지금도 곳곳에서 사회적 차별과 질시, 배제와 폭력에 의해 삶을 포기하고자 하는 성소수자들이 있다. 그들은 '이슈'가 아닌 살아있는 '생명'이다. 국가·사회·종교가 그들의 존재를 법적으로 인정할 때, 결혼 당사자만이 아니라 청소년들의 자살 시도가 13만 4천 명이나 감소했다는 것은 비록 미국의 통계지만 우리에게 시사하는 바가 크다.

한국 사회에서 정의 실현에 커다란 장애가 되는 존재가 기독교인들과 정치인들이다. "동성애는 메르스처럼 격리해야 한다"며 "동성애·이슬람 반대하면 누구와도 연대"하겠다는 A목사가 예외적으로 별난 목회자가 아니라는 점이 한국 기독교의 미래 전망을 절망적으로 만든다. 그뿐인가. "동성애, 동성혼, 차별금지법 허용 반대 운동을 벌어야 한다"고 2012년 12월 13일 〈민주통합당 종교특위 기자회견〉이나 2013년 8월 22일 〈교계 지도자 초청 한국교회 당면 현안보고 및 기도회〉 등 곳곳에서 주장해 온 정치인 김진표 의원도 실상 예외적인 '별난' 정치인이 아니다. 무수한 'A목사들' 그리고 무수한 '김진표들'이 종교·교육·정치 등 한국 사회 곳곳에서 성소수자 혐오, 이슬람 혐오를 부추기며 포괄적인 '정의 실현'의 가능성을 차단하는 결정적 방해 역할을 하고 있다. 그런데 이들 혐오주의자들이 '국민적 합의'를 대표하는 존재들인가.

민주주의의 주요 가치인 개별인의 자유와 평등을 확장하고 제도적으로 보호하는 의미에서의 포괄적 정의 실현이, '국민적 합의'라는 이름으로 유보되어서는 안 된다. 오늘도 국민적 합의의 이름으로 성소수자들의 존재를 불법화하는 종교·교육·정치에 의해 무수한 생명이 사회적 죽임을 당하고 있다.

광화문에서, 서초동에서 그리고 여의도에서 모인 촛불을 든 이들이 보여줄 수 있는 국민적 합의는 무엇이어야 하는가. 그 국민적 합의가 특정 정치인에 대한 지지가 아니라, '모든' 사람들의 인간으로서의 권리 확장과 보호를 분명하게 지지하는 '포괄적 정의 실현을 위한 촛불'이 되어야 한다. 사회 구석구석에서 인권유린을 경험하고 있는 모든 '억눌린 사람들의 복귀'를 선언하는 '포괄적 정의 실현의 촛불'로 확장되어야 한다. 국민적 합의는 자동으로 오는 것이 아니다. 새롭게 창출되어야 하는 과제이다. 정의는 기다리지 않는다. 기다려서도 안 된다.

5부

희망과 생명에 물음 묻기
: 함께-잘-살아감에 대하여

Questionless Society

'바이든-해리스'의 인문학적 가치, 다양성의 존중

2021년 1월 20일, 미국의 46대 대통령이 취임식을 했다. 유엔에 속한 193개의 나라와 속하지 않은 두 나라를 합치면 이 세계에는 195개의 나라가 있다. 미국은 이 195개 나라 중 단지 하나의 나라가 아니다. 21세기의 가장 강력한 지배력을 지닌 미국은 세계의 정치·경제·문화·과학·교육·예술·테크놀로지 등 거의 모든 영역에 막강한 영향력을 행사하고 있다. '신제국(Neo-Empire)'이라고 불리는 이유다.

미국 선거가 이번처럼 양극단으로 치닫는 경우는 없었다. 이번 선거에서 거의 47%의 국민 지지를 얻었던 트럼프는 투표 결과가 나와도 승복하지 않고, '투표 절도'가 있었다고 주장하면서 광적인 지지자들을 선동했다. 급기야 2021년 1월 6일, 그들은 국회의사당을 난장판으로 만들어버렸다. 이 난입을 선동한 트럼프는 미국 역사상 처음으로 두 번의 탄핵 소추를 당한 대통령이라는 수치스러운 표지로 역사에 남게 되었다. '트럼프주의'라는 신개념까지 등장하게 했던 트럼프-펜스 정치가 막을 내리고, '바이든-해리스' 시대가 문을 열었다.

이번 선거가 과거 미국의 대통령 선거 때와 결정적으로 다른 것이 있다면, 그것은 부통령으로 지명받은 해리스Kamala Harris의 등장이다. 해리스의 등장은 미국이 대변하고자 하는 가치를 상징적으로 보여주는 중대한 '사건'이기 때문이다. 남성이 아닌 첫 번째 여성 부통령이며, 백인이 아닌 아시아-흑인계 사람이다. 이러한 해리스의 등장은 미국이 오랫동안 대변하고자 했던 사회적 가치의 한 자락을 보여준다. 그뿐이 아니다. 해리스는 한국식 표현으로 하면 소위 '계모'다. 그와 결혼한 배우자가 이전 결혼에서 낳은 두 아이가 있다. 또한 해리스는 기독교인이며, 해리스의 배우자는 유대인이다. 한국인들이 생각하는 전통적인 결혼관으로 보자면 종교도 다르고 인종도 다른 두 사람이 한 가정을 이루고 있는, 매우 '비정상적 가족'이라고 생각하기 십상이다.

"부통령 해리스"라는 이름은 이제 다양한 '비정상'과 정상의 고정된 범주가 의미가 없다는 강력한 메시지를 보내고 있다. 주변부에만 머물던 사람들이 서서히 중심부로 등장하기 시작하는 것이다.

'최초의 사건'들의 사회정치적 의미

2020년 8월 미국 민주당 전당대회에서 오바마 전 대통령, 미셸 오바마, 부시 전 대통령, 힐러리 클린턴과 빌 클린턴 등 명망 높은 이들이 찬조 발언을 하였다. 그런데 유독 내 시선을 끈 것은 전당대회 마지막 날에 등장한 열세 살 소년의 발언이었다. 그의 이름은 브레이든 해링턴이며, 말더듬증이 있다.

바이든은 2020년 2월 뉴햄프셔에서 해링턴을 처음 만났다고 한다. 그때 바이든은 자신도 말더듬증을 이겨내기 위하여 평생 노력했음을 말해주며 격려했다. 바이든을 만난 이후, 해링턴의 삶은 완전히 바뀌었다. 말을 더듬는다고 주변의 놀림을 받으며 살아왔던 한 소년이, 민주당 전당대회에서 미국만이 아니라 세계 전역에 방송되는 사람으로 당당하게 등장했다. 해링턴은 '연설' 중 서너 차례 더듬거렸다. 그러나 그렇게 말을 더듬는 것이 그가 지닌 고유한 개성을 가로막을 장애가 아님을 자신에게 그리고 세계 곳곳의 사람들에게 전달했다. 육체적 또는 정신적 장애를 지닌 사람을 '열등한 존재'로 간주하는 사회적 통념을 홀연히 넘어서는 사건이다.

바이든-해리스 팀은 2020년 11월 선거 이후 당선 확정 후부터, 지금까지 여러 '최초'의 사건들을 만들어오고 있다. 바이든의 배우자인 질 바이든은 대통령 취임 이후에도 자신이 하던 대학교수 일을 계속할 것임을 밝혔다. 미국 역대 대통령의 배우자가 자신의 직업을 가지고 일을 하게 되는 '최초'의 사건이다. 미국 역사상 '최초'로 백악관 커뮤니케이션 팀 7명 전원을 여성으로 임명했다. 다양한 인종의 여성으로 구성된 커뮤니케이션 팀 7명 중 6명은 아이가 있는 여성이다. 또한 '최초'로 성소수자를 장관에 임명했다. 교통부 장관에 임명된 피트 부티지지다. 그는 서른여덟 살이며 자신의 배우자와 법적으로 결혼한 정치인이다. 부티지지의 장관 임명은 나이 차별과 성소수자 차별을 넘어서 평등사회를 구성하고자 하는 상징적 의미를 지닌다. 성적 지향으로 주변부에 있던 존재가, 중심부로 호명되는 사건이다. 바이든-해리스가 지닌 사회정치적 지향점과 가치관을 담아내는 또 다른 '최초'의 사건이다. 그리고 트랜스젠더가 군대에서 군인으로 일할 수 있는 행정명령을 내렸다. 바이든-해리스는 성소수자의 인권과 포용의 가치를 가장 잘 실천하는 행정부가 되고 있다.

21세기 여러 분야의 인문학이 지향하고자 하는 가치가 있다면 그것은 다양한 젠더, 인종, 종교, 장애, 나이, 국적, 성적 지향을 지닌 '모든' 사람이 평등한 존재로 존중받는 세계를 가능하게 하는 '다양성의 존중'이다. 바이든-해리스 행정부 역시 이러한 가치를 구체화하는 제도들을 마련하는 가능성의 문을 열고 있다. '미국'이라는 나라를 가장 긍정적으로 대변할 수 있는 사회정치적 가치다.

그런데 '다양성'이 무엇이며, 그 다양성을 '존중'한다는 것은 무엇인가. 단순히 젠더, 장애, 인종 등 표면적으로 드러나는 차이를 지닌 사람을 포함시켜 준다는 것만이 아니다. 눈에 보이는 객관적 표지들을 포함해서, 보이지 않는 주관적 가치관까지 근원적으로 재구성해야 한다. '다양성의 존중'은 젠더, 인종, 장애, 계층, 성적 지향, 종교, 나이 등의 근거로 자연스럽게 생각되던 차별, 배제, 불의의 문제를 넘어서서 평등, 포용 그리고 정의가 확장되는 세계를 모색하고자 하는 사회적 가치와 연결된다. 이렇게 포괄적인 정의 문제와 연결되지 않은 단순한 '다양성의 칭송'은 각기 다른 색깔을 표면에 세웠을 때 '아름답다'고 하면서, 정작 그 색깔 사이에서 벌어지는 차별과 배제라는 어두운 문제들은 보지 않는 '다양성의 낭만화'에 지나지 않는다.

트럼프-펜스 팀은 '차별 행정부'였다. '트럼프주의'가 대변하는 가치는 백인 우월주의와 인종 차별, 기독교 우월주의와 타 종교 혐오, 남성 우월주의와 여성 혐오, 미국 우월주의와 외국인·난민 혐오, 성소수자 혐오 등 다층적 우월주의와 혐오의 정치를 확산시켰다. 결국 다양성의 가치가 아니라, 그 반대인 동질성의 가치를 내세우는 정치를 해왔다. 바이든-해리스 팀은 백인만이 아니라 모든 인종의 존중, 기독교만이 아니라 모든 종교의 존중, 남성만이 아니라 여성의 존중, 비장애인만이 아니라 장애인 존중, 또한 이성애자만이 아니라 다양한 성소수자의 존중을 사회정치적으로 실천하는 '평등 행정부'가 되고자 하는 의지를 보이고 있다.

한국 사회의 질병, 흑백 논리적 편 가르기

어느 사회든 각기 다른 장점과 한계성이 있다. 한국 사회의 가장 치명적인 사회적 질병은 다양성의 가치를 포용하지 못하고, 동질성의 가치를 절대화하는 것이다. 나와 '다름'은 곧 '나쁜 것'으로 간주하면서 내 편-네 편, 또는 정상-비정상의 이분화된 이데올로기가 공기처럼 사회 곳곳에 퍼져있다. 종교는 난민, 여성, 타 종교 또는 성소수자에 대한 '혐오 바이러스'를 확산하는 기능을 점점 강력하게 행사한다. 정치, 언론, 검찰 등의 분야 역시 이러한 동질성의 가치에 근거하여 나와 동질성을 나누는 '내 편'이 아니면 모두 '나쁜 편'이라는, 흑백 논리적 편 가르기가 한국 사회를 혼란에 빠뜨리고 있다. 이렇게 동질성의 가치가 지배하는 정황에서는 세계 195개국 중 한 나라로서만이 아니라, 이 세계의 한 구성원으로서 지향해야 할 사회적 가치관이 무엇일지 사유할 시도조차 하기 힘들다.

평등과 정의의 제도화

'트럼프주의'로 상징되는 가치는, 민주주의 정신을 정면으로 위협하는 것임이 46대 미국 대통령 선거 과정에서 적나라하게 드러났다. 민주주의의 주요 가치인 '표현의 자유'란 이름으로 대통령인 트럼프는 쉬지 않고 페이스북과 트위터로 가짜뉴스와 허위 정보를 퍼뜨리며 사람들을 선동했다. 표현의 자유는 민주주의의 중요한 가치다. 그런데 트럼프와 그의 추종자들은 바로 그 표현의 자유로 민주주의를 정면으로 공격하는 정치를 펼쳐왔다. 민주주의를 보호하는 장치인 표현의 자유가, 오히려 민주주의의 뿌리를 공격하는 '자가면역의 딜레마'를 경험하게 되었다. 자가면역성은 스스로를 보호하기도 하지만, 오히려 자신에게 해를 가하기도 하는 상충적 기능을 지닌다.

한국에서도 한국판 '트럼프주의'가 기승을 부리고 있다. '표현의 자유'란 이름으로 혐오의 정치, 그리고 가짜뉴스와 허위 정보의 정상화가 지속적으로 확산되면서 오히려 민주주의의 토대를 심각하게 위협하고 있다. 거짓 진술이 진실된 진술과 마찬가지로 동일한 법적 보호를 받는 아이러니가 한국 곳곳에서도 벌어지고 있다. 표현의 자유가 혐오 바이러스의 확장이라는 파괴적 무기로 돌변하고 있는 것이다. 바이든-해리스 행정부는 트럼프-펜스 행정부가 미국 곳곳에 퍼뜨린 혐오 바이러스를 뿌리 뽑으면서, 평등의 제도화를 시도하고 있다.

'바이든-해리스' 시대가 대변하고자 하는 가치, 즉 다양성의 존중과 그를 위한 평등과 정의가 제도화되는 사회야말로 진정한 민주주의가 가능한 곳이다. 표현의 자유라는 이름으로 가짜 뉴스와 허위 정보를 아무렇지 않게 퍼뜨리고 있는 언론, 정치, 종교 집단은 바로 민주주의의 가장 심각한 위협이며 파괴자들이다. 다양성의 존중이 제도화되고, '모든' 이가 인간으로 법적 보호를 받을 수 있는 사회를 만들어가야 하는 것은 지금 한국 사회의 가장 절실한 과제다.

네 개의 국적을 가진 사람

'함께-잘-살아감'의 의미

21세기를 살아가는 우리에게 가장 중요한 과제가 있다면 그것은 무엇일까. 자크 데리다는 "함께-잘-살아감(living-well-together)"이라고 한다. 너무나 당연해서 상투적으로 들릴 수 있다. 그런데 이 당연한 듯한 말이 구체적인 현실 세계에 들어오면 복잡하고 심오한 의미를 지닌다. '함께-잘-살아감'이란 개인의 사적 영역에서만이 아니라 정치·경제·종교·생태 등 우리 삶의 거의 모든 영역과 연결되어 있기 때문이다. 특히 여전히 남과 북으로 분리된 한반도에서 이 '함께 살아감'은 더욱더 커다란 도전을 받게 된다.

코로나 사태를 거치면서 지구 온난화와 같은 생태 위기 문제가 더 이상 정치가들이나 환경 전문가들만의 문제가 아님을 우리는 경험하고 있다. 아이들이 유치원에 가고, 학교에 가고, 놀이터에서 뛰어놀고, 사람들은 모여 음식을 함께 먹고, 노래를 부르고, 자유롭게 여행하는 등 너무나 당연한 듯한 일상이, 돌연히 중지되었다.

내 아이들, 친척들과 이웃들 등 내가 아는 사람만이 아니라 알지 못하지만 함께 살아가는 사람들의 삶이 모두 나와 연결되어 있다는 것을 절실하게 경험하게 되었다. 나의 안전은 언제나 너의 안전과 분리불가하다는 것, 그리고 무엇보다도 가장 중요한 것은 나 혼자만이 아니라, '함께-잘-살아감'이라는 것을 경험하게 된 것이다. 그런데 이 '함께-살아감'의 과제는 낭만적인 구호가 아니다. 이 '함께'에 우리는 누구를 포함하고 배제할 것인가. 우리가 생각하는 이 '함께의 원'은 얼마나 작은가 또는 큰가. 그리고 '잘-살아가는 것'은 무엇을 의미하는가.

불가능해 보이는 것의 실천

"만약 가능하다면 언젠가 남한과 북한의 국적을 모두 가지기 원한다."

어느 정치인이 이런 발언을 한다면 어떤 일이 벌어질까. 그 사람은 한국 사회에서 어떤 취급을 받을까. 이러한 '만약'이라는 질문 자체를 위험하게 여길지도 모른다. 이런 말을 하는 사람이 있다면 단번에 '종북, 빨갱이'라는 주홍글씨가 붙여지고, 보수 정치인들과 기독교인들은 광화문에 모여 탄핵을 외치며 성토대회를 할지도 모른다. 언젠가 북한과 남한의 국적을 모두 가지고 싶다고 표현하는 교육자, 작가, 종교 지도자, 언론인 또는 예술가가 있다면 온갖 사회적 지탄과 공적 활동이 제한될지도 모른다. 이렇듯 가장 적대적인 관계 속에서 끊임없는 폭력과 살상이 벌어지고 있는 두 나라, 그 두 나라의 국적을 모두 가지는 꿈을 꾸는 사람이 얼마나 될까.

이런 위험하고 불가능한 것 같은 질문을 현실로 옮긴 사람이 있다. 2020년 8월 이스라엘과 아랍권 국가(UAE) 간에 평화 협정이 맺어지기 직전까지도 테러와 폭력을 가해오던 이스라엘과 팔레스타인, 이 '원수' 관계에 있는 두 나라의 국적을 세계 최초로 동시에 획득한 사람이 있다. 세계적인 피아니스트이자 지휘자인 다니엘 바렌보임Daniel Barenboim이다. 그는 아르헨티나, 스페인, 이스라엘 그리고 팔레스타인의 명예 시민권을 포함하여 모두 네 나라의 시민권을 가지고 있다. 그뿐만이 아니다. 유대인인 그는 많은 유대인이 여전히 '원수'로 생각하는 독일에 거주하며 일하고 있다.

1999년 유대인인 바렌보임과 팔레스타인 출신 학자이자 뉴욕 컬럼비아 대학교의 영문학 교수였던 에드워드 사이드Edward

Said는 이집트, 이란, 이스라엘, 요르단, 레바논, 팔레스타인, 시리아 그리고 스페인 배경을 가진 청년들을 단원으로 하는 오케스트라를 함께 창단했다. 사이드는 학자로서만이 아니라 행동하는 지성인으로 알려져 있다. 또한 음악 평론가이기도 하며 콘서트 피아니스트를 꿈꿨던 사람이다. 바렌보임과 사이드는 오케스트라의 이름을 괴테의 시에 등장하는 구절을 따서 〈웨스트-이스턴 디반 오케스트라(West-Eastern Divan Orchestra)〉로 명명했다. 이 오케스트라는 2012년 제9회 광주 비엔날레에 참여하기도 했고, 2016년 유엔은 이 오케스트라를 '평화와 일치'를 추구하는 모델로 선정하기도 했다. 남한과 북한의 관계 이상으로 갈등과 분쟁이 끊이지 않는 중동 지역의 청년들을 모아서 오케스트라를 창단한 바렌보임과 사이드는 어떠한 역할을 했는가. 바렌보임은 다음과 같이 말한다.

"이 오케스트라는 사랑 이야기도 아니고 평화 이야기도 아닙니다. 이것은 무지에 대항하는 프로젝트로서 태동하였습니다. 우리와 생각이 다른 사람들의 이야기에 귀 기울이고 이해하고자 하는 프로젝트입니다. 각자의 생각이 다를 수 있고 서로 동의하지 않을 수 있지만, 그렇다고 해서 칼을 빼 들 필요는 없다는 것을 경험하게 하는 프로젝트라고 할 수 있습니다."

다수의 횡포에 대항하는 평화로운 소수

2001년 7월 7일, 베를린 국립오페라단을 이끌고 이스라엘을 순회공연 중이던 바렌보임이 바그너의 곡을 연주하기 전까지, 이스라엘에서는 반유대주의자로 알려진 바그너의 곡이 연주되지 않았었다. 그는 앙코르곡으로 바그너의 〈트리스탄과 이졸데〉의 일부를 연주하겠다고 하면서, 연주에 앞서서 청중들에게 혹시 이 곡이 불편한 분들은 연주회장을 떠나도 좋다고 했다. 실제로 일부 청중은 연주회장을 떠났다.

이 사건 이후 바렌보임은 이스라엘의 문화부 장관을 비롯해 다양한 사람들에게 강력한 비난을 받았고, 지휘자로서 바렌보임을 보이콧하는 운동이 일어나기도 했다. 바렌보임은 아르헨티나에서 태어났지만, 이스라엘에서 자란 유대인이며 자신을 이스라엘인이라고 생각했다. 히틀러가 가장 좋아하는 작곡가로 알려진 바그너의 음악이 거의 금기시되어 온 이스라엘에서, 유대인 바렌보임은 왜 바그너의 곡을 연주했을까.

바렌보임과 함께 〈웨스트-이스턴 디반 오케스트라〉를 만들었던 에드워드 사이드는 "바렌보임과 바그너 타부"라는 글에서 이 세계에는 두 종류의 사람들이 있다고 한다. 한 종류의 사람은 기존의 관습적 구조에 묻혀서 그대로 따라가는 다수의 사람이다. 이들은 자신들과 조금이라도 다른 견해나 행동방식,

사유방식을 가진 사람을 참지 못한다. 한국에서 단골 메뉴로 등장하는 '종북몰이'는 자신과 조금이라도 다른 견해를 악마화하는 이 '다수의 횡포'의 예증이다.

그런데 또 다른 종류의 사람이 있다. 그들은 소수다. 그리고 다수의 입장이라 해도 그것이 평화로운 삶, 함께 사는 삶에 옳지 않다고 생각할 때 그 다수의 물결에 도전하면서 새로운 문을 여는 이들이다. 바렌보임은 이들 소수에 속한다고 사이드는 평가한다.

이러한 소수의 존재가 우리 사회에 존재하는, 상이한 입장을 지닌 이들의 평화로운 공존을 가능하게 한다. '일치'란 모두가 똑같이 행동하고, 똑같이 생각하는 '동질성의 늪'으로 빠지는 것이 아니다. '진정한 일치'란 서로가 지닌 상이한 입장을 인내심 있게 듣고, 토론하고, 차이를 좁혀나가는 지난한 노력을 포기하지 않고 그 긴장 관계를 유지하면서도, 포용과 포괄의 원을 확장하는 '목적'에 동조하는 '일치'다.

이들 소수야말로 한 사회가 보다 평등하고 정의로운 사회로 나아가는 데 동력을 제공한다. 진영논리에 따른 상대방 죽이기에만 몰두하는 정치가 판치는 한국 사회에, 그 어느 때보다도 절실하게 필요한 존재들이 바로 바렌보임과 같은 창의적이고 용기 있는 소수들이다.

21세기에 들어서면서 인류사회의 모든 분야가 이전과 전적으로 다른 변화를 경험하고 있다. 세계의 장에서는 국가 간의 지리적 영토를 넘어서 북반구와 남반구 나라들 사이의 불균형 문제를 다루는 전지구적 정의, 생태 위기를 극복하고자 하는 환경 정의, 젠더 정의와 성적 지향에 근거한 차별을 넘어서고자 하는 성적 정의, 인종적 정의 문제 등이 국제적으로 또는 국내적으로 산재해 있다. 2021년 한국의 정황에서 보자면, 남북한의 긴장과 갈등관계를 넘어서서 진정한 '함께-잘-살아감'의 긴급한 과제가 또한 있다.

인류의 역사는 '불가능한 질문'과 씨름하던 소수에 의해서 새로운 장을 열었다. 바렌보임은 이스라엘과 대척 관계에 있는 팔레스타인의 청년들과 함께 음악을 연주할 수 있을까, 라는 '불가능한' 질문을 가능한 현실로 바꾸었다. 흑인이 백인과 동등하게 참정권을 행사할 수 있을까, 평민이 양반과 평등하게 살아갈 수 있을까, 여성이 남성처럼 자전거를 탈 수 있을까, 아니 우주비행사가 될 수 있을까. 이러한 '불가능해 보이는 질문'을 묻기 시작하던 소수에 의해서, 우리가 살아가고 있는 현실 세계는 '함께-잘-살아감'의 의미를 확장하게 되었다. '불가능한 상상'을 '가능한 현실'로 만들어간 것이다.

함께-잘-살아감의 세계를 위해 만들어진 〈웨스트-이스턴 디반 오케스트라〉처럼, 우리도 "남북한 청소년 오케스트라"가

언젠가 만들어질 수 있을까. 남한과 북한이 식량을 나누고, 코로나 백신을 나눌 수 있을까. 지금 한국 사회에서 이러한 불가능한 질문을 묻고 작은 변화라도 만들어가는 소수의 사람이 절실하게 필요하다.

나는 행복한가,
인간의 권리로서의 행복 추구

강아지 유치원에까지 등장한 '명문'

한국에 사는 지인으로부터 아파트 주차장에서 찍었다는 한 사진을 받았다. 얼핏 보니 눈에 띄는 큰 글씨가 "○○○○ 유치원 셔틀버스"다. 그런데 왜 흔한 유치원 셔틀버스 사진을 내게 보내주었을까 하는 생각이 들어서 사진을 확대해 자세히 들여다보았다. 유치원 이름 위에 작은 글씨로 "우리 강아지 보내고 싶은 명문 유치원"이라고 쓰여 있다. 그러니까 그 셔틀버스는 강아지를 위한 유치원 버스이고, '명문'을 변이하여 '명문'이라고 했다. 찾아보니 결국 '명문'이라는 의미의 "프레스티지 애견 유치원"이라고 웹사이트는 홍보하고 있다. 유치원 이름은 영어와 독일어 단어를 섞어서 뜻을 알 수 없는 한국식 외국어로 만들었다. '명문'으로 들리게 하는 장치인가 보다. 웹사이트에 보니 기본 학습, 놀이 학습, 개별 학습, 교감 학습, 매너 학습 등의 다섯 가지 학습 범주를 열거하면서 "프리미엄 교육 시스템"을 해주는 곳이라고 홍보하고 있다. 강아지 유치원이 있다는 것도 놀랍지만, 그것도 '프레스티지 유치원'이라니 웃기만 할 수 없는 참으로 기이하고 착잡하기까지 한 현상이다.

한국은 '명문'이라는 말이 이렇게 도처에서 쓰이는 사회다. 명문가, 명문 구단, 명문 대학교, 명문 고등학교, 명문 중학교, 명문 초등학교, 명문 유치원도 모자라서 이제 강아지 명문 유치원까지 등장했다. 한국 사회의 명문 집착은 이제 어처구니없는 영역으로까지 확대되고 있다. 왜 이렇게 우리는 명문에 집착하게 되었는가. 단순히 개인들만의 문제가 아니다. 한 개인의 가치관을 형성하게 하는 것은 다양한 사회적 요소들이 동시적으로 작동하기 때문이다. 명문에 집착하는 사회가 될 때, 가장 심각한 위험은 가치관과 인생관의 지독한 왜곡이 자연적인 것으로 고착되어 버린다는 것이다.

죽음의 인식과 행복에의 갈망

인류에 철학과 종교가 등장하게 된 이유에 대한 다양한 해석이 있다. 그런데 내게 가장 설득력 있는 해석은 '행복의 추구'

라는 것이다. 인간은 영원히 살지 못한다는 자신의 유한성을 인식하는 존재다. 이 죽음성에 대한 인식은 인간을 인간으로 만드는 중요한 요소 중 하나다. 그래서 하이데거는 "오직 인간만이 죽는다, 식물과 동물은 소멸할 뿐이다"라고 한다. 식물이나 동물과는 달리 인간만이 과거, 현재, 미래라는 시간에 대해 의식하는 존재라는 인식에서다. 이렇게 자신의 죽음에 대한 인식은 이 유한한 삶에서 무엇을 소중한 가치로 생각해야 하는가에 대해 성찰하게 한다.

자신의 죽음을 인지하게 되면서, 그 죽는다는 사실이 주는 두려움을 넘어서고자 인간은 행복과 의미를 추구하려는 갈망을 가지게 된다. 자신의 유한성과 죽음에 대해 인식하는 것은 중요하다. 관계에서의 불필요한 집착, 그럴듯해 보이는 그러나 허울뿐인 명예와 권력에의 집착, 그리고 진실이 부재한 가식적 관계의 감옥으로부터 자신을 끄집어내게 하기 때문이다.

이 죽음에의 인식이 인류에 철학과 종교를 태어나게 했다는 것도 과장이 아니다. 철학은 '행복의 추구', 종교는 '구원의 추구'라고 각기 다른 이름을 붙이고 있을 뿐이다. 그러나 어떠한 개념을 사용하든 죽음을 향해 가는 우리는 모두 행복한 삶을 원하고, 의미 있는 삶을 추구하는 존재라는 점은 부인할 수 없다. 그런데 이 '행복의 추구'라는 말이 참으로 상투적이고 사치스럽게까지 들릴 수 있다. 하루하루 생존하기도 힘든 이 척박한 삶에서 도대체 무슨 행복까지 바랄 수 있겠는가, 이렇게 묻는 이들도 있을 것이다. 그러나 행복의 추구는 모든 인간의 가장 중요한 목표다. 유엔이 "행복의 날"을 제정하면서 강조한 것이다.

유엔은 2012년 6월 28일 총회에서 〈국제 행복의 날(International Day of Happiness)〉의 제정을 결의했다. 이 총회에서는 매년 3월 20일을 〈국제 행복의 날〉로 지정할 것을 결의하면서 유엔의 소속 국가, 국제기구와 지역 기구들 그리고 비정부 활동단체들과 개인들에게 교육과 다양한 활동 등을 통해서 이 〈국제 행복의 날〉에 대한 의식 고양과 그 중요성의 인식 확장을 도모할 것을 결의했다.

유엔 결의에 따라서 2013년 3월 20일, 첫 번째 '국제 행복의 날'이 시작된다. 유엔의 행복의 날 문서를 보면 "행복 추구는 인간의 근원적인 권리이며 목적"이라는 선언이 나온다. 행복한 삶을 추구하는 것은 사치가 아니라 인간의 권리라는 것이다.

유엔은 우리가 행복한 삶을 추구하는 데 요청되는 기본적인 열일곱 가지 목표를 제시한다. 이 열일곱 가지 목표는 기아와 빈곤의 퇴치, 깨끗한 물과 위생, 건강과 복지, 안정된 직업과 경제 성장, 산업 혁신과 사회간접자본의 확충, 지속 가능한 도시와 공동체, 책임적 소비와 생산, 기후 변화와 같은 생태 위기를 넘어서기 위한 방안은 물론 젠더 평등, 그리고 평화와 정의로운 제도들 등에 관한 것이다.

열일곱 가지 목표의 범주를 크게 나누어 보자면, 세 차원의 삶과 연결되어 있다. 육체적 삶, 사회 제도적 삶 그리고 정신적 삶이다. 결국 행복한 삶이란 인간을 구성하는 이 세 차원의 조건들을 개선하고 제도적으로 보장하는 정황에서 그 가능성의 씨앗이 뿌리를 내린다. 유엔이 정한 이러한 열일곱 가지의 목표란 개인들이 행복한 삶을 모색하는 데 가장 기본적인 토대다. 즉 필요조건이다. 그러나 충분조건은 아니다.

궁극적으로 중요한 것은 '사람과의 관계'

무엇이 죽음을 앞에 두고 살아가는 우리에게 의미와 행복감을 주는가. 물론 무엇이 나를 행복하게 만드는가의 내용은 각 개인이 지닌 인생관과 가치관에 따라 다르다. 그런데 분명한 것은 명품에 대한 집착, 일류에 대한 집착, 일확천금에 대한 집착, 부동산 투기에 대한 집착 또는 각종 권력에 대한 집착이 우리에게 삶의 의미와 행복을 보장해주는 것은 결코 아니라는 것이다. 행복의 추구는 사치가 아니라, 인간의 권리다.

행복의 추구에서 필요한 것은 두 가지 차원, 즉 보편적 차원과 개별성의 차원이 있다. 유엔이 제시한 열일곱 가지 목표 내용은 보편적 차원과 연결되어 있다. 즉 인간이면 누구나 그러한 보편적인 기본적 토대가 마련되어야 한다. 그런데 개별성의 차원은 개인의 구체적인 정황에 따라 다르다. 보편적 차원의 조건들이 기본적으로 마련되고, 동시에 각 개별인이 지닌 삶의 독특한 정황에 따라서 개별적 차원의 조건들이 구성되어야 한다. 개인들의 가치관과 인생관에 따라 행복한 삶의 내용도 다르다. 그러나 궁극적으로 가장 중요한 것은 '사람과의 관계'다. 그렇다. 행복의 추구는 인간으로서 필요한 보편적 차원의 조건들이 마련되는 것뿐 아니라, 궁극적으로 가장 중요한 조건인 함께 삶을 나누는 '사람과의 관계'에 수렴된다. 삶을 동반하는 사람과의 관계에서 진정한 나눔의 기쁨이 있는 삶이, 궁극적으로 중요한 행복의 조건이다.

유엔에서 발표한 2021년 국제 행복 리포트를 보면, 한국은 세계에서 50위를 차지한다. 행복한 삶을 수치로 측정하여 객관적으로 나타내는 것은 불가능하다. 그러나 그러한 제한성에도 불구하고 하나의 참고자료로 생각할 수 있다. 한국의 행복 수치는 경제적 위상에 비하면 참으로 낮다. 행복 리포트가 지닌 한계성에도 불구하고 한국 사회는 행복한 삶을 위한 보편적 기반이 불안하다는 지표를 보여준다. 사회 구성원 모두에게 해당되는 보편적 조건과 동시에 개별적 조건에서 행복한 삶을 사는 것이 쉽지 않은 사회라는 것을 추측할 수 있다. 부동산에 대한 광적인 집착, 소위 수도권과 지방의 교육문화적 격차, 포괄적차별금지법이나 생활동반자법 같이 차별을 넘어서서 평등한 관계망을 인정하고 보호하려는 법안들의 입법화가 실행되지 않고 있는 사회에서 '사람'과의 진정한 관계와 사랑을 가꾸어 나가는 것은 참으로 어렵다.

유엔의 2021년 국제 행복의 날 캠페인의 주제는 "모든 사람을 위한 행복 영원히(Happiness For All Forever)"이다. 부동산, 명문, 일확천금, 또는 정치, 경제, 종교, 권력의 소유가 행복을 가져오지 않는다.

나는 행복한가. 무엇이 나를 행복하게 하는가. 이 유한한 삶에서 나에게 행복의 경험과 의미를 주는 소중한 그리고 진정한 관계를 가꾸고 있는가. 이러한 물음과 씨름하면서 불필요한 집착과 욕망, 또는 진정성과 진실을 외면하는 가식적 삶의 감옥에서 조금씩 발을 빼는 연습을 과감히 해야 할 것이다.

우리 모두 죽음을 향해 가는 존재다. 이 삶을 매듭짓기 직전에 진정한 행복을 외면해 온 삶을 후회하는 것은 이미 너무나 늦은 치명적 손해가 아닌가.

뉴노멀, 되찾아야 하는
다섯 가지 가치

2021년 7월 2일, 한국이 공식적으로 선진국 반열에 들어섰다. 제네바에서 열린 제68차 〈유엔무역개발회의(UNCTAD)〉의 이사회에서 한국을 개발도상국에서 선진국 그룹으로 지위 변경을 하기로 만장일치로 결정했다. 1964년 설립 후 처음으로 한국은 다른 31개의 나라와 함께 선진국으로 분류된 것이다.

물론 여기서 선진국이라는 판단 기준은 경제 부분이다. 그런데 복합적인 의미에서 선진국이 되기 위해서는 경제 분야와 같이 수치화할 수 있는 '보이는 가치'의 성과만 있어서는 안 된다. 오히려 수치화할 수 없는 '보이지 않는 가치'의 지속적인 심화가 병행되어야 한다. 진정한 선진국을 구성하는 가치란 무엇인가.

2019년 12월부터 시작된 코로나19 사태를 겪으면서 우리는 큰 문제들에 모든 관심을 집중해야 했다. 복잡하게 얽히고 설킨 위기 상황을 풀어내기 위해 우리의 관심은 코로나19가 생기게 된 연유, 방역과 백신 등 외적 문제들에 쏠려 있었다. 그러나 이러한 위기 상황일수록, 우리는 그동안 지나쳐온 인간적 가치에 대해 근원적으로 다시 생각하는 시간을 가져야 한다. 경제, 과학, 기술과 같은 영역이 우리의 '외부성'을 형성하는 것이라면, 인간적 가치는 우리를 인간으로 살아있게 만드는 '내부성'을 형성한다. 결국 이러한 인간적 가치의 의미를 재발견하고, 상기하고, 가꾸고 확장하는 것은 우리의 생물학적 생존만이 아니라, 존재론적 생존에 필수적이다.

우리의 일상을 유지하게 하는 손길들

내가 일하는 대학은 지난 2000년 봄학기 중반부터 2021년 봄학기까지 거의 세 학기 동안 온라인으로 수업을 하고 회의를 해왔다. 학교 체육시설, 카페테리아, 연주홀, 도서관 등 모든 시설이 닫혔고, 교수회의를 포함한 각종 회의나 학생 지도도 모두 온라인으로 했다. 책을 빌리려면 온라인으로 검색해 도서관에 신청한 다음 도서관 직원이 그 책을 찾아 도서관 밖에서 만나 전달받는 방식으로 해야 했다. 대부분의 학교 빌딩들은 잠겼고, 일부를 제외한 모든 직원이 재택근무를 했다.

어쩌다 학교 연구실에 가면 학생으로 붐비던 강의실 복도나 주차장이 텅 비어서 마치 유령도시 한가운데 들어와 있는 듯했다. 우연히 마주친 학생이나 동료들과 나누던 '복도 대화'와 '주차장 대화' 그리고 웃음과 포옹을 교환하던 기억은 마치 꿈속에 있었던 일인 듯, 아득한 비현실의 세계에만 그 자취가 남아있는 것 같았다. 학기 내내 캠퍼스를 채우던 연극, 발레 공연, 전시회, 학생과 교수들의 음악회도 모두 사라졌다. 운동경기가 열릴 때마다 사람들로 가득했던 대형 스타디움도 텅 비었다.

미국이든 한국이든 이제 이러한 대학 캠퍼스 풍경이 익숙하게 보이게 되었다. 영화에서나 볼 수 있었던 기이한 비정상의 현실이 소위 '뉴노멀', 즉 '새로운 정상'이 되어 버렸다.

얼마 전 오랜만에 학교 카페테리아에 갔다. 백신을 맞은 학생과 교직원의 수가 적정선이 되었기에, 여름학기를 하는 학생들을 위해서 학교 시설이 개방되기 시작했다. 도서관, 체육관, 카페테리아가 '뉴노멀' 이전 상태로 이행되기 시작했다.

오랜만에 동료와 카페테리아에서 식사를 하면서 새삼스럽게 이전에는 거의 인식하지 못했던 것이 보였다. 나의 단순한 카페테리아 방문의 매 단계에 무수한 사람들의 손길이 개입되어 있다는 사실이다. 건물의 곳곳을 청소하는 이들, 잔디를 깎고 나무를 다듬는 이들, 카페테리아에서 제공하는 다양한 음식 재료를 구입하고 다듬는 이들, 주방에서 쉴 없이 요리하는 이들, 사용한 접시들을 닦는 이들, 카페테리아 테이블을 돌아가며 계속 소독하고 곳곳을 청소하는 이들, 음식을 서브하는 이들 등 참으로 많은 이가 나의 한 끼 식사를 가능하게 하는 환경을 만드는 데 개입되어 있었다.

보이는 또는 보이지 않는 무수한 사람들의 손길에 의해서 우리의 일상적 삶이 유지되었다는 사실이 새삼스럽게 보이는 것이었다. 우리는 뉴노멀의 일상을 보내면서 그동안 당연하게 받아들이며 그 의미조차 생각하지 못했던 소중한 가치를 다시 찾아내고 놓치지 말아야 한다. 다음은 내가 생각하는 진정한 선진국을 구성하는 가치다.

선진국을 구성하는 가치, 다섯 가지

첫째, 존중의 가치다. 존중의 가치란 내가 만나는 무수한 타자들을 나와 평등한 동료 인간으로 생각하며 존중하는 것이다. 대중교통에서, 편의점에서, 음식점에서, 시장에서, 관공서나 다양한 기관에서 만나게 되는 이들, 또한 택배 노동자, 경비원 등 일상에서 직간접적으로 만나게 되는 타자의 수를 일일이 열거하려면 끝이 없다. 이 모든 이가 나의 동료 인간이다. 동료 인간으로서 타자들에 대한 존중의 가치를 회복해야 한다. 그들 모두 나와 함께 이 삶을 살아가는 이들이다.

둘째, 인내의 가치다. 인내란 기다려주는 것을 의미한다. 타자들과 만나고, 대화하고, 개입하면서 우리는 종종 나 자신의 기대나 방식과 다른 것을 경험한다. 그러면 즉각적으로 실망을 표현한다. 타자만이 아니다. 자신에 대한 무수한 실망은 좌절감으로 이어진다. 자신과 타자에게 인내하는 것은 기다려주고, 새로운 관계 형성을 위한 노력을 포기하지 않는 것이다. 사람마다 걷는 속도가 다르듯, 삶의 방식이나 사유방식 그리고 자신을 표현하는 방식은 각기 다르다. 나의 기대나 기준을 절대화시키고 싶은 유혹을 과감히 물리치고, 그 다름을 받아들이며 기다리는 것이다. 그렇게 기다리면서 서로의 발걸음 속도를 조정하면서 걷듯, '함께'의 관계를 만들어가는 노력을 포기하지 말아야 한다.

셋째, 정직의 가치다. 팬데믹의 위기를 거치면서 우리는 코로나19 때문에 야기되는 불안감만이 아니라, 내면 세계에 도사리고 있는 다층적인 감정들과 씨름해야 했다. 두려움, 불안감, 슬픔, 비탄과 상실 등은 인간 보편의 감정들이다. 표면적으로 보면 모든 것을 다 갖추어서 마냥 행복할 것 같은 사람들도 사실상 내면에는 이러한 감정과 힘들게 씨름해야 한다. 또한 늘 행복하고 아무 문제가 없는 것처럼 자신을 설정하는 '가식의 삶'으로부터 벗어나는 연습을 해야 한다. 동시에 자신과 연결된 타자들의 내면의 소리에 귀 기울이는, 정직의 가치를 실천하는 연습을 해야 한다.

넷째, 친절의 가치다. 우리의 인간됨을 실천하는 것은 거창한 명제나 행동만이 아니다. 친절과 같이 아주 사소한 것 같은 것에서 시작된다. 그렇다고 해서 백화점 직원들이 손님에게 보이는 인위적 감정노동으로서의 친절을 말하는 것이 아니다. 한 인간으로 다른 인간에게 가지는 배려이며, 우리 주변에 존재하는 무수한 타자들을 향한 고마움의 미소와 몸짓이다.

다섯째, 연민의 가치다. 연민이란 동정과 다르다. 동정은 '불쌍하게 여김'의 감정이다. 물론 누군가를 불쌍하게 여기는 것에 잘못된 것은 없다. 그러나 그 감정은 동정하는 사람과 받는 사람 사이에 윤리적 위계를 의식적·무의식적으로 형성한다. 동정받는 사람은 '어쨌든' 존재의 사다리에서 아래에 있는 사람이다. 그러나 연민은 '함께 고통함'의 감정이다. 어려움 속에 있는 사람의 아픔과 상실에 함께하고, 그 고통의 원인에 '왜'를 물으면서 연대하게 된다. 연민의 가치는 모든 인간을 평등하게 보는 인식에 토대를 두고 있다. 그래서 그 어떤 종류의 윤리적 위계도 존재하지 않는다. 누군가가 겪은 아픔이나 어려움이 '왜' 생기는가에 관심을 갖고 그들이 겪는 어려움을 함께 넘어서기 위하여 다층적으로 연대하는 것이다.

우리는 모두 망각하는 존재다. 또한 한 발짝 앞으로 걸음을 내디뎠다가도, 다시 뒤로 되돌아가는 존재다. 한번 깨닫고 단단히 결심해도, 잊기도 하고 퇴보하기도 한다. 자신에게 또한 서로에게 이러한 가치를 상기시키면서, 이 가치들을 소중하게 다루고 지켜내야 한다. 정치, 과학 또는 테크놀로지는 우리의 외부 세계를 발전하게 할 수 있다. 그러나 이렇게 눈에 보이는 객관적 변화만으로 우리 삶의 질이 자동으로 좋아지는 것은 아니다. 이렇게 우리의 내면 세계를 구성하는 가치들은 돈이나 과학으로는 살 수 없다. 만약 이러한 인간적 가치가 활성화되고 작동하는 사회가 된다면 우리 삶의 질을 높이며 보다 행복한 삶의 여정을 모색할 수 있을 것이다.

선진국을 진정한 선진국으로 만드는 것은 경제와 테크놀로지와 같이 눈에 보이는 가치의 발전만이 아니다. 진정한 선진국이란 보이지 않는 가치가 사회에 확산되어 자리 잡은 사회다. 그렇게 될 때 비로소 그 '선진국다움'을 이루게 될 것이다.

'포장·전시하는 삶'이라는
이름의 병

영어 인사를 배울 때 외우는 말이 있다. "하우 아 유(How are you)?", "아이 엠 파인, 땡큐. 앤드 유?", "아이 엠 파인 투."

'하우 아 유?'는 미국에서 생활하다 보면 가장 많이 듣고 하는 말이기도 하다. 슈퍼마켓의 계산대에서, 엘리베이터에서 또는 학교 등 도처에서 사람들은 '하우 아 유?'를 하고, '아이 엠 파인'이라는 거의 동일한 대답을 한다. 그 누구도 이 질문을 하거나 들을 때, 정말 그 사람이 어떻게 지내는지를 알고 싶어서 하는 것으로 생각하지 않는다. '하우 아 유?'라는 질문의 정답은 '아이 엠 파인(I am fine)'이라고 해야 하는 문화에서 살고 있다. 그런데 '하우 아 유?'에 "아이 엠 낫 파인(I am not fine)"을 하면 어떤 일이 벌어질까.

페이스북이나 인스타그램 등 다양한 소셜 미디어 시대에 사는 우리는, 점점 자신의 삶을 포장하여 전시하도록 강요받는다. 물론 표면적으로는 모두 자발적인 선택이다. 그러나 과도한 다이어트나 성형을 하는 많은 이가 자발적인 선택을 하는 것 같아도, 많은 경우 그것은 사회적으로 강요된 행위이다. 마찬가지로 인터넷 시대에 우리는 자신의 삶을 포장하고 전시하라는 보이지 않는 강요 속에서 살아가고 있다.

소셜 미디어에 등장하는 사진들을 보면, 이 세상에는 언제나 '아이 엠 파인!'이라고 외치는 행복한 사람들만 사는 것 같다. 생일, 어버이날, 결혼기념일 등에 다정한 포즈를 취한 부부 사진, 화려하게 장식된 크리스마스트리 앞에서 환한 미소를 지으며 찍은 가족사진, 휴가지에서의 멋진 여행 사진 등이 소셜 미디어에서 전시된다.

'아이 엠 파인'으로 포장된 가식의 병균

포장·전시되는 삶은 언제나 '아이 엠 파인'이다. 사람마다 경험하고 있는 갈등과 번민 등 이 삶의 어두운 장면들은 생략된다. 사진 속 주인공들의 삶은 장밋빛으로 포장되어 있으며, 사이버 공간은 삶의 전시장이 된다. 이어지는 댓글들에는 사진 속 사람들이 얼마나 행복한 가족이며, 행복한 부부이며, 좋은 아빠와 좋은 엄마이며, 훌륭하게 자란 아들딸인가, 라는 찬사가 이어진다. 그 누구도 부부간, 부모와 자녀 간, 형제자매 간, 친인척 간, 또는 친구나 연인 간의 갈등, 그 과정에서 받는 깊은 상처, 날카로운 감정적 폭력, 서로를 향한 분노의 몸짓들 등 다층적 갈등 상황을 담은 사진은 드러내지 않는다. 포장되지 않은 모습은 종종 삶의 '실패'를 드러내는 것이며, 불행을 만천하에 알리는 '수치스러움'이 되기 때문이다.

그런데 조심할 것이 있다. 포장·전시하는 삶의 궤도에 한번 발을 디디면, 그다음에는 빠져나오기 어려운 수렁이 되어 버린다는 것이다. 포장·전시의 삶은 일회성이 아니라 반복되어 지속시켜야만 하는 것이다. 그 지속성을 포기할 때, 사람들이 내게 갖게 되는 실망이나 비난의 정도를 감당하느니, 차라리 '가식의 삶'을 선택하게 된다.

이렇게 장밋빛으로 포장된 '행복한 삶'을 전시하는 것이 무엇이 문제인가, 각자가 좋아서 하는 일인데. 아마 이렇게 생각할 수도 있을 것이다. 그런데 포장·전시하는 삶은 생각보다 자신만이 아니라, 타자의 삶에 깊은 질병을 퍼뜨린다. 포장·전시하는 삶이 '존재의 병'이 되기 시작하는 지점이다.

'포장·전시하는 삶'이라는 이름의 병은 아주 작게 시작한 포장에서 시작해 한 사람의 삶 곳곳에 그 병균을 퍼뜨린다. 포장·전시되는 가식의 삶이 반복될수록, 더 이상 그것이 가식인지조차 모를 정도로 지독한 '허위의식'도 심어 놓는다. '진정성의 삶'의 부재가 더 이상 부재로 인식되지 못하게 되며, 그 가식의 삶은 진정한 자신의 모습이 무엇인지조차 알아차리지 못하게 한다. 결국 대체 불가능한 삶은 서서히 소진된다.

인간은 수천의 결을 지니고 있다. 그 누구도 장밋빛으로만 포장할 수 없는 어두운 질곡과 폭풍과도 같은 갈등 관계 그리고 다층적 갈등들이 만들어내는 상처를 끌어안고 살아간다. 포장·전시되는 삶이 마치 전부인 것처럼 스스로 생각하고 살아갈 때, 곳곳에서 가식의 옷을 입어야 한다. 한번 시작된 가식의 삶은 점점 더 벽이 견고해지면서, 그 어떤 것도 그 가식의 삶의 벽을 뚫어내지 못하게 된다. 종교는 가식의 삶을 영적으로 포장하고, 소셜 미디어는 장밋빛 이미지들로 포장하여 전시한다.

가식의 삶이 '정상적 삶'으로 될 때

사뮈엘 베케트Samuel Barclay Beckett*의 〈행복한 날들(Happy Days)〉이라는 희곡이 있다. 2막으로 구성된 이 희곡에는 '위니'라는 이름의 여자가 등장한다. 남편 '윌리'가 등장하지만 정작

---

* 아일랜드 출신 작가로 영어와 프랑스어로 쓴 희곡들로 알려져 있다. 1969년 노벨 문학상을 받았다. 〈고도를 기다리며〉가 가장 유명한 작품으로 인간의 부조리성을 보여준 부조리극의 정수로 평가받는다.

그의 모습을 제대로 보기는 힘들다. 부부라고는 하지만, 아내와 남편 사이의 진정한 소통은 부재하다. 1막에서 위니는 가슴까지 흙더미에 파묻혀있는 모습으로 등장한다. 2막에 이르면 그 흙더미가 목까지 차올라서 위니는 거의 몸을 움직이지 못한다. 흙더미 속에 자신이 파묻혀있다는 것을 모른 척하면서, 위니는 마치 아무 일도 없다는 듯 일상적인 일을 반복한다. 양치질하고, 머리 빗고, 거울을 바라보는 반복되는 일상적 일을 하면서 "오늘은 참으로 행복한 날이야"를 외친다.

남편이 곁에 있지만, 위니의 말은 독백이 되어 공중에 흩어진다. 표면적으로는 부부로 존재하지만 각자의 존재가 서로에게 아무런 의미를 주지 못한다. '존재하지만 존재하지 않는 관계'이다. 위니는 "좋아질 것도, 나빠질 것도, 바뀔 것도, 아플 것도 없으니" 행복한 날이라고 외친다. 가슴에서 시작하여 점점 목까지 위니를 매몰시키는 흙더미처럼, 장밋빛으로 포장·전시되는 가식의 삶은 우리의 삶을 서서히 매몰시킨다.

가식의 삶이 '정상적' 삶의 방식이 될 때, 몸은 살아있지만 마음과 정신은 서서히 죽음으로 내몰리는 삶, '흙더미'가 목까지 차올라 자기 자신에게조차 아무것도 할 수 없는 삶 속으로 매몰되어간다. 진정성을 포기하고 행복을 과대포장하며 전시하는 '가식의 삶'의 대가는, 이렇게 한 존재의 죽어감이다. 표면적으로는 끊임없이 말하고, 양치질하고, 머리 빗고, 거울을 보는 일상을 무한 반복하며 마치 아무 일도 없는 것 같다. 삶의 딜레마와 어려움을 대면하기보다 모른 척함으로써 결국 자신의 삶을 방치하는 위니, 그는 공허한 '오, 오늘도 행복한 날이야'를 반복할 뿐이다.

위니의 모습은 어찌 보면 가식의 삶을 살아가는 우리의 모습을 미러링한다. 이 '흙더미(mound)'는 도대체 무엇을 상징하는가. '고도우'가 무엇·누구인가, 라는 질문에 베케트는 침묵했다. 그것처럼 베케트는 이 '흙더미'가 무엇을 상징하는가에 대해서도 침묵한다. 그 '흙더미'가 무엇인가는 우리 각자의 삶의 정황에서 각기 다른 의미로 다가오는 상징이다. 그래서 저자의 침묵은 오히려 많은 답을 제시한다. 극도의 피동적 삶에서, 과거-현재-미래라는 시제는 아무런 의미를 지니지 않는다. 오늘은 어제의 반복이며, 내일은 오늘의 반복일 뿐이다. 아무런 변화를 추구할 용기도, 결단도, 의지도 작동시킬 수 없는 이러한 흙더미 속의 삶이 진정 '행복한 삶'일까. 무의미의 흙더미에 점점 매몰되는 삶이며, 존재의 죽음을 경험하는 삶일 뿐이다. 삶의 딜레마나 문제들을 외면하고 방치하는 것은 자신의 삶을 유기하는 것이다. '생물학적 살아있음'이 '존재의 살아있음'을 의미하는 것은 아니기 때문이다.

새로운 삶을 구상하는 용기를 작동시켜야

생텍쥐페리의 《어린 왕자》는 다음과 같은 말을 한다. "이 세상에서 가장 아름다운 것들은 보거나 만질 수 없는 것이랍니다. 그 아름다운 것들은 오직 심장으로 느낄 수 있는 것이지요."

그렇다. 우리에게는 두 종류의 심장이 있다. 생물학적 생존에 필요한 '육체의 심장', 그리고 존재론적 생존에 필요한 '마음의 심장'이다.

이 세상에 있는 아름다운 것들, 행복한 것들은 눈으로 보고 손으로 만질 수 있는 것들이 아니라, 오로지 '마음의 심장'으로 느끼고 경험하는 것들이다. 육체의 심장은 태어나면서 자동으로 주어진다. 그러나 모든 어두운 갈등과 어려움에도 불구하고 살아있음의 아름다움을 경험하고, 행복함을 느끼고, 희망을 꾸려나가는 '마음의 심장'은 자동으로 주어지지 않는다. 지속적으로 내가 만들어가고, 지켜내고, 풍성하게 가꾸어 가야 하는 것이다. 포장·전시하는 가식의 삶은 존재의 병이다. 그렇기에 그 병이 들면 '마음의 심장'은 서서히 파괴된다. 포장·전시하는 삶을 던져버리고, "나는 잘 지내고 있지 못해(아이 엠 낫 파인/ I am NOT fine)"를 받아들이고, 새로운 삶을 구상하는 용기를 작동시키기 시작할 때, 그때 비로소 치유가 시작된다.

위기 시대, '연민과 연대의 정치학'이 절실한 이유

'단일 민족'이라는 것을 문화적 자부심으로 내세워 온 한국 사회는 국적의 동질성, 종교의 동질성, 배경의 동질성 또는 출신 지역이나 출신 학교의 동질성 등을 매우 중요하게 생각한다. 동질성을 넘어서서 '다름'을 서로 포용하고 받아들이는 '다름의 함께'는 상상하기 어려운, 지극히 배타적인 사회이다.

코로나19는 한국 사회는 물론 세계 곳곳에 경계심과 위기감을 불러일으켜 왔다. 코로나19 확산 초기에는 이것을 의도적으로 '우한 폐렴'이라고 부르면서 중국인을 향한 혐오를 조장하는 언어들이 각종 SNS는 물론 다양한 언론매체들을 통해서 생산·재생산되었다. 이제 코로나19를 '우한 폐렴'이라고 부르는 이들은 거의 없지만, 혐오의 대상이나 방식은 다양한 양태로 지속되고 있다. 가난한 이들, 인종적 소수자들, 성소수자들,

이주민들과 난민들 등 사회의 주변부에 있는 이들은 은밀한 또는 노골적인 혐오의 대상들이다.

생물학적 바이러스보다 특정한 사람들에 대한 혐오를 극대화하는 '혐오 바이러스'가 우리가 사는 사회를 더욱 비인간화된 황량한 곳으로 만들고 있다. 누군가에게 일어난 불행한 일에 대하여 국가가, 또한 그 사회의 개별 구성원들이 어떻게 반응하고 행동하는가는 그 사회의 제도적 책임성 수준과 민주적 성숙도, 더 나아가 사회 구성원의 인간적 성숙성을 측정하는 척도가 되기도 한다. 코로나19 위기를 통해서 우리가 서로 일깨우고 실천해야 하는 것은 무엇인가.

21세기를 살아가는 인간에게 가장 중요한 화두가 있다면 그것은 '함께–살아감'이다. 현대 세계는 생태적으로, 사회정치적으로, 종교적으로, 경제적으로 갖가지 위기와 직면하고 있다. 21세기의 이러한 위기들은 이전과는 달리 '국가'의 영토적 경계를 홀연히 뛰어넘는다. 나 혼자만, 내 가족만, 또는 내 나라만 무사하게 잘 사는 것은 이제 불가능하다. 또한 다양한 위기와 직면하면서 점점 더 분명해지는 것은 인간 생명만이 아니라 생태계에 존재하는 모든 생명이 근원적으로 상호 의존되어 있다는 것이다. '나'의 생존과 행복한 삶이 무수한 '너'의 삶과 분리될 수 없다. 그런데 이렇게 현대 세계의 가장 중요한 과제인 '함께–살아감'을 위해서 우리에게 우선 필요한 것은 무엇일까.

자크 데리다에 따르면 '연민'이다. 연민이야말로 '함께 살아감'의 가장 근원적 존재방식이다.

타자의 고통에 함께하는 연민과 연대

연민은 왜 우리가 존재하는 것의 토대를 구성하는 것인가. 인간은 그 누구도 고립된 섬에서 홀로 살아갈 수 없다. 이 부정할 수 없는 진실은 '나'와 '타자'의 관계가 얼마나 중요한 것인가를 직설적으로 드러낸다. '연민'의 영어 compassion은 '함께 고통한다'를 의미한다. 즉 연민이란 나의 존재는 타자의 존재와 분리할 수 없으며, 타자의 고통에 함께하는 것은 나의 고통에 타자가 함께함을 나타내기도 한다. 흔히 연민을 동정과 혼동하는 경우가 많은데, 이 두 개념은 비슷한 것 같지만, 그 출발점, 과정 그리고 결과에서 매우 상이하다.

동정에는 '왜'와 '어떻게'라는 근원적인 물음이 부재하다. 동정의 또 다른 한계는 '불쌍하게 여기는 느낌'에서 끝날 뿐, 다른 연대의 행위나 인식의 확장으로 이어지지 않는다는 점이다. 동정의 감정에서는 '왜' 유독 청도대남병원의 정신과 폐쇄병동에서 지내던 입원환자들, 그리고 무경력 청년들이 가장 많이 취직한다는 신도림동의 어느 콜센터 여성들에게 코로나19 희생자가 많은 것인가. 또는 소위 '사회적 거리두기' 지침이 하루 양식을 걱정해야 하는 사람들에게는 왜 너무나 사치스러운 것인 가. 이러한 근원적인 문제에는 관심을 두지 않는다. 눈에 보이는 현상이 지닌 이면의 복합적인 문제들을 보려 하지 않고, 있는 그대로 받아들일 뿐이다.

반면 연민은 동정과는 달리 공평성, 정의 그리고 상호의존성의 가치들에 근거해 있다. "함께-고통함"의 의미로서의 연민은 단지 고통과 아픔을 수동적으로 함께 느끼는 것에 머물지 않고, 그러한 고통과 아픔이 야기되는 '원인'들을 없애기 위한 적극적인 개입을 끌어내는 동력이 된다. 또한 동정과는 달리 연민의 대상자와 연민을 느끼는 사람 사이에 여타의 윤리적 위계가 존재하지 않는다. 서로의 존재함을 위해 서로에게 의존된 삶을 산다는 진정한 '상호의존성'과, '함께 살아감'의 과제와, 책임에 대한 인식에서 작동되기 때문이다.

데리다는 '함께 살아감'에 있어서 가장 근원적인 방식으로서의 연민이란, 타자의 고통에 함께함으로써 정의가 무엇인지 말할 수 있게 되며, '연대'로 이어지는 구체적인 효과가 있다고 본다. 연민과 연대가 분리불가능한 이유이다. 진정한 연민은 같은 가족, 같은 종교, 같은 나라 등의 '동질성'을 공유하지 않는 사람에게도 작동하는 것으로 '동질성의 연대'를 넘어서서 '다름의 연대'로 이어지게 한다.

타자의 고통의 목도, 인간됨의 실천

1939년에 실제로 일어났던 일이다. 페트초Mordehy Petcho는 유대인 게릴라 그룹인 '이르군(Irgun)'*의 요원인데 영국 범죄수사국에 붙잡혀 고문을 당하고 감옥에 갇히게 된다. 그런데 고문을 받고 감방에 쓰러진 페트초에게 감방에 함께 있던 어느 아랍인이 음식을 가져온다. 페트초가 기운이 없어서 음식을 스스로 먹지 못하자, 이 아랍인은 페트초에게 음식을 먹여준다. 그리고 페트초가 심한 통증으로 아파하자 담요를 들어보라고 한다. 온몸에 여기저기 멍이 든 것을 보자, 영국을 최악의 야만인이라고 비판한다. 그런데 팔레스타인 아랍인과 유대인 게릴라 그룹 요원이 자신들 안의 '인간됨'을 서로 확인하고 있는 장면은 참으로 보기 드문 것이며, 통상적으로는 상상하기조차 불가능한 일이다. 서로 지독한 '원수'로 살아왔기 때문이다.

감옥에서의 이 장면은 데리다가 '함께 살아감의 가장 근원적인 방식'이라고 하는 '연민'이, 극단적인 상황에서도 일어날 수 있다는 것을 보여준다. 아주 순간적이지만, 인간이 지닌 타자에 대한 '연민'을 통해서 연대의 '행동'으로 옮기게 되는 순간, 원수 사이라 할지라도 서로의 인간됨을 나누는 의미와 감

---

* 공식 명칭은 '이스라엘 민족군사기구'로 1931년 창설되었다. 제2차 세계대전 후 영국이 통치하던 팔레스타인 지역에서 활동한 시온주의 무장 단체이다.

동의 순간을 경험하게 하는 것이다. 연민을 느낄 때 동정에서 처럼 감정적 반응에만 머무는 것이 아니라, 구체적인 실천적 행동으로 이어지게 하는 '연대'가 작동하는 힘으로 확장된다. 연민은 아랍인과 이스라엘 유대인인 페트초의 경우에서처럼, 많은 경우 타자의 고통을 목격하게 되면서 생기기 시작한다.

누구와, 어떻게, 함께-살아갈 것인가

여기서 우리는 '함께-살아감'에 대하여 두 가지 질문을 생각해보아야 한다. 첫째, '누구와' 함께인가. 둘째, 함께 살아감에서 '살아감'은 무엇을 의미하는가.

이 질문은 단순한 것 같지만, 사실상 매우 복잡한 이야기이다. '살아감'이란 낭만적인 모토가 아니라, '재난기본소득' 제도와 같이 구체적인 제도화를 기반한 연대의 정치를 통해 어려움에 처한 사람들이 인간다운 삶을 살도록 하는 매우 구체적인 것이다. '함께'의 범주에 자신의 가족, 친척, 친구를 포함하는 것은 그렇게 어렵지 않을 것이다. 그런데 '함께' 살아야 할 사람 중에는 내가 전혀 알지 못하는 낯선 사람, 난민, 이주민, 또는 코로나19 사건에서 주목받은 '신천지 교인'들 같이 혐오와 기피 대상이 되는 사람들까지 포함해야 한다면 '함께 살아감'이란 돌연히 너무나 '불가능한' 일처럼 생각된다.

그런데 쉽게 가능한 일만을 골라서 한다면 이 세계가 지금보다 나은 곳으로 변화되기는 어렵다. '함께 살아감'의 세계로 만드는 것은 이렇게 처음에는 '불가능한 것' 같은 일들을 조금씩 해나가는 이들에 의해서 가능하다. 한국 사회만이 아니라, 인류가 직면하는 다층적 위기들을 넘어서서 '함께 살아감'이 가능하게 하려면 동질성을 지닌 사람들만이 아니라, 나와 '다름'을 지닌 사람들, 가까운 타자만이 아니라 기피하고 싶고 외면하고 싶은 먼 타자에게까지 연민과 연대의 손길을 확장하는 의식과 행동, 그리고 사회정치적 제도화를 통해서 가능하게 된다. 위기 시대, 연민과 연대의 정치학이 그 어느 때보다도 절실하게 요청되는 이유이다.

살아남은 자들의 책임

'사건'으로서의 세월호

21세기를 살아가는 우리는 다양한 종류의 '사건들'과 조우하며 살아가고 있다. 이 '사건들'의 대부분은 사회적으로 커다란 충격을 주는 폭력이나 테러에 의해 야기되곤 한다. 그래서 어떤 이론가들은 21세기를 '테러와 폭력의 시대'라고 규정하기도 한다.

'사건'은 단지 어떠한 일이 일어났다는 '사실'의 의미만 있는 것이 아니다. 그 '사실'이 하나의 '사건'이 되는 것은 그 '사건-이전'과 '사건-이후'에 분명한 관점의 변화가 존재할 경우이다. 즉 한 사회나 개인이 어떤 특정한 사건 '이후'에 그 '이전'과는 전적으로 다른 눈으로 인간, 사회, 세계를 보게 되었다는 것을 의미할 때다. 우리 주변에는 무수한 사건이 일어나고 있지만 그 사건들을 통해서 사건의 당사자만이 아니라, 간접적으로 경험한 이들에게도 타자와 사회를 보는 시각에 변화가 온다면 그것은 더 이상 '개인적인 사건'만이 아닌 '사회적 사건'이 된다.

세월호 참사는 한국의 정치적 책임성의 문제에 대하여, 사회적 연대의 의미에 대하여, 종교적 실천의 의미에 대하여, 더 나아가 신의 현존과 역사함, 또는 종교의 역할 등에 대하여 기독교인들 사이에서조차 매우 상충적인 이해가 드러나게 했다. 따라서 '세월호 참사'는 하나의 고유명사로서의 역사적 사건인 동시에 사회적·정치적·윤리적·종교적 사건으로서의 의미를 지니게 된 것이다.

세월호 참사는 '공동의 선'보다 개인의 '이득'을 최대의 덕목으로 삼는 자본주의적 사고가 얼마나 생명 파괴와 관계되는가를 적나라하게 드러냈다. 그 배에 타는 인간들의 생명보다 회사의 이득을 더 우선으로 삼는 정부의 정책들로 인한 안전 규제 완화는, '생명 중심'이 아닌 '이득 중심'의 국가적 가치의 민낯을 드러낸 것이다. 또한 사고 후, 모든 이의 생명을 우선시해야 할 선장을 포함한 선원들의 책임의식 부재와 이기성, 더 나아가 모든 구조에 책임을 지고 있는 정부 관료들과 조직 수장들의 무책임한 행정은 구조되었을 수도 있는 생명들이 무참히 죽음을 당해야 했던 '참사'를 만들어냈다. 그 두려움과 고통 속에서 서서히 죽어가는 것을 지켜보아야 했던 가족들의 고통과 절망 앞에서 우리는 무엇을 해야 하는가.

세월호 참사 이후 수 년이 넘었지만, 정부는 〈세월호 특별법〉 제정에 대한 가족들의 요구를 여전히 외면하고 있다. 세월호 참사는 '생명돌봄'에 대한 우리의 이해와 그 실천에 있어서 어떠한 의미들을 주고 있는가.

죽은 자들의 현존, 진도 팽목항

내가 진도 팽목항을 찾아간 것은 2014년 7월 말이다. 내가 주로 미국에서 지내고 있으니 세월호 참사가 일어난 지 3개월이나 지나서야 방문할 시간을 낼 수 있었다. 7월의 늦은 오후, 진도 팽목항에 도착하니 뜨거운 여름 햇살이 잠시 자취를 감추고, 짙은 먹구름이 하늘을 덮고 있었다. 세월호 사건 이후 미디어를 통해서만 보아오던 팽목항이 내 눈앞에 나타났는데도, 그곳이 실제로 그 무수한 생명을 앗아간 공간이라는 게 실감 나지 않았다. 검푸른 바닷물 속에 삼켜진 생명들, 그 생명들이 혹시 살아있을지 모른다는 희망을 부여잡고 무수한 밤을 잠 못 이루며 지새웠을 가족들은 이 팽목항에서 무엇을 느끼며 경험하고 있을까. 주차장을 지나서 아직도 찾지 못한 이들을 기다리는 가족들의 텐트를 지나가는데, "신원확인소 가는 길"이라는 팻말이 나타났다. "신원확인소"—그 확인소는 삶에 대한 한 줄기 기대감과 동시에 죽음의 확인에 대한 처절한 절망감이 교차하는 공간이다. 그 지독한 패러독스적 슬픔의 공간을 드나들던 가족들, 친구들은 죽음에 이르기까지 지워질 수 없는 슬픔의 응어리를 가슴 깊이 품고 살아가야 한다.

노란 리본들과 이름이 쓰여진 종이들이 매달려 나부끼고 있는 부둣가에 이르니, 내 마음에 아픈 응어리를 올라오게 하는 장면이 보였다. 부둣가 곳곳에 놓여져 있는 신발, 라면, 쌀, 소주, 과자, 김, 콜라, 귤, 옥수수……. 살아있는 이들이 그 칠흑같이 어둡고 차가운 바닷물에 빠져 죽은, 다시는 돌아오지 않는 이들을 위해 남겨놓은 그 물건들은 '죽은 자들의 현존'을 절절히 느끼게 해주고 있었다. '죽은 자들의 현존'—'죽었지만 죽지 않은 그들'은 살아있는 이들이 남겨놓은 신발, 라면, 쌀, 소주, 과자, 김, 콜라, 귤, 옥수수들 속에서 살아있는 이들을 다시 바라다보고 있었다. 이 지극히 평범한 음식들과 물건들 속에서 환하게 웃으며 살아갈 수 있었을 무수한 생명이, 끔찍한 죽음 대신 구조를 받을 수 있었다면, 이 세월호와 진도 팽목항이라는 이름이 주는 의미는 지금과 전적으로 달랐을 것이다.

구조받을 수도 있었을 생명들이 죽어간 이 세월호 사태 앞에서 살아남은 우리는 무엇을, 어떻게 해야 하는가. 사치스러움이라고는 조금도 찾아볼 수 없는 이 너무나 조촐한 일상의 물건들이 우리에게 건네는 말은 무엇인가.

세월호 참사와 생명돌봄의 의미, 네 가지

대부분의 사람은 '생명돌봄'이라는 개념을 매우 단순하게, 개인적이고 낭만적인 것으로 받아들인다. 그러나 이것은 두 가지 중요한 개념, 즉 '생명'과 '돌봄'이라는 것이 지닌 매우 복합적인 의미를 이해하지 않으면, 진정한 생명 사랑의 문화를 창출하는 데 아무런 기여를 할 수 없게 된다. "모든 생명은 아름답고 귀하다"라는 모토가 단지 낭만적인 구호로만 남게 될 때 인간 생명, 동물 생명 또는 자연 생명 등 모든 생명이 구체적으로 정치·경제·사회·종교적 가치체계 그리고 구조들과 얽혀 있다는 사실을 간과하게 된다. 또한 '돌봄'이라는 개념도 지극히 개인적으로만 이해된다면 그 '돌봄'이 지닌 사회정치적·제도적 차원과의 연관성을 간과함으로써 '생명돌봄'이라는 소중한 의미를 구체적인 현실 세계 속에서 실천해 내지 못하게 된다.

따라서 생명이 생명 되게 하기 위해 필요한 다양한 삶의 조건에 관심을 두는 것이 진정한 생명돌봄이라고 규정할 때, 생명돌봄이란 종교·정치·경제·사회·문화 등 다양한 차원의 문제들에 관심을 둬야 한다는 것이다. 이러한 맥락에서 보자면 세월호 참사는 생명돌봄에 대해 다음과 같은 네 가지 중요한 인식을 갖도록 해주었다고 나는 본다.

첫째, 시혜가 아닌
책임의 문제로서의 생명돌봄

생명돌봄에 관심을 가진 이들이 종종 빠지는 오류 중의 하나가 있다. 이들이 약자에게 구제행위나 시혜를 베푸는 사람이라는 자기 이해를 한다는 점이다. 그러나 생명돌봄이란 어떤 약자에게 시혜를 베푸는 것이 아니라, 인간으로서의 책임을 수행한다는 의식이 전제되어야 한다. 돌봄이 약자에게 시혜나 구제를 베푸는 것으로 이해될 때, 거기에는 돌봄의 대상과 시행하는 사람 사이에 '윤리적 위계주의'가 형성된다. 즉 베푸는 이는 윤리적 우월성을, 그리고 시혜를 받는 이는 윤리적 열등성을 암암리에 형성하게 된다는 것이다. 그래서 종종 경제적으로 부유해서 기부를 많이 하는 사람들이, 경제적 부를 지니지 못한 사람들보다 마치 윤리적으로도 우월한 위치에 있다는 착각을 하는 경우들이 있다. 그러나 생명돌봄은 이 세계의 구성원, 그리고 한 사회의 구성원으로서 다른 생명에 대한 책임을 수행한다는 의미에서 이해되어야 한다. 또한 이 책임성이란 현재만이 아니라, 과거의 생명들과 다가올 미래의 생명들까지도 그 돌봄의 범주를 확장해야 함을 의미한다.

이 생명돌봄이 제도적·구체적으로 확보되고 또한 사람들의 의식 속에서 자기 책임의 문제로 자리 잡게 될 때 진정한 생명돌봄이 가능하게 될 것이다. 세월호 참사의 희생자들에 대한 애도, 그리고 진실을 밝히고자 하는 세월호 유족들과의 연대를 통한 생명돌봄은, 그들을 위해 베푸는 시혜가 아닌 '동료 인간'으로서의 책임이다.

둘째, 개인적이고 집단적인, 사회정치적이고 종교적인 생명돌봄

무엇인가를 또는 누군가를 '돌본다'는 것은 무엇인가. 매우 복합적인 문제다. 진정한 생명돌봄의 의미는, 생명이 생명으로서 삶을 살아갈 수 있도록 제도적 보호 장치는 물론 그 생명이 지닌 이 사회에서의 다양한 역할들, 잠재성 또는 가능성을 활짝 꽃피우도록 하는 일이다. 이를 위해 사회정치적 조건들이 마련되는 것에 지속적이고 책임적인 관심과 헌신을 해야 함을 의미한다. 또한 그러한 생명돌봄의 다차원적 이해의 가치체계를 마련해주는 종교적 가치들은 그 생명돌봄의 의미에 대한 인식론적 전거를 제공해 준다. 이러한 맥락에서 볼 때, 생명돌봄의 행위란 참으로 복잡한 주제라는 것을 알게 된다. 인간의 삶이 정치·경제·교육·문화·종교 등 다양한 영역들과 매우 긴밀하게 연결된 현대 사회에서, 생명돌봄을 매우 사적이고 개인적인 것 그리고 낭만적인 것으로만 이해하는 것은 매우 위험하다.

왜냐하면 총체적인 의미에서의 생명돌봄이란 한 개인의 사적인 감정이나 행위에만 의존할 수 없기 때문이다. 예를 들어 빈곤으로 어려움을 겪고 있는 생명을 돌보기 위해서는 가장 기본적 생존조건인 거주, 질병 그리고 식량 문제를 근본적으로 해결할 수 있어야 하는데, 이러한 차원에서의 장기적 대책은 한 개인이 해결할 수 있는 것이 아니다. 개인이 할 수 있는 돌봄의 역량을 벗어난 이와 같은 일들은, 국가가 제정하고 있는 건강보험제도·교육 혜택·주거 정책 등을 포함한 다양한 사회보장제도를 통해서 효과적이고 장기적인 돌봄으로 비로소 해결 가능한 문제이다. 즉 한 개인이나 집단이 '불쌍한' 사람들을 도와주고 돌보는 것은 지극히 한계가 있다는 것이다. 이러한 의미에서 생명돌봄이란 사회정치적 차원의 문제와 언제나 긴밀하게 연결되어 있다.

또한 인간 생명뿐 아니라 동물·식물과 같은 생명을 파괴하는 생태 문제, 핵 문제, 전쟁 문제 등은 한 개인의 사적 행위로서의 생명돌봄으로 해결될 수 있는 문제가 아니다. 그래서 각 개인은 포괄적 의미의 생명돌봄에 대하여 어떤 생각과 구체적인 정책을 펼치는 정치가를 지지하고 선택하는가, 종교인들이라면 신에 대해 어떤 이해를 가지는가(정복적인 신인가, 아니면 사랑과 정의의 신인가), 또한 어떤 생명의 돌봄을 지향하고 있는가 등에 따라 정치 지도자, 종교 지도자를 선택하는 것이 요청된다.

자신이 지지하는 정치가의 정책이 가난한 생명들, 다양한 이유로 사회 주변부에 있는 생명들을 보호하는 것인가, 아니면 그들을 외면하는 것인가, 생태적 정의에 인식을 하고 있는가 아닌가, 인류 생명의 보존을 위협하는 핵 문제 등에 대한 이해나 정책을 어떻게 제시하고 있는가 등에 관심을 가져야 한다. 따라서 진정한 '돌봄'이란 개인적인 것이기만 한 것이 아니라, 종교적이고 사회정치적인 문제에 매우 예민한 촉각을 가지고 있어야 가능하게 된다. 또한 인간 생명을 돌보는 차원에서는 젠더·인종·종교·장애·계층·성적 지향 등에 근거해서 차별받고 소외되는 생명에 대한 돌봄의 사회문화적이며 종교적인 의미까지 생각해야 한다. 다양한 이유를 가지고 특정 집단의 사람들에게 지독한 편견, 차별, 희롱 등을 갖고 있다면 결국 인간 생명을 파괴하는 행위이기 때문이다.

셋째, 위계주의에 대한 저항으로서의 생명돌봄

사람들은 종종 '모든 생명은 귀하다'는 말을 하곤 한다. 그러나 이러한 보편적 정언이 인간의 구체적인 현실 세계 속에서 어떻게 외면되고 파괴되고 있는가를 아는 것은 매우 중요하다.

예를 들어서 전체 생명계를 살펴보면, '인간 생명→동물 생명→식물 생명'이라는 커다란 위계주의가 이미 고착되어 있다. 또한 좀 더 구체적으로 인간 생명의 테두리 안에 들어가 보면 성별, 인종, 국적, 언어, 피부색, 성적 지향, 육체적·정신적 능력, 나이 등에 따라 다양한 위계주의가 이미 설정되어 작동하고 있다. 세월호 사태는 같은 국가에 속한 국민 사이에도 엄연한 위계와 등급이 존재하고 있음을 드러낸다.

만약 진도 팽목항 앞바다에서 처참하게 죽거나 실종된 304명이 정부 고위 관료들이나 부유층이었다면, 또는 그러한 지위와 특권과 부를 지닌 이들의 가족이었다면 300여 명이 넘는 이가 구조받을 수 있는 골드타임에 무참히 외면되고 결국에는 처절한 죽음을 맞았을까.

무고한 죽음을 포함한 크고 작은 사건이 개인적이기만 한 것이 아니라 사회정치적 문제인 이유는, 그것이 언제나 개인적·집단적·제도적 차원에서 다양한 권력구조와 연계되어 있기 때문이다. 그 권력이 정치 권력이든, 경제 권력이든, 종교 권력이든 다양한 종류의 권력은 언제나 생명돌봄의 제도적 장치, 그리고 실천의 문제와 직결되어 있다.

생명돌봄이란 이러한 의미에서 보자면, 우리 사회 속에 '자연적인 것'처럼 받아들여지고 있는 크고 작은 '생명의 위계주의'에 대해 비판하고 저항해야 함을 의미한다. 가난한 집안의 생명이 부유한 집안의 생명보다 가치가 덜하다든가, 이주 노동자들의 생명이 한국 국적을 가진 한국인의 생명보다 가치가 덜하다든가, 육체적·정신적으로 어려움을 지닌 이들의 생명이 소위 '정상적'인 몸과 정신을 가진 사람들보다 가치가 덜하다고 무의식적으로라도 생각하게 되는 이러한 '생명 위계주의'를 비판하고 저항하는 것이 생명돌봄에 요청되는 것이다.

넷째, 연대성으로서의 생명돌봄

세월호 사태는 생명돌봄이라는 거대한 모토를 추상적이고 낭만적으로만 생각하지 말고 구체적인 정황들과 연결시켜야 함의 필연성을 명료히 보여주었다. 생명돌봄의 구체적인 의미를 이해하기 위해서는 우리의 인식 전환을 가능하게 하는 '인식론적 상상력'을 통한 연대 행위가 요청된다. 이 인식론적 상상력이란 '나·우리-너·그들'이라는 이분법적 방식을 넘어서서 나와 너, 우리와 그들의 불가결한 관계성의 인식을 가능케 하는 장치다.

만약 그 죽은 아이 중에 꽃같이 화사한 모습으로 결혼식을 올린 나의 아이나 조카가 있었다면, 바로 그 아이나 조카가 표현할 수 없는 극도의 공포와 두려움에 떨며 점점 차오르는 물속에서 고통스럽게 몸부림치다가 죽어가야 했다면, 나와 가족들의 '세월호-이후' 삶은 어떻게 달라졌을까.

세월호가 침몰하면서 구조될 수 있을 거라는 한 가닥 희망의 줄을 서서히 놓으며, 극도의 두려움과 고통 속에서 나의 부모님이, 나의 아들과 딸이, 나의 배우자와 친척, 친구가 그 처절한 죽음을 맞이해야 했다면 생명돌봄의 의미에 대해 어떤 생각을 하게 될까. 그리고 이제 가족의 죽음을 매 순간 떠올리며 살아야 할 운명에 놓인 살아남은 이들이 바로 '그들'이 아닌, '우리'라면 진도 팽목항은 어떠한 의미로 자리 잡고 있을까. 또한 도대체 왜 충분히 구조될 시간이 있었음에도 구조되지 못했는가를 알고자 하는 특별법 제정을 위해, 자신의 생명을 담보로 단식하며 농성하고 있는 유가족들이 된 우리에게 광화문 광장은 어떠한 의미로 다가올까. 이러한 상상들은 우리에게 인간으로서의 연대의식을 강화시킨다.

세월호 참사에서 죽어간 그 295명의 얼굴 속에서, 그리고 시신조차 찾지 못하고 실종된 9명의 얼굴 속에서, '너·그들'이 아닌 '나·우리'의 아들, 딸, 부모, 조카, 가족, 친구의 얼굴을 보아야 하는 것은 동료 인간으로서의 엄숙한 책임감이며, 이러한 책임성이야말로 종교의 존재 의미가 된다. 동시에 이러한 상상력을 통한 진정한 연대의 마음과 행위야말로, 극도의 이기주의와 물질 만능의 생명 파괴적 삶에 의해 우리가 황폐화되지 않고 인간으로서의 따스함과 연민을 유지하는 것이 가능하게 한다. 이것이 생명돌봄의 세계로 남아있게 하는 진정한 정치적·종교적 행위라고 나는 본다.

희망이란 무엇인가

모든 이에게 힘든 시간이다. 코로나19로 세계 곳곳에서 사람들은 갖가지 어려움을 경험하고 있다. 백신이 나왔다고는 하지만, 온 인류가 그 백신의 효과를 보기까지는 요원하다. 일자리를 잃고 가족을 잃고 고립된 일상을 보내는 이들, 칠흑같이 어두운 터널 속에 갇혀있는 경험을 하는 이들이 도처에 있다. 고립과 고통을 견디지 못해 자살하는 이들도 늘어가고 있다. 누군가의 표현대로 '코로나 크리스마스'를 맞이하게 된 것이다. 이러한 고통스러운 위기 한가운데서 맞게 되는 '크리스마스'는 도대체 어떤 의미를 가지는가. 코로나19 위기는 이전에 생각하지 않았던 의미들에 대하여 생각하도록 만든다.

4세기에 로마에서 크리스마스 축하가 시작되었다. 9세기가 되어서 비로소 주요한 기독교 명절로 삼기 시작한 크리스마스는, 현재 세계 160여 개의 나라에서 공식적인 휴일로 지키고 있다고 한다. 크리스마스가 기독교 배경을 지닌 서구 세계만이 아니라, 세계 곳곳에서 특별한 축하의 절기로 자리 잡고 있다는 것을 부인하기 어렵다. 상업주의가 크리스마스를 왜곡시키고, 승리주의적으로 해석된 기독교의 크리스마스에서 정작 예수의 모습은 사라진 지 오래다. 이러한 문제들에도 불구하고, 크리스마스는 여전히 사람들에게 자신의 정황에서 특별한 절기로 자리 잡고 있기도 하다. 크리스마스는 이제 기독교라는 한 특정 종교에만 제한된 종교적 절기의 의미를 넘어서 있다. 지금보다 나은 새해, 나은 미래를 기다리는 기다림과 희망의 절기이기도 한다.

크리스마스 전통은 네 가지 중요한 보편 가치를 담고 있다. 희망, 평화, 기쁨 그리고 사랑이다. 예수가 추구하고, 가르치고, 실천하고자 한 가치들이다. 그런데 이러한 가치들은 제각기 왜곡된 이해로 오염되어 왔다. 이 개념들을 호명해도 아무런 감동을 느끼기 힘든 이유이다. 모든 개념이 그러하듯, 상투적 이해를 넘어서기 위해서는 사전적 의미를 괄호 속에 넣고서, 새롭게 그 의미를 재음미하는 것이 필요하다. 그렇지 않으면 '상투성의 덫'에 빠져서 무의미하고 공허한, 단지 상업주의로 변질한 크리스마스에 우리의 시간과 에너지, 그리고 금전을 낭비해야 하는 절기가 되어 버리기 때문이다. 많은 이의 삶을 짓누르고 있는 이 '코로나 크리스마스'를 넘어서 우리 자신의 인간 됨을 재확인하고 확장하게 하는 소중한 가치의 재조명과 재창출이 '백신'이라고 나는 본다.

희망이란 무엇인가. 보다 나은 세계를 향한 진정한 희망이란 '모든 것이 잘 될 거야'와 같은 낭만화 된 '희망 고문'이 아니다. 또는 구체적인 데이터에 근거한 '낙관'과도 다르다. 희망의 토대는 사실적인 데이터에 근거한 성공과 승리를 보장하지 않는다. 오히려 보다 나은 삶을 위해 씨름하는 그 과정 자체에 희망의 의미가 있다. 그렇기에 '실패'의 가능성은 언제나 있다. 하지만 현실 세계에서 규정한 성공 또는 실패로 자신의 삶이 휘둘리지 않게 하는 것이 바로 절망을 넘어서는 희망의 의미이다. 나는 어떠한 삶을 살고자 하는가. 내가 살고 싶은 세계를 향해서 나는 용기를 가지고 어떠한 일을 하는가. 그러한 고민과 씨름하는 그 과정 자체가 바로 희망의 근거다.

기독교에서는 예수를 종종 '평화의 왕'으로 표현한다. 물론 나는 예수와 직접 대화한 적은 없다. 그러나 제자들의 냄새나고 지저분한 발을 씻긴 그 예수가 자신이 '왕'과 같은 위계주의적 표현으로 지칭되는 것에 동조할 거라는 생각은 들지 않는다. 예수를 '왕'으로 표현하는 종교적 상징은 예수를 지배자와 승리자로 표상함으로써, 기독교 승리주의를 정당화하는 것으로 사용되곤 한다. 예수가 지향하고 확산하고자 하는 평화란 무엇인가. 소극적 의미의 평화란 분열, 전쟁, 갈등의 부재를 의미한다. 그러니까 '왕'으로 표상되는 힘센 세력이 약자 위에 군림해서 아무 소리 못 하도록 억누르는 상태도 표면적으로 '평화'라고 착각하게 된다. 이런 위험한 평화의 착시는 가정, 학교, 직장, 나라 또는 세계적 정황에서 볼 수 있다. 그래서 우리는 '누가 규정하는 평화인가'를 물어야 한다. 반면 적극적 의미의 평화란 이 사회에 존재하는 차별, 배제, 혐오, 분열, 불의를 넘어서서 연대와 정의를 추구하는 구체적 변혁을 필요로 한다.

한국은 여전히 남북한의 분열과 함께 젠더, 계층과 출신 지역, 학력, 성적 지향, 장애, 정규직과 비정규직에 따른 차별과 배제 등의 문제가 산재해 있다. 이러한 문제들에는 무관심하면서 "모두에게 평화를!"이라는 크리스마스 메시지를 암송하고 노래 부르는 것은 위선적이며 공허하다. 기독교가 아닌 종교에 대한 혐오로 불상을 파괴하고 사찰에 방화하면서, '평화의 왕 예수'를 외치는 것 또한 위선적이다. 다양한 얼굴의 불의·차별·혐오를 방치하면서 외치는 평화, 차별금지법과 같은 가장 기본적인 평등과 정의의 제도화를 반대하면서 외치는 평화란 위험한 '거짓 평화'일 뿐이다.

인간은 누구나 죽는다. 그러나 이 당연한 진리를 받아들이지 않고 마치 영원히 살 것처럼 많은 이가 권력, 성공, 물질에 대한 욕망을 좀처럼 제어하지 못한다. 인간의 죽음에 대한 인식에 따른 두려움은 인류에 철학과 종교의 등장을 가능하게 했다. 죽음에의 두려움과 그 한계를 넘어서는 길은 무엇인가. 철학이나 종교는 각기 다른 개념들을 동원해서 행복과 기쁨을 추구하는 방식에 대해 말하고 있다. '나는 행복한가'라는 질문은 시작점이 아니다. 시작점이 되어야 하는 질문은 '무엇이 나를 행복하게 하는가'이다. 나를 알아가고 지속적으로 가꾸는 과정을 통해서, 나를 진정으로 행복하게 하는 것이 무엇인가를 서서히 배우게 된다. 그러한 과정에서 '기쁨'이 가능하게 된다.

행복과 기쁨이란 외부 세계로부터 주어지는 것이 아니라 내가 내 삶의 주체가 되어, 나 자신과 타자와의 관계를 올바르게 만들어가는 그 한 가운데서 진정한 행복과 그에 따른 기쁨을 생성하는 것이다. 이러한 새로운 탄생의 경험을 크리스마스가 우리에게 상기시키는 것이다.

크리스마스라는 절기가 상징하는 '사랑'의 가치는 희망, 평화 그리고 기쁨의 가치와 연결되어 그 정점을 이룬다. 이 세계와 인간에 대한 사랑을 이루기 위해 신이 스스로 인간이 되어 예수로 태어났다는 것을 상징하는 크리스마스의 의미는, 포괄적인 '사랑'의 메시지이다. 신이 인간이 된다는 '성육'의 의미는 물론 사실적인 생물학적 표현이 아니다. 시의 언어처럼 심오한 메타포적 의미를 품고 있다. 도대체 '사랑'이 무엇이기에 신이 자신의 신적 자리까지 내려놓고 인간으로 태어나는가.

예수는 우리가 지금 당연하다고 생각하는 성공의 기준과 참으로 먼 삶을 살았다. 그렇기에 '신의 아들' 또는 '인간이 된 신'이라는 종교화된 교리로 포장하지 말고, '탈교리화'를 통해서 예수의 태어남과 살아감의 의미를 살펴보아야 한다. 예수는 요즘 같이 모든 시설이 갖추어진 병원이나 저택에서 출생하지 못하고, 차고나 창고 같은 곳에서 태어났다. 3년이라는 짧은 공적 동안 그는 노숙인으로 살았다. 12명의 제자가 따라다녔다고는 하나, 그 어느 제자도 예수가 도대체 무엇을 하려는 것인지 그 심오한 세계를 이해하지 못했다. 예수는 기존의 종교적·정치적 제도가 인간 생명을 억압하는 것일 때, 과감히 그 제도에 맞서서 저항했다. 그 당시 안식일을 지킨다는 절대적인 종교적 관습보다 '인간 생명'이 먼저라고 하면서, '생명의 철학'을 설파하고 실천했다. 생명의 철학이 담긴 사랑은 예수 메시지의 정점이다. 나, 이웃, 원수 그리고 신에 대한 사랑의 분리불가성을 품는다.

희망, 평화, 기쁨 그리고 사랑이라는 가치는 서로 밀접하게 연결되어 있으며, 분리해서 생각해서는 안 된다. 크리스마스는 이러한 소중한 가치를 '예수의 탄생'이라는 상징과 함께 재조명하고, 재창출하는 절기다. 결국 나의 삶이란 무수한 너의 삶과 연결되어 있다. 크리스마스를 축하하고자 한다면 코로나 위기 한가운데서 희망이 아닌 절망, 평화가 아닌 폭력과 차별, 기쁨이 아닌 비통함과 고통, 그리고 사랑이 아닌 혐오를 경험하고 있는 이들이 누구인지 둘러보는 일부터 시작해야 한다. '코로나 크리스마스'를 넘어서서 진정한 크리스마스를 맞이하게 하는 백신이란 희망, 평화, 기쁨 그리고 사랑의 구체적 제도화와 실천을 통해서일 뿐이다.

고독 연습

1942년에 나온 사실주의 화가 에드워드 호퍼Edward Hopper의 〈밤을 지새우는 사람들(Nighthawks)〉은 인간이 느끼는 외로움과 고립의 감정을 담담하게 담아내고 있다.

외로움이란 나이·문화·시대와 상관없이 인간이라면 경험하고 씨름하는 감정이며 경험이다. 또한 외로움은 개인적인 주제만이 아니라 중요한 사회정치적, 그리고 철학적 주제이기도 하다. 코로나19 사태 한가운데서 모든 뉴스가 우리의 외면 세계에 쏠리고 있다. 그러나 외면 세계 못지않게 중요한 것이 내면 세계다. 고립, 외로움 그리고 고독의 경험은 그 내면 세계에서 벌어지는 사건이다.

외로움과 고립의 차이

나치의 반유대주의를 피해서 1933년 독일에서 프랑스를 거쳐 1941년 미국으로 망명한 한나 아렌트는, 1951년에 유명한《전체주의의 기원》이라는 책을 낸다. 그런데 흥미롭게도 아렌트는 이 책을 고립(isolation), 외로움(loneliness) 그리고 고독(solitude)이라는 세 개념에 대한 논의로 매듭짓는다. 아렌트는 자신의 정치철학의 화두를 '아모르 문디(amor mundi)', 즉 '세계 사랑'으로 삼았다. 아렌트는 이 세계의 변화는 '위로부터'가 아니라 '아래로부터', 즉 개인들로부터 시작한다고 본다. 그리고 고립, 외로움, 고독은 개인들의 내면 세계는 물론 사회정치세계인 외면 세계와 밀접한 관련이 있다고 보았다.

전체주의나 독재 상황과는 무관한 것 같은 지금 21세기 한국에서, 이 세 용어는 매우 개인적이기만 한 것일 뿐 사회정치적 함의는 없는 것으로 보인다. 그리고 이 세 가지 경험은 표면적으로 보면 비슷한 것 같다. 그러나 세 경험이 실제로 개인이나 사회에 미치는 영향에서는 매우 다르며, '함께-살아감'이라는 개인적이고 사회적인 문제와 밀접하게 연결되어 있다.

'고립'은 물리적으로 혼자 있음을 나타내는 중성적인 것이기도 하다. 또한 사회정치적 영역에서 그 누구와도 함께 행동할 수 없는 부정적인 상태를 말하기도 하다. 외로움은 인간의 삶 전반에 걸쳐서 나타나는데, 고립과 외로움은 다르다. 고립 상태에 있다고 해서 모두 외로움을 느끼는 것은 아니다. 고립에는 창의적 고립도 있고, 파괴적 고립도 있기 때문이다. 창의적 고립은 자발적이며 자신만의 작업을 하기 위하여 스스로 '퇴거'하는 것이다. 그러나 이러한 '자의적 퇴거'는 세계와의 연결성을 유지하는 '잠정적 고립'이다. 또한 모든 고립이 외로움으로 연결되는 것은 아니다. 외로움을 느끼지 않더라도 나와 함께할 사람이 없기에 어떠한 행동을 취할 수 없는 상태의 고립이 있다. 즉 나의 행동에 '함께' 동조하고 연대하는 사람이 없을 때의 경험이다. 공포와 두려움을 권력 유지의 무기로 삼는 정치나 종교는 개별인들이 고립에 처하도록 하면서, 그 고립감이 주는 두려움을 이용해 그들을 조종하게 된다.

'외로움'은 자신이 어딘가에, 누군가에, 또한 무엇인가에 속하지 않았다는 경험으로부터 야기된다. 가족이나 연인이든, 친구나 동료든, 자신의 삶을 함께 나눌 수 있는 '동반자의 부재'를 느낄 때, 인간은 지독한 외로움을 경험한다. 외로움은 아무리 주변에 사람이 많고 여러 사람을 만난다고 해도, 정작 진정한 교제와 소통을 하는 사람은 없다는 경험이기 때문이다. 여타의 관계들에 대한 기대감들이 결국 '공허한 기대감'이라는 자각에 이르렀을 때, 외로움은 가중된다. 외로움의 경험이 줄 수 있는 가장 부정적인 측면은 바로 '자기 신뢰의 상실'이다. 고립의 정황이 외로움으로 이어질 때, 인간은 사회정치적으로뿐만 아니라, 자신의 삶 전체에서 두려움을 경험하게 된다. 이 외로움의 경험은 테크놀로지의 발달이나 문명의 이기와 더불어 더욱 심화되며, 마치 '존재론적 질병'처럼 현대를 살아가는 인간을 고통스럽게 한다. 아렌트는 이러한 종류의 고립과 외로움은 공포와 두려움의 토대가 되며, 따라서 전체주의적 국가의 본질을 이루고 있다고 본다.

그런데 표면적으로 정치적 전체주의가 아니더라도, 이러한 고립과 외로움을 무기로 써서 사람들을 동원해 종교적·정치적 선동의 도구로 쓰는 경우들이 비일비재하다. 소위 '태극기 부대'에 동원되는 이들, 또는 '기독교'라는 종교적 깃발 아래 신천지와 같은 종교 집단에 빠지는 이들, 현 정부를 악마화하는 광화문 집회에 앉아서 선동하는 '지도자'의 발언마다 '할렐루야'와 '아멘'의 함성을 내며 앉아 있는 이들의 경우이다. 이들은 적어도 고립이나 외로움이 아닌, '소속감'을 느끼게 되고 '함께' 행동할 동지가 있는 것 같은 '왜곡된 의식' 속에 빠지게 된다.

코로나19 사태를 겪으면서 특정한 기독교 집단의 문제가 표면으로 불거졌다. 그런데 그 집단만이 아니라, 많은 왜곡된 종교 집단들이 개인이 겪는 고립과 외로움에 대한 두려움을 도구로 이용하여 그 집단에 맹종하게 하는 전략을 쓰고 있다. "외로운 사람은 언제나 모든 것들을 가장 최악으로 돌린다." 종교

개혁자 마르틴 루터의 말이다. 권력 지향만을 우선으로 하는 정치가나 종교 지도자는 사람들의 이러한 두려움과 공포를 권력 확장을 위한 도구로 사용한다. 사람들은 그 고립과 외로움의 두려움에서 벗어나기 위해서, 종교 지도자나 정치 지도자들의 선동에 빠지곤 한다.

'고독', 나 자신과 함께 있음의 상태

우리가 경험하는 고립과 외로움을 창의적인 경험으로 전이할 수는 없는 것인가. 아렌트는 그것이 바로 '고독(solitude)'이라고 본다. 자신에 대한 신뢰를 회복하면서, 외로움을 고독으로 전환하는 지속적인 시도를 하는 것이다. 외로움과 고독의 결정적인 차이가 있다. 외로움은 세상이나 주변 사람들뿐 아니라 자신으로부터도 소외되는 것이다. 반면 고독이란 '자기 자신과 함께 있음'의 상태이다. 동시에 이 세계와 타자와의 관계를 유지한다. 모든 사유는 바로 고독의 공간에서만이 가능하다. 고독은 '나와 나 자신과의 대화'를 가능하게 하며, 그 대화가 바로 사유의 시작이기 때문이다. 그런데 고독의 공간에서의 사유란 왜 중요한가.

아렌트는 고독의 공간에서 이루어지는 비판적 사유의 중요성을 개인적 삶만이 아니라 사회정치적 문제로 연결하고, 더 나아가서 '인류에 대한 범죄'와 연결시킨다. "악이란 비판적 사유의 부재"라는 중요한 통찰을 준 아렌트는, 그 '비판적 사유의 부재'가 바로 나치의 유대인 학살과 같은 '인류에 대한 범죄'를 가능하게 했다고 본다. 따라서 사유란 개인의 삶만이 아니라 사회정치적인 삶에서도 결정적으로 중요한 인간의 책임적 행위다. 그 사유를 통해서 올바른 판단을 하고, 그 판단을 통해 개인적 또는 사회적 행동을 취할 수 있기 때문이다. 그래서 '사유-판단-행동'의 사이클을 가능하게 하는 기본적인 자리는 바로 '고독'의 시공간을 확보하는 것이다.

고립감과 외로움을 '고독의 공간'으로 전환하기 위한 우선적 전제조건은 자기 신뢰와 자기 사랑이다. 자기 신뢰를 통해서 자신과 또 다른 자기와의 대화인 비판적 사유가 가능하게 된다. 자기 신뢰와 자기 사랑을 하지 못하는 사람은 타자 사랑을 할 수 없다. 고립과 외로움의 세계를 벗어나서, 타자들과의 진정한 관계, 함께-살아감의 세계는 비판적 사유를 하는 개별인들에 의해 비로소 가능하다.

파괴적 고립이 아닌 창의적 고독으로

넬슨 만델라는 사회로부터 고립된 공간인 감옥에서 27년 6개월을 살았다. 그러나 그 '타의적 고립'을 파괴적 고립이 아니라, 창의적 고립인 '고독'으로 전환한다. 그는 감옥생활 동안 물리적으로는 세계로부터 고립되어 있었지만, 내면 세계는 자기 자신, 타자 그리고 이 세계와 연결되어 있었다. 외적인 고립이 정신 세계를 파괴하지 못하도록 하는 것은 바로 자기만의 정원을 끊임없이 가꾸는 일이다. 그는 그 오랜 고립의 시간에 끊임없는 독서와 자기 성찰을 통해서, 보다 나은 세계를 향한 '낮꿈 꾸기'를 멈추지 않았다. 고립과 외로움이 줄 수 있는 파괴성을 넘어서서 비판적 사유와 성찰이 일어나는 '고독'의 시공간을 창출했고 27년 6개월이라는 길고 긴 고립의 시간 동안 새롭게 변화된 세계의 낮꿈을 일구어냈다.

새로운 시작은 이러한 고독의 시간을 의도적으로 만들고, 자기 신뢰와 자기 사랑을 지켜내면서 다양한 방식으로 자신, 타자, 세계에 대한 성찰을 계속할 때 가능하다. 고독의 시간에 자신과 만나는 것은 타자와 '함께-살아감'의 중요한 토대가 되기에, 함께-살아감의 소중한 예식이기도 하다. '고독 연습'이 절실하게 필요한 이유이다.

살아있음의 과제

자발적 죽음과 비자발적 죽음

오늘 아침 대학 이메일을 여니, 20여 개가 넘는 긴 리스트의 이메일들이 들어와 있다. 그중 어떤 죽음을 알리는 이메일이 2통 있다. 한 죽음은 2021년 5월 졸업을 예정하던 스물한 살의 3학년 학생이며, 또 다른 죽음은 나의 과목에도 들어왔었던 대학원 학생의 죽음이다. 스물한 살의 학생은 스스로 자신의 삶을 매듭지었다. 또 다른 학생은 결혼하여 아이가 있고 배우자도 있으며 일을 하면서 더 공부하고 싶어서 석사과정을 하던 사람이었는데, 지병으로 이 삶을 종결지어야 했다. 스스로 택한 '자발적 죽음'과 지병으로 인한 '비자발적 죽음' 소식을 동시에 접하니, 여러 가지 생각이 몰려온다.

새로운 것을 배우기를 참으로 좋아하던 바바라, 그는 이미 소위 안정된 직업도 있었는데 공부를 더 하고 싶어서 석사과정에 들어온 학생이었다. 다른 사람보다 나이가 많다는 것이 그에게는 전혀 문제 되지 않았고, 매번 클래스에서 배움에 대한 호기심으로 질문도 하고 자기 생각을 나누던 열정적인 학생으로 기억한다. 그러나 지병 때문에 최근 학교를 중단해야 했고, 결국 그토록 좋아하던 공부를 이어가지 못하게 되었다. '콜'이라는 이름을 가진 대학교 3학년 학생의 죽음—그는 대학 축구팀에도 들었었고, 스포츠 평론가가 되기 위한 전공을 하고 있었다. 그가 왜 이 삶을 매듭짓겠다고 결심하고 행동에 옮겼는지는 알 수 없다. 바바라는 내가 '아는 얼굴'이고, 콜은 '알지 못하는 얼굴'이다. 그런데 이 두 죽음이 내게 모두 아프게 다가온다. 결국 우리는 모두 어디에서 무엇을 하든, 그 두 종류의 죽음, 즉 '자발적 죽음(자살)'과 '비자발적 죽음' 사이에 있는 것 아닌가.

알베르 카뮈Albert Camus는 그의 저서 《시시포스의 신화》에서 "자살이야말로 가장 진지한 철학적 주제"라고 한다. 카뮈에 따르면 인간 대부분은 자신의 삶을 '내일을 향한 희망' 위에 구축한다. 그러나 다가오는 '내일'이란 결국 '죽음'에 우리를 더 가깝게 가져가게 할 뿐이다. 모든 것이 불확실성 속에 있지만, 유일한 확실성을 담보하는 것은 우리가 모두 '죽음을 향한 존재'

라는 것이다.

대부분의 사람은 모두가 지닌 '죽음의 확실성'을 짐짓 모른 체하며 자신들의 일상적 삶을 살아갈 뿐이다. 이 삶이 지닌 무의미성과 부조리를 똑바로 대면하기보다는, 외면하고 회피하곤 한다. 이러한 죽음의 확실성이 주는 두려움을 넘어서기 위해서 많은 사람이 '내세의 구원'을 약속하는 종교로 도피하든가, 또는 아무 생각조차 하지 않고 생물학적 삶만을 추구하는 '무사유의 삶'이나 '찰나적 쾌락주의의 삶'으로 도피한다. 그런데 인간이 자기 삶이 지닌 무의미성과 부조리를 인식하게 될 때, 자살해야 하는가. 카뮈에 따르면, 그렇기에 '자살의 문제'야말로 철학이 진지하게 다루어야 하는 주제라는 것이다. 인간이 이러한 죽음성을 향한 존재라는 것, 이것이 인류의 문명사에 철학과 종교를 태어나게 했다고 프랑스 철학자 뤼크 페리Luc Ferry는 강조한다.

죽음에 대한 두려움을 강력하게 피부로 느끼며 살아가야 하는 요즘, 어쩌면 우리는 가장 근원적인 존재론적 물음과 대면해야 하는지 모른다. 그 어느 때보다 자신의 삶에 근원적인 물음을 묻는 것이 요청된다. 세계 곳곳에서의 뉴스는 온통 코로나19와 관련된 것들이 주를 이룬다. 그러나 이러한 뉴스에는 등장하지 않지만, 여전히 우리의 삶 곳곳에서는 다양한 문제들이 산재해 있다.

극심한 가난 때문에 하루의 식량, 마실 수 있는 물 또는 잠잘 공간조차 없어 생존 자체가 위협받는 이들, 다층적 차별과 폭력적 배제 때문에 극도의 위기를 경험하는 사람들, 치명적인 병에서 벗어나려고 안간힘을 쓰며 생존의 위기를 경험하는 이들, 또한 삶의 무의미성 때문에 스스로 자신의 삶을 매듭짓는 이들이 있다. 질병과 같은 외적인 요인이든, 무의미와 부조리에 대한 인식 같은 내면적 요인에 의해서든 우리가 대면해야 하는 '죽음의 확실성'에 대한 인식은, 결국 "나는 어떻게 살아야 하는가"라는 질문과 이어져 있다.

살아감이란 무수한 문제와 씨름한다는 것

프랑스 철학자 자크 데리다가 췌장암으로 투병하면서 자신의 죽음이 곧 올 것이라는 인식을 하면서, 2004년 8월 19일 프랑스 신문 〈르 몽드(Le Monde)〉지와 한 '마지막 인터뷰'가 2007년 책으로 출판되었다. 그 책의 제목이 《마침내 살아가기를 배우기(Learning to Live Finally)》임은 우연한 것이 아니다. 데리다가 2004년 10월 9일에 죽었으니, 죽기 2달도 채 안 되기 전의 인터뷰였다.

그는 "'사는 것(to live)'이란 자기 자신으로부터 또는 삶 자체로부터 배우는 것이 아니다; 사는 것이란 오직 타자로부터 그리고 죽음에 의하여 배우는 것"이라고 하면서, "살아감(living)이란 죽어감(dying)처럼 혼자 스스로 배우는 것이 아니다"라고 한다. 타자로부터 배운다는 것은, 우리 각자가 죽음을 마주하는 존재임을 인식하면서 '함께' 공유하는 두려움, 서로에게 작별해야 하는 칠흑같이 어두운 시간, 그리고 그 속에서 어렵게 주어지고 획득하는 자유의 삶 등을 '함께' 나누면서 사는 것을 배움을 뜻한다. 그래서 데리다는 '살아감이란 함께-살아감(living-with)'이라고 강조한다.

이런 의미에서 보면, 살아감이란 무수한 문제들과 씨름하는 것이기도 하다. 코로나19처럼 인간에게 찾아오는 크고 작은 질병과 같은 외적인 문제들, 또는 삶의 부조리와 무의미성과 씨름하는 내적인 문제들 등 우리 각자의 삶에 '문제없는 삶'이란 불가능하다. '지금' 절실하게 씨름하는 문제가 끝나면 이제 아무 문제가 없을 것 같지만 그 문제의 색채와 농도가 다를 뿐, 언제나 '지금' 나의 삶에는 외면적인 문제들, 그리고 내면적인 문제들이 나의 세계에 자리 잡게 된다. 사유하지 않는 삶을 살면, 문제를 문제로 느끼지 못하기에 편하게 살 수 있을지도 모른다. 그렇다고 해서 '문제없는 삶'이 가능한 것은 아니다. 그렇기에 '문제없는 삶에 대한 갈망'은 접어두고, 이제 다른 방식의 질문을 해야 한다. "나는 어떻게 하면 문제없는 삶을 살 수 있는가"가 아니라, "나는 '어떤' 문제들과 씨름하는 삶을 살 것인가"
로 질문의 구성을 바꾸어야 한다.

치열성과 용기의 삶

'아는 얼굴'의 죽음이든 '모르는 얼굴'의 죽음이든, 매 죽음
은 우리에게 근원적인 물음들을 소환한다. 우리 각자는 거시
적·미시적으로 벌어지는 코로나19의 위기는 물론, 세계 곳곳
에서 지금도 벌어지고 있는 갖가지 '죽음들의 목격자'로 살아
간다. 나는 이 삶을 어떻게 살고 싶은가; 나는 나의 남은 삶에서
씨름하며 살 문제들의 우선순위를 어떤 기준으로, 어떠한 가치
관에 근거하여 정하겠는가. 이 질문에 대한 답은 자신만이 할
수 있으며, 자신만이 지속해서 구성하고 재구성할 수 있다. 그
러나 분명한 것은 이 삶을 치열하게 살아가겠다는 단호한 의
지만이, 우리 각자의 삶이 지닌 무의미성과 부조리를 넘어서는
용기와 열정을 지니게 할 수 있다는 것이다.

내가 오래전 독일에서 구한 포스터가 있다. 한나 아렌트가
쓴 《라헬 반하겐(Rahel Varnhagen)》이라는 책을 통해서 알게 된
사람이 등장하는 포스터다. 이 포스터는 늘 나와 함께 하고 있
다. 나의 거실에 있는 이 포스터에 나오는 〈라헬 반하겐의 일
기〉(1810년 3월 11일) 중 한 구절은, 내게 이러한 용기와 치열성의

소중함을 상기시키곤 한다.

당신은 무엇을 하는가?
나는 삶이 비처럼 나 자신에게 쏟아지게 하련다.

우리 모두는 이 삶이 지닌 두려움, 죽음, 불확실성의 무수한 문제들을 지니고 살아간다. 그럼에도 불구하고 용기를 가지고 그 의미 없음과 부조리를 대면하면서 치열하게 살아가야 한다. '치열한 삶에의 열정과 용기'를 마주해야 함을 이 단순한 글귀는 나에게 상기시킨다.

타자들의 죽음은 '나'의 죽음을 품고 있다. 그래서 그러한 죽음들이 '나'를 이 삶으로 소환하는 것이다. 그 죽음들을 기억하고 애도한다는 것은, '문제없는 삶'에 대한 동경과 기다림이 아니다. 오히려 '어떠한' 문제들과 씨름하면서 나의 삶을 살 것인가, 라는 근원적 물음들을 용감하게, 그리고 단호하게 마주하는 것이기도 하다. '나'는 어떠한 문제들과 씨름하며 살 것인가. 이 근원적 물음과 매일 대면하는 것은, 우리의 살아있음의 과제이다.

새로운 탄생에의 초대

새해 결심, 자기 사랑의 한 방식

달력에서 새로운 해가 시작되었다. 새해가 지닌 특별한 의미가 달력 속에 있는 날짜들 자체에 있는 것은 아니다. 새해를 특별하게 만드는 것은 그 새해에 우리가 만드는 새로운 생각, 새로운 목적, 그 목적을 이루기 위한 새로운 프로젝트이다. 마치 무언가로 가득 채워져 있던 칠판을 모두 지우고, 새롭게 자신의 삶을 기획하고 쓰는 것이 바로 새해 결심의 의미이다.

시간 개념을 지닌 존재로서의 인간은 새해가 되어 이전 해의 달력을 떼어내고 새 달력을 걸면서, 지난해를 돌아보고 다가오는 미래를 구상하곤 한다. 과거와 다른 미래를 생각하며, 자신과 새로운 약속을 하는 것이다. 이런 의미에서 보자면, 지난해와 새해의 차이를 가능하게 하는 것은 자신과 새로운 약속을 하는 지점이기도 하다. 새해라는 칠판에 새로 쓴 그 기획을 따라서 한 걸음씩 걸어가는 것이 새해를 비로소 새해로 만드는 의미이다.

매년 달력을 새롭게 바꾸는 존재는 이 세계에서 인간뿐이다. 인간이 동물과 다른 점 중의 하나는 시간 개념을 지니고 있다는 것이다. 과거, 현재, 미래라는 인식을 통해서 인간은 자신의 죽음성을 인식하게 되었고 철학과 종교의 출현을 가능하게 했다. 자신의 생명이 무한히 지속되는 것이 아니라 죽음을 향해 가는 존재라는 인식은, 그 죽음성이 주는 두려움과 한계를 넘어서려는 욕구를 가지게 하기 때문이다. 그래서 철학과 종교란 이렇게 죽음을 지닌 존재로서의 인간이, 어떻게 자신의 유한한 삶의 두려움을 넘어서서 의미로운 삶 또는 행복한 삶을 이룰 것인가에 관심을 가지게 한다. 이렇듯 철학과 종교가 죽음을 넘어서는 행복한 삶에 관심을 두는 것은 동식물과는 달리 인간이 시간 개념을 지니고 있다는 사실과 밀접하게 연결되어 있다. 하이데거가 "인간만이 죽으며(die), 식물과 동물은 소멸(perish)할 뿐이다"라고 하는 이유다.

어떤 사람들은 덴마크 철학자 키르케고르Kierkegaard가 '결혼은 해도 후회를 할 것이고, 하지 않아도 후회를 할 것이다'라고 한 말을 빌려서, '새해 결심은 해도 후회할 것이고, 하지 않아도 후회할 것'이라고 말하곤 한다. 그러나 정작 키르케고르는 새해 결심을 적극적으로 권한다. 새해 결심이란 특정한 목적의식을 가지고 자신의 삶에 개입하고 헌신하겠다는 의지를 담아내는 행위이기 때문이다.

자신이 이루고자 하는 목적을 설정하고 그 목적을 이루기 위한 헌신을 통해서, 비로소 새로운 해를 맞이하는 의미가 구성된다. 이런 의도적 헌신이 없는 삶이란, 끝없는 실존적 심연으로 우리 자신을 사라지게 만든다. 목적의식이 없는 삶은 불안을 가져온다. 의미로운 삶이란 자신의 삶에 적극적으로 개입할 때 비로소 가능하기 때문이다. 자신을 사랑하는 것이 무엇인지를 아는 사람만이, 타자를 사랑하는 것이 무엇인지를 알수 있다. 자신을 사랑하는 사람은 자기 속에서 새롭게 태어날수 있는 그 어떤 것에 대한 믿음을 지니고 있다. 어쩌면 새해 결심이란 진정한 의미의 '자기 사랑' 그리고 자신이 몸담고 살아가는 '세계 사랑'의 한 방식이기도 하다.

탄생의 능력과 약속할 권리

많은 철학자가 인간의 '죽음성(mortality)'을 중요한 철학적 주제로 삼은 반면, 한나 아렌트는 '탄생성(natality)'을 중요한 개념으로 삼는다. 아렌트는 탄생성을 '사실적(factual) 탄생성', '정치적(political) 탄생성', '이론적(theoretical) 탄생성'으로 나눈다. 여기에서 사실적 탄생성은 생물학적 탄생을 의미하며 인간이든 동물이든 생명을 지닌 존재들에게 일어나는 현상이다. 그런데 인간을 동물과 다르게 만드는 것은 정치적 탄생성과 이론적 탄생성이다.

생물학적으로 탄생하는 것은 인간에게 오직 한 번만 일어나는 사건이다. 그러나 인간의 내면은 끊임없이 자신의 새로운 탄생을 믿고, 미래에 대한 희망의 끈을 이어갈 수 있는 능력이 있다. 이러한 탄생의 능력은 새로운 해의 시작에 새로운 결심을 하는 행위로 드러난다. 이 점에서 보자면 새해 결심은 자신의 새로운 탄생성에 대한 희망을 상징하기도 한다.

니체는 그의 《즐거운 학문》에서 "새해를 위하여"라는 제목의 글을 다음과 같이 시작한다: "나는 여전히 살아있다; 나는 여전히 사유한다: 나는 여전히 살아있어야만 한다, 왜냐하면 나는 여전히 사유해야만 하기 때문이다." 그리고 모든 사람은 새해를 맞이하며 자신이 무엇을 소망하는지 표현하는 것이 허락되어야만 한다고 강조한다. 니체 자신이 새해에 원하는 것은 모든 사물 속에서 아름다움을 보는 것을 배우는 것, 그리고 아름다움을 창출하는 사람이 되는 것이라고 한다. 모든 것에 '예스를 말하는 사람(Yes-sayer)'이 되고 싶다는 그의 새해 결심은 '삶의 철학자(philosopher of life)'로서 삶에 대한 전적 긍정의 갈망을 담아내고 있다. 인간을 동물과 다른 존재로 만드는 것은 '약속을 할 권리(the right to make promises)'를 가진 것이라 니체가 말한 것은 우연이 아니다.

새해 결심은 새로운 해를 맞이하면서, 자신에게 약속을 하는 것이다. 새해 결심은 적극적으로 자신의 삶에 개입하고 목적을 지닌 삶을 만들어가는 행위라는 점에서 중요하다. 인간은 자유를 지닌 존재다. 그리고 그 자유는 자신의 삶을 기획하고 크고 작은 '새해 결심'을 만드는 과정에서 행사된다.

삶, 무수한 '작심 3일'의 축제

나 자신의 삶에서 이제 새해부터 하지 말아야 할 것은 무엇이고, 새롭게 시도해야 하는 것은 무엇인가. 나의 삶에서 무엇을 바꾸어야 하는가. 새해 결심은 이전 해와의 연속성 그리고 불연속성을 가지면서 만들게 된다. 그리고 그 결심을 얼마만큼 지키는가보다 중요한 것은, 바로 결심을 하는 출발점이다. 인간은 매뉴얼에 따라서 작동되는 기계가 아니다. 새해 결심을 만든다고 그것이 마치 매뉴얼에 따라 움직여지는 기계 같은 인간이 되어야 함을 의미하는 것은 아니다. 이런 의미에서 나는 '작심 3일'과 같은 표현으로 새로운 결심들에 냉소적 평가를 하는 것을 바람직하게 보지 않는다. 어찌 보면 인간의 삶이란 무수한 '작심 3일'들을 거치면서, 이 삶의 짐들을 견뎌 내면서 지금과 다른 새로운 세계를 꿈꾸는 생명 에너지를 공급받고 있는 것이 아닌가.

'새로운 시작'을 할 수 있다는 '믿음'은 인간이 이 삶을 살아가면서 가질 수 있는 '희망'의 근거로 작동한다. 자신 속에서 새로운 삶을 꿈꾸는 것, 이러한 새로운 탄생의 가능성에 대한 믿음과 희망은, 자기 자신은 물론 함께 살아가는 타자들 그리고 우리가 몸담고 살아가고 있는 이 세계에 '사랑'을 지켜내게 한다.

21세기 인류의 삶은 미래를 낙관하기 어렵다. '낙관'이란 다양한 사실적 정보에 기초하는데, 여러 위기와 마주한 인류는 개별인의 삶이든 사회적 집단으로서의 삶이든 암울한 미래를 생각하게 한다. 그런데 '희망'의 근거는 그러한 사실적 통계에 근거하지 않는다. 희망의 근거는 '성공의 보장'이 아니라, 새로운 꿈을 꾸고 그 목적과 꿈을 위해 씨름하는 그 과정 한가운데 있다. 새해 결심을 만들어야 하는 것은 어쩌면 이러한 희망의 끈을 부여잡기 위한 몸짓이기도 하다.

이렇게 보자면, 새해 달력의 1월은 인간이 자신에게 보내는 새로운 탄생에의 초대장이다. 그대의 새해 결심은 무엇인가. 아직 만들지 않았다면 지금이라도 만들어 보시라. 그 새해 결심이 '작심 3일'이 될지라도 그것은 그대만의 삶의 축제이다. 그 '작심 3일의 축제'는 그대 자신 속의 새로운 탄생을 꿈꾸는 자유, 희망 그리고 사랑의 몸짓이므로. 인간의 삶은 무수한 '작심 3일'들이 만나서 유일하고 대체 불가능한 자신만의 여정을 이어가는 것이기도 하므로.

나는 질문한다.

고로 존재한다.

질문 빈곤 사회

나는 질문한다, 고로 존재한다

초판 1쇄 발행	2021년 10월 29일
초판 4쇄 발행	2023년 11월 30일
지은이	강남순
펴낸곳	(주)행성비
펴낸이	임태주
책임편집	이윤희
디자인	이유진
출판등록번호	제2010-000208호
주소	경기도 김포시 김포한강10로 133번길 107, 710호
대표전화	031-8071-5913
팩스	0505-115-5917
이메일	hangseongb@naver.com
홈페이지	www.planetb.co.kr

ISBN 979-11-6471-154-3 (03330)

행성B는 독자 여러분의 참신한 기획 아이디어와 독창적인 원고를 기다리고 있습니다.
hangseongb@naver.com으로 보내주시면 소중하게 검토하겠습니다.